建设历程

项目开工仪式

基坑施工

主体结构施工

基坑回填施工

沥青摊铺

地道附属结构施工

地面附属结构施工

通车仪式

项目实景

孙耿北路—会展中心段

崔寨北—会展中心段

黄河体育馆段

会展中心地段

体育中心—G104(鹊华东路)段

青银高速以北路段

大断面明挖城市隧道建造技术创新与实践

——济南市黄河大道一期工程施工技术总结

许 庚 王俊平 李 猛 等 编著

山东大学出版社
SHANDONG UNIVERSITY PRESS
·济南·

图书在版编目(CIP)数据

大断面明挖城市隧道建造技术创新与实践 ：济南市黄河大道一期工程施工技术总结 / 许庚等编著. -- 济南：山东大学出版社，2024.1
ISBN 978-7-5607-8132-7

Ⅰ. ①大… Ⅱ. ①许… Ⅲ. ①城市隧道－隧道施工 Ⅳ. ①U459.9

中国国家版本馆 CIP 数据核字(2024)第 034482 号

责任编辑　宋亚卿
封面设计　王秋忆

大断面明挖城市隧道建造技术创新与实践
——济南市黄河大道一期工程施工技术总结
DADUANMIAN MINGWA CHENGSHI SUIDAO JIANZAO JISHU CHUANGXIN YU SHIJIAN
—JINAN SHI HUANGHEDADAO YIQI GONGCHENG SHIGONG JISHU ZONGJIE

出版发行　山东大学出版社
社　　址　山东省济南市山大南路 20 号
邮政编码　250100
发行热线　(0531)88363008
经　　销　新华书店
印　　刷　山东蓝海文化科技有限公司
规　　格　787 毫米×1092 毫米　1/16
　　　　　14.75 印张　4 插页　348 千字
版　　次　2024 年 1 月第 1 版
印　　次　2024 年 1 月第 1 次印刷
定　　价　68.00 元

主要编著人员

许　庚　王俊平　李　猛

参与编著人员

贾晓峰　刘京成　董庆超　曲　萌　刘建委
张　鹏　周立业　王汝法　毕晓光　苏鹏飞
王经锋　董平升　王　静　薛　峰　刘玉成
石来先　王松超　段　帅　常　德　王　冰
李海扬　董道卫　冯　硕　侯文龙　苗　睿
秦　兵　郭　伟

前　言

济南新旧动能转换起步区黄河体育会展及科技智造园区基础设施（黄河大道一期）工程是济南市“三环两廊十二射”高快路网中黄河北岸的沿黄快速走廊，是集机动车交通、公共交通、慢行交通于一体的重要交通走廊，是济南市新旧动能转换起步区2021年十大建设工程之一。黄河大道一期工程位于黄河北岸，是沿黄快速走廊的组成部分，是起步区内贯穿桑梓组团、大桥组团、崔寨组团的最重要的贯穿性通道。项目全长约16.2 km，建成通车后，将成为串联济南黄河北岸各组团的交通要道，大大缩短通行时间，同时衔接4条跨河通道，有效加强河两岸联系，为济南市贯彻落实黄河战略提供有力交通支撑。

黄河大道一期工程地下快速通道包含体育中心地道、会展中心地道、崔寨北地道三部分，是采用明挖法施工的现浇城市地下隧道。本工程基坑开挖最深达22 m，基坑两侧建筑物多，地下水位高，基坑开挖及支护难度大，变形要求高。在会展中心地道段，为充分考虑主路、辅路、有轨电车整体下穿通过的需求，地道结构最宽达94.5 m，是目前国内宽度最大的地下隧道结构。大体积混凝土结构对原材料、配合比设计、温度监测及养护要求高，施工难度大。本工程崔寨北地道创新性地采用了空心顶板技术，节约了混凝土工程量，产生了显著的经济效益。

本书由4篇共10章组成：第1章介绍了黄河大道一期工程的建设意义、工程概况、参建单位、工程特点等内容，第2章介绍了项目技术标准及平、纵、横设计，第3章介绍了崔寨北地道、会展中心地道、体育中心地道主体及附属结构设计，第4章介绍了本工程施工过程管理及控制体系，第5、6章介绍了本工程基坑支护结构设计及主要施工工艺、地道主体结构施工工艺，第 7 章从混凝土原材料、配合比设计、水化热计算分析、有限元模拟计算等方面介绍了地道主体结构大体积混凝土施工控制情况，第 8 章对崔寨北地道的空心顶板构造设计内容进行了比选分析研究，第 9 章对本工程绿色施工应用情况进行了介绍，第 10 章对本工程的 BIM 技术应用情况进行了总结。

本书主要由许庚、王俊平、李猛编著完成，其他参与编著人员为本书提供了大量的图片和数据资料。在编写过程中，本书得到了山东汇通建设集团有限公司、山东汇成名智科技发展有限公司、上海市政工程设计研究总院(集团)有限公司、济南市市政工程设计研究院(集团)有限责任公司、济南黄河路桥建设集团有限公司、济南金曰公路工程有限公司、中建八局第二建设有限公司的大力支持，在此一并表示感谢。

由于城市地下结构物发展迅速，且新技术、新方法不断涌现，加之编著者知识与水平有限，书中难免存在不足之处，恳请读者批评指正。

编著者

2023 年 11 月

目　录

概 述 篇

第 1 章　工程概况 …………………………………………………………… 3

1.1　项目简介 ……………………………………………………………… 3

1.2　参建单位及标段划分 ……………………………………………… 6

1.3　主要工程数量 ……………………………………………………… 7

1.4　地形与地貌 ………………………………………………………… 9

1.5　水文特征 …………………………………………………………… 9

1.6　地质特征 …………………………………………………………… 9

1.7　地下水抗浮评价…………………………………………………… 14

1.8　地震效应分析……………………………………………………… 15

1.9　工程特点…………………………………………………………… 15

设 计 篇

第 2 章　工程设计 …………………………………………………………… 21

2.1　总体设计…………………………………………………………… 21

2.2　技术标准…………………………………………………………… 22

2.3　平面设计…………………………………………………………… 23

2.4　纵断面设计 ………………………………………………………… 23

2.5　横断面设计………………………………………………………… 24

第 3 章　地下通道结构设计 …… 28

3.1　崔寨北地道设计 …… 28
3.2　会展中心地道设计 …… 31
3.3　体育中心地道设计 …… 33
3.4　附属结构设计 …… 35
3.5　地下结构防水设计 …… 35
3.6　地下道路排水设计 …… 37
3.7　路面结构设计 …… 37
3.8　防撞护栏设计 …… 38
3.9　结构回填设计 …… 38
3.10　主要材料设计 …… 38
3.11　耐久性设计 …… 40

施工篇

第 4 章　施工控制与管理 …… 45

4.1　施工组织机构 …… 45
4.2　进度管理 …… 46
4.3　质量管理 …… 49
4.4　安全管理 …… 54
4.5　应急救援管理 …… 59

第 5 章　基坑支护及降水施工 …… 67

5.1　基坑支护结构设计 …… 67
5.2　降水设计 …… 71
5.3　基坑支护材料 …… 72
5.4　支护桩施工 …… 73
5.5　三轴搅拌桩施工 …… 79
5.6　土方开挖 …… 82

5.7 冠梁施工……84
5.8 预应力旋喷锚索施工工艺……87
5.9 降水施工……91
5.10 桩间网喷施工……97

第6章 主体结构施工……101

6.1 施工工艺流程……101
6.2 垫层施工……101
6.3 钢筋加工及安装……101
6.4 底板、侧墙及顶板混凝土施工……107
6.5 防水施工……116
6.6 基坑回填……120
6.7 质量检验标准……121

提升篇

第7章 大体积混凝土施工技术……125

7.1 主体结构混凝土技术要求……125
7.2 混凝土原材料选择……126
7.3 原材料质量控制……135
7.4 混凝土配合比设计及优化……137
7.5 大体积混凝土水化热计算分析……145
7.6 基于 midas FEA 的大体积混凝土的水化热有限元模拟计算……150
7.7 混凝土生产过程质量管控……171
7.8 主体结构检测……172
7.9 总 结……173

第8章 现浇地下结构空心顶板设计及施工技术……175

8.1 空心顶板技术……175
8.2 空心顶板构造方案比选分析……180

8.3 空心顶板模型计算分析 …… 186
8.4 空心顶板构造设计 …… 194
8.5 空心顶板施工 …… 194

第9章 绿色施工技术 …… 197

9.1 绿色施工目标 …… 197
9.2 组织机构及岗位职责 …… 200
9.3 绿色施工措施 …… 201
9.4 绿色施工技术与创新 …… 206

第10章 BIM技术应用 …… 209

10.1 BIM管理概况 …… 209
10.2 BIM技术应用 …… 213
10.3 BIM技术创新与拓展应用 …… 220
10.4 BIM应用效益分析 …… 224

参考文献 …… 225

概述篇

第1章　工程概况

1.1　项目简介

济南新旧动能转换起步区是为贯彻落实黄河流域生态保护和高质量发展重大国家战略，加快山东新旧动能转换综合试验区建设，发挥山东半岛城市群龙头作用，复制自由贸易试验区、国家级新区、国家自主创新示范区和全面创新改革试验区经验政策，积极探索新旧动能转换模式而设立的国家级新型战略新区。2021年4月，济南新旧动能转换起步区经国务院批准设立，成为继雄安新区之后，全国第二个起步区。

济南新旧动能转换起步区西起济南德州界，东至小清河—白云湖湿地，南起黄河—济青高速，北至徒骇河，包括太平、孙耿、桑梓店、大桥、崔寨、遥墙、临港、高官寨8个街道及唐王街道中西部区域、泺口街道黄河以北区域，总面积为798 km^2。起步区横跨黄河两岸，居于战略要津，位于承东启西、衔南接北的枢纽位置，北接京津冀，南连长三角，东承环渤海，西通郑洛西，处在黄河流域和京沪经济发展轴的交汇地带，是山东半岛城市群在黄河流域发挥龙头带动作用的重要支点，是促进黄河流域东西双向互济、陆海内外联动的战略枢纽。

济南新旧动能转换起步区黄河体育会展及科技智造园区基础设施（黄河大道一期）工程是济南市“三环两廊十二射”高快路网中黄河北岸的沿黄快速走廊，是集机动车交通、公共交通、慢行交通于一体的重要交通走廊，是济南市新旧动能转换起步区2021年十大建设工程之一。黄河大道一期工程位于黄河北岸，是沿黄河快速走廊的组成部分，是起步区内贯穿桑梓组团、大桥组团、崔寨组团的最重要的贯穿性通道。项目北起崔寨北组团的孙耿北路，沿现行G220国道西至大桥组团的G104（鹊华东路），全长约16.2 km，道路红线宽度为44～100 m，规划绿线宽度为48～210 m。黄河大道一期工程路线图如图1.1所示。

黄河大道一期工程建成后，将串联起起步区崔寨北组团、崔寨南组团和大桥组团等三大组团及科技智造区、会展片区、体育中心、科创文办中心、总部经济区等5处重点片区，衔接起包括已有、在建和规划建设的10条过黄通道，实现过境交通中国省道规划主城区的剥离。

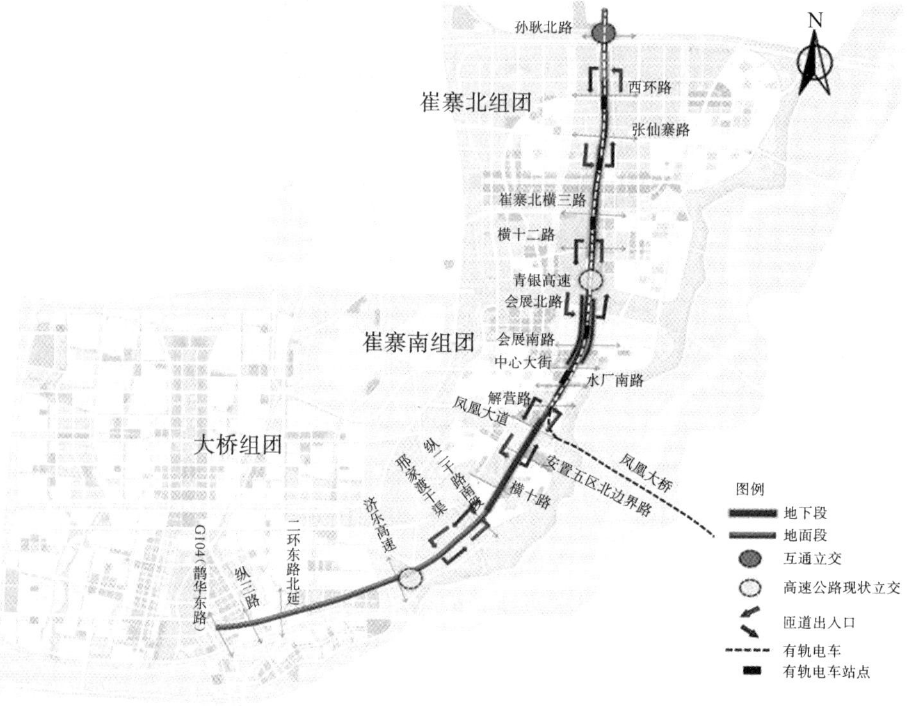

图 1.1 黄河大道一期工程路线图

黄河大道一期工程定位为集景观轴、交通轴、经济轴、功能轴于一体的快速路系统，是以服务沿线组团的到发交通为主、过境交通为辅的快速通道，是服务科创中心、会展中心的重要疏散通道。另外，黄河大道一期工程除了提供去起步区的主干交通路网外，还是水电气热等市政配套工程的主要载体，为下一步道路两侧各大园区的发展和居民的生活提供保障。其相当于起步区的“经十路”。黄河大道一期工程效果图如图 1.2 所示。

(a)凤凰路地道段

(b)会展中心段

(c)青银高速段

图 1.2　黄河大道一期工程效果图

在景观方面，黄河大道一期工程是起步区重点打造的支撑黄河流域生态保护与高质量发展的重要走廊，也是展现绿色智慧宜居幸福之城形象的标志性区域。项目将进一步描绘出起步区绿色发展的城市肌理，夯实起步区实现蓝绿交织的全域可持续发展格局的根基，形成与黄河流域风景并行的景观大道。项目通过高标准规划、高水平设计，并学习借鉴外地先进经验，确保城市美化与绿色生态有机融合；同时，立足本地，结合实际，充分考量北方水土与气候，科学选择搭配花卉与树种，匠心打造绿化景观节点，优化完善相关配套设施。黄河大道一期工程建成后，其绿化面积可达到 $4.4\times10^5\ m^2$，占比将达到 40%，将大大提升起步区的道路品质。黄河大道一期工程的景观设计图如图 1.3 所示。

图 1.3　黄河大道一期工程的景观设计图

根据山东省发展和改革委员会《关于新建至济阳区(起步区)有轨电车工程可行性研究报告的批复》,有轨电车在城市快速路的路中敷设。根据已批建的有轨电车总体方案,有轨电车自黄河南岸沿凤凰黄河大桥跨越黄河后向北在黄河大道工程一期道路东侧由高架转入地下,下穿黄河大道地下道路结构后转入道路路中,与地下结构共建,在会展北路北侧路中出地面后,过青银高速,自横十二路至横干一路与地下道路路中共建,横干一路以北有轨电车转至路东地下,下穿孙耿北路,北向进济阳。

1.2　参建单位及标段划分

本工程建设单位为济南城建动能转换开发建设集团有限公司,全过程工程咨询共分为 3 个标段,施工共分为 5 个标段,景观绿化共分为 3 个标段。

全过程工程咨询单位工作内容包括项目实施策划、组织管理、计划管理、统筹管理、合同与信息管理、勘察、测绘、工程监理、科技创新总结和申报、招标采购管理、初步设计、施工图设计、专项设计、设计管理、建筑信息模型(BIM)及管理、第三方检测、工程试运行、竣工验收移交、配合审计、公共关系维护、保修期管理、与已有或新建工程衔接管理等专业化工程咨询服务活动。全过程工程咨询标段划分如表 1.1 所示。

施工单位工作内容包括施工图纸及工程量清单范围内全部内容(含通行便道、基坑支护及降水、土方开挖、地下通道主体结构施作、回填、电缆沟及综合管线、道路结构层、雨污水管线、人行道、绿化、标志标线、路灯及交通工程等)的施工、验收、保修及移交。施工标段划分如表 1.2 所示。

表 1.1　黄河大道一期工程全过程工程咨询标段划分

标段名称	工程范围	起止桩号	长度/m	中标单位
一标段	孙耿北路—横十二路	K0＋140～K4＋510	4370	济南市市政工程设计研究院(集团)有限责任公司
二标段	横十二路—邢家渡干渠北	K4＋510～K10＋220	5710	上海市政工程设计研究总院(集团)有限公司
三标段	邢家渡干渠北—G104(鹊华东路)	K10＋220～K16＋348	6128	济南金衢公路勘察设计研究有限公司(现山东金衢设计咨询集团有限公司) 广州市市政工程设计研究总院有限公司 山东通达路桥规划设计有限公司 济南海河建设项目管理有限公司

表 1.2　黄河大道一期工程施工标段划分

标段名称	工程范围	起止桩号	长度/m	中标单位
一标段	孙耿北路—规划支路	K0＋140～K2＋800	2660	济南黄河路桥建设集团有限公司
二标段	规划支路—崔寨北地道南接地点	K2＋800～K4＋790	1990	山东汇通建设集团有限公司
三标段	崔寨北地道南接地点—会展中心	K4＋790～K8＋010	3220	济南城建集团有限公司
四标段	会展中心—体育中心	K8＋010～K10＋220	2210	济南金曰公路工程有限公司
五标段	体育中心—G104(鹊华东路)	K10＋220～K16＋348	6128	中建八局第二建设有限公司

黄河大道一期工程景观绿化施工单位有山东汇友市政园林集团有限公司、青岛零零一园林绿化工程有限公司和济南易通城市建设集团股份有限公司。

1.3　主要工程数量

黄河大道一期工程道路全长 16.2 km,地下快速通道包含体育中心地道、会展中心地道、崔寨北地道三部分,全线共有土方 7624040 m^3、钻孔灌注支护桩 274935 m、止水帷幕 585395 m^3、钢筋 263205 t、混凝土 1560575 m^3、水泥稳定碎石 1692940 m^2、沥青

2605052 m^2。

黄河大道一期工程主要工程数量如表1.3所示。

表1.3 黄河大道一期工程主要工程数量

类别	单位	施工标段					合计
		一标段	二标段	三标段	四标段	五标段	
钢筋	t	45315	57975	98300	50311	11304	263205
混凝土	m^3	330181	380941	479121	317215	53117	1560575
防水卷材	m^2	224250	251790	337447	201461		1014948
防水涂料(涂膜)	m^2	35520	47781	1489	46671		131461
水泥稳定碎石	m^2	205568	275105	481113	203154	528000	1692940
AC-13 沥青	m^2	121105	141810	243527	131022	263544	901008
AC-16 沥青	m^2	102315	20734	144078	110321	120321	497769
AC-20 沥青	m^2	30055	40902	26011	44162	44105	185235
AC-20 沥青	m^2	45681	83661	58036	89542	89204	366124
AC-25 沥青	m^2	123555	91418	154589	121033	164321	654916
透层	m^2	141077	152177	249699	140135	284407	967495
黏层	m^2	1926104	233799	382715	203319	350074	3096011
封层	m^2	130271	152177	160761	140975	153279	737463
钢筋混凝土管	m	4098	5006	4415	4845	4532	22896
∅600 抗滑桩	m	7450	4200	19939	9654		41243
∅800 支护桩	m	9588	10695	13419	12100		45802
∅1000 支护桩	m	50316	69959	52015	56843		229133
止水帷幕	m^3	102174	219200	115488	148533		585395
土方	m^3	1566302	1965844	2226680	1865214		7624040
∅400 锚杆、锚索	m	100321	171231	113271	156643		541466
型钢、钢支撑	t	2465	5065	1572	4503		13605
降水井、回灌井	m	12033	14091	18502	13006		57632

1.4 地形与地貌

全线线路所在区域地貌单元为黄河冲积平原，原始地形较平坦。

1.5 水文特征

1.5.1 地表水系

黄河大道一期工程所在区域属黄河流域，沿线水资源较为丰富，路线沿线的地下水受地形、地貌、地层构造、岩性分布等水文地质条件的制约，形成不同的水文地质单元，富水程度有明显的差异，地表土层的天然含水量随季节、地表和地下水的变化而变化。大气降水是地下水的主要补给来源，区域内地形较为平坦，地下水与地表水的分水岭基本趋于一致。

1.5.2 地下水

根据含水介质的特点以及地下水在含水层中的运动、储存特点，可划分出不同的含水层，各含水层受到相邻隔水层的控制，形成了各自独立的循环条件，但又在区域地下水总循环中有机地联系在一起。

地下水主要含水层根据其含水特征可归为第四系冲洪积物松散岩类孔隙水。该类型地下水主要补给来源为大气降水、地表水侧渗补给、侧向径流补给以及灌溉回渗补给。地下水流向与地形坡向基本一致，蒸发、人工开采、河流排泄为其主要排泄途径。地下水埋深为5.20～5.50 m，平均埋深为5.31 m，地下水位标高为18.12～18.29 m，平均水位标高为18.20 m，水位变幅为2～4 m。

1.6 地质特征

1.6.1 区域地质构造

济南市的地质构造在总体上是一个以古生代地层为主的北倾单斜构造。单斜构造的北部有广泛的岩浆活动并发育有较多的东西向小型褶曲和断裂；单斜构造的南部，由太古界片麻岩组成的结晶基底广泛出露，上覆古生界盖层断裂较发育，但很少有褶曲及岩浆活动，倾角平缓。该区域在大地构造分区上位于华北断块区鲁西断块北部，在新构造分区上位于鲁西断块隆起区，主要位于广齐断裂以南、聊考断裂以东，东以郯庐断裂带为界，区域内主要发育有鲁中期、唐县期和临城期三级夷平面。

区域地层由老到新依次出露有太古界泰山岩群，古生界寒武系、奥陶系、石炭系及二叠系，新生界第三系及第四系。

项目区断裂构造主要有千佛山断裂、郭店断裂、历城断裂、卧牛山断裂和文祖断裂等。千佛山断裂出露于千佛山西南侧，长约 25 km，呈 320°～350°走向，向南西倾，倾角为 78°。它切穿古生界盖层，并且西盘地层下降。断裂带内发育有张性角砾岩，宽 5～6 m，窄处约 10 cm，角砾岩成分主要为两侧岩石，属于先张后压扭的断裂。断裂西盘近断层西处地层产状变化大，局部形成小型向斜褶曲。断裂北段有灰绿岩脉充填，沿断裂上盘的层间滑动破碎带，辉绿岩呈岩床产出。北部通过桑梓店的一条北西向隐伏断裂，可能是该断裂的北延部分。1978 年 9 月 25 日泺口发生地震，表明该断层切过济南辉长岩体，至今仍有活动。该断裂通过济南市内趵突泉一带，地下水沿断裂上溢，形成了该处的众多泉群。

卧牛山断裂走向为北北东，沿黄河展布，华山、卧牛山和光光顶一带见断裂破碎和影响带，发育一组北东向破裂面和北西向及近东西向次级破裂面。北东向破裂面对地形地貌和第四纪地层无控制作用。沿断裂及其两侧，历史上无震级(M)≥4 级的地震记载，近期基本上无弱震分布。分析认为，该断裂为第四纪不活动断裂。文祖断裂北起枣园，向南经文祖延至莱芜上游庄，长约 36 km，其走向为 330°左右，向南西倾，倾角为 72°左右。断裂西南侧地层下降并相对向南移动，产状变化较大，多和断层面倾向一致，东盘地层产状稳定。断层两盘位移幅度南段大于北段。如南段鲁村一带，太古界直接与下奥陶系接触，而北段则在二叠系中通过。破碎带中角砾岩发育，角砾岩带宽度一般小于 10 m，宽处约 20 m。在南山寨至文祖一带，角砾成分为石灰岩、泥质灰岩、竹叶状灰岩、鲕状灰岩等，胶结物为钙质、泥质和少量铁质，角砾呈棱角状、次棱角状，直径一般为 3～5 cm，有的可达 20～30 cm。

1.6.2 岩土体工程地质特征

项目区内地层概述如下：属冲积平原地貌，地形平坦；第四系覆盖层厚，地表多为耕地，施工区段内地下水位埋深较浅，一般为 4.80～5.00 m；地层岩性以粉质黏土、粉土等为主。本场区深度范围内，地基土自上而下分为如下 12 个主层、7 个亚层。

①层素填土：黄褐色，主要以粉土为主，稍密，稍湿，道路部分为青灰色，以青灰色混凝土块为主，含三合土。场区普遍分布，厚度为 0.90～3.70 m，平均为 1.55 m；层底标高为 18.30～22.68 m，平均为 21.28 m；层底埋深为 0.90～3.70 m，平均为 1.55 m。

②层粉土：黄褐色，稍密，稍湿，切面粗糙无光泽，摇振反应迅速，手搓不成条，土质不均，局部夹粉黏薄层。场区普遍分布，厚度为 0.80～6.00 m，平均为 2.81 m；层底标高为 15.29～19.71 m，平均为 18.03 m；层底埋深为 3.00～8.80 m，平均为 4.68 m。

$②_{-1}$层填筑土：黄褐色，稍密，稍湿，主要由粉土构成，切面粗糙无光泽，摇振反应迅速，手搓不成条，土质不均。场区普遍分布，厚度为 1.00～3.40 m，平均为 2.59 m；层底标高为 17.69～20.50 m，平均为 18.99 m；层底埋深为 3.10～4.80 m，平均为 4.14 m。

③层粉质黏土：黄褐色，软塑、可塑，切面光滑，稍有光泽，手搓成条，含铁锰氧化物，土质不均，局部夹粉土薄层。场区普遍分布，厚度为 0.70～5.90 m，平均为 2.89 m；层底标高为 11.99～18.31 m，平均为 15.39 m；层底埋深为 5.00～11.20 m，平均为 7.44 m。

④层粉土:黄褐色,稍密,很湿,切面粗糙无光泽,摇振反应迅速,手搓不成条,夹粉质黏土薄层。场区普遍分布,厚度为 0.30～4.60 m,平均为 1.88 m;层底标高为 10.23～16.61 m,平均为 13.51 m;层底埋深为 6.20～13.10 m,平均为 9.32 m。

$④_{-1}$层粉砂:黄褐色,稍密,饱和,以石英长石为主,含云母,含粉粒,级配不良,砂质不纯。场区普遍分布,厚度为 1.20～3.10 m,平均为 1.83 m;层底标高为 11.53～12.75 m,平均为 12.26 m;层底埋深为 10.20～11.10 m,平均为 10.61 m。

⑤层粉质黏土:黄褐色,可塑,切面光滑,稍有光泽,手搓成条,含铁质,局部夹粉土薄层,土质不均。场区普遍分布,厚度为 0.60～6.40 m,平均为 2.79 m;层底标高为 7.78～13.62 m,平均为 10.75 m;层底埋深为 9.30～16.20 m,平均为 12.08 m。

⑥层粉土:黄褐色,中密,很湿,切面粗糙无光泽,摇振反应迅速,手搓不成条,土质不均,局部夹粉质黏土薄层。场区普遍分布,厚度为 0.30～5.60 m,平均为 1.94 m;层底标高为 5.53～12.10 m,平均为 8.78 m;层底埋深为 10.70～17.50 m,平均为 14.04 m。

$⑥_{-1}$层粉砂:黄褐色,中密,饱和,主要成分为石英长石,含少量云母,级配不良,砂质不纯,局部夹粉土薄层。场区普遍分布,厚度为 0.40～3.70 m,平均为 2.06 m;层底标高为 4.98～10.37 m,平均为 8.67 m;层底埋深为 13.30～16.90 m,平均为 14.36 m。

⑦层粉质黏土:黄褐色,可塑,切面光滑,稍有光泽,手搓成条,含铁锰氧化物,土质不均,局部夹粉土薄层。场区普遍分布,厚度为 2.20～9.40 m,平均为 5.78 m;层底标高为 −0.39～5.75 m,平均为 2.77 m;层底埋深为 17.10～23.90 m,平均为 20.06 m。

$⑦_{-1}$层粉土:黄褐色,稍密,很湿,切面粗糙无光泽,摇振反应迅速,手搓不成条,夹粉质黏土薄层。场区普遍分布,厚度为 0.50～2.50 m,平均为 1.39 m;层底标高为3.39～7.98 m,平均为 5.55 m;层底埋深为 15.10～19.00 m,平均为 17.16 m。

⑧层粉砂:黄褐色,中密—密实,饱和,主要成分为石英长石,含少量云母,级配不良,砂质不纯,局部夹粉土薄层。场区普遍分布,厚度为 2.80～10.10 m,平均为 6.17 m;层底标高为−9.75～−2.46 m,平均为−5.36 m;层底埋深为 25.00～32.70 m,平均为 28.19 m。

$⑧_{-1}$层粉土:紫褐色,中密,很湿,切面粗糙无光泽,摇振反应迅速,手搓不成条,夹粉质黏土薄层。场区普遍分布,厚度为 0.10～4.60 m,平均为 2.07 m;层底标高为 −2.43～4.25 m,平均为 0.73 m;层底埋深为 18.60～24.70 m,平均为 22.11 m。

⑨层粉土:黄褐色,中密—密实,很湿,切面粗糙无光泽,摇振反应迅速,手搓不成条,夹粉质黏土薄层。场区普遍分布,厚度为 0.70～5.00 m,平均为 2.05 m;层底标高为 −13.75～−7.94 m,平均为−10.35 m;层底埋深为 31.20～36.00 m,平均为 33.14 m。

$⑨_{-1}$层粉质黏土:黄褐色,可塑—硬塑,切面光滑,稍有光泽,手搓成条,含铁锰氧化物,土质不均,局部夹粉土薄层。场区普遍分布,厚度为 0.70～6.00 m,平均为 3.37 m;层底标高为−11.77～−5.59 m,平均为−8.44 m;层底埋深为 28.80～34.00 m,平均为 31.21 m。

⑩层粉质黏土:黄褐色,硬塑,切面光滑,稍有光泽,手搓成条,含铁锰氧化物,土质不均,局部夹粉土薄层,含少量孤石。场区普遍分布,厚度为 0.80～22.50 m,平均为 5.24 m;层

底标高为−33.66～−15.59 m,平均为−18.02 m;层底埋深为40.00～55.00 m,平均为40.89 m。

⑩$_{-1}$层粉砂:黄褐色,密实,饱和,主要成分为石英长石,含少量云母,级配不良,砂质不纯,局部夹粉土薄层。场区普遍分布,厚度为2.50～17.10 m,平均为9.87 m;层底标高为−21.23～−8.14 m,平均为−15.33 m;层底埋深为31.00～43.00 m,平均为38.18 m。

⑪层粉质黏土:黄褐色,硬塑,切面光滑,稍有光泽,手搓成条,含铁锰氧化物,土质不均,局部夹粉土薄层,含少量孤石。场区普遍分布,厚度为2.60～11.00 m,平均为6.39 m;层底标高为−30.89～−19.02 m,平均为−25.81 m;层底埋深为42.10～52.00 m,平均为48.59 m。

⑫层粉质黏土:黄褐色,硬塑,切面光滑,稍有光泽,手搓成条,含铁锰氧化物,土质不均,局部夹粉土薄层,含少量孤石。厚度为4.90～11.30 m,平均为7.92 m。

各土层物理力学性质指标及地基承载力特征值统计如表1.4所示。

表1.4 各土层物理力学性质指标及地基承载力特征值统计

编号	土层名称	含水率(w)/%	天然重度(γ)/(kN/m^3)	孔隙比(e)	液性指数(I_L)/%	黏聚力(c)/kPa	内摩擦角(φ)/(°)	压缩模量/变形模量(E_s/E_0)/MPa	承载力特征值(f_{ak})/kPa
①	素填土		18.50			8.00	10.00		
②	粉土	29.00	18.73	0.82	1.11	11.20	23.50	9.15	100
②$_{-1}$	填筑土	26.00	18.97	0.75	0.78	13.00	22.80	10.52	100
③	粉质黏土	31.00	18.21	0.92	0.63	21.90	13.20	4.40	100
④	粉土	28.10	18.84	0.80	1.01	11.60	23.70	9.93	110
④$_{-1}$	粉砂		19.00			2.00	28.00	12.00	130
⑤	粉质黏土	29.00	18.59	0.85	0.52	23.70	14.10	5.30	130
⑥	粉土	26.70	18.99	0.76	0.84	12.50	25.30	11.27	140
⑥$_{-1}$	粉砂		19.00			2.00	28.00	13.00	160
⑦	粉质黏土	28.20	18.68	0.83	0.40	25.80	14.50	6.15	150
⑦$_{-1}$	粉土	26.20	19.18	0.74	0.81	12.90	28.00	11.60	160
⑧	粉砂		19.00			2.00	28.00	14.00	170
⑧$_{-1}$	粉土	25.60	19.20	0.73	0.72	13.40	28.90	11.43	160
⑨	粉土	23.80	19.18	0.70	0.57	14.30	30.20	12.18	170
⑨$_{-1}$	粉质黏土	25.80	19.12	0.75	0.27	27.70	16.20	6.75	180

续表

编号	土层名称	含水率 $(w)/\%$	天然重度 $(\gamma)/(kN/m^3)$	孔隙比 (e)	液性指数 $(I_L)/\%$	黏聚力 $(c)/kPa$	内摩擦角 $(\varphi)/(°)$	压缩模量/变形模量 $(E_s/E_0)/MPa$	承载力特征值 $(f_{ak})/kPa$
⑩	粉质黏土	25.20	19.19	0.74	0.23	29.30	16.10	6.93	190
$⑩_{-1}$	粉砂		19.00			2.00	28.00	14.00	200
⑪	粉质黏土	24.10	19.27	0.72	0.12	31.70	18.30	8.24	200
⑫	粉质黏土	23.10	19.39	0.69	0.01	32.90	19.60	8.96	210

1.6.3 不良地质与特殊性岩土

1.6.3.1 不良地质

(1)粉土液化：场区 20 m 深度范围内存在②层粉土、$②_{-1}$层填筑土、④层粉土、⑥层粉土、$⑧_{-1}$层粉土，依据《公路隧道抗震设计规范》(JTG 2232—2019)4.4 节规定进行初步判别，各层粉土黏粒含量均小于 10%，均具有液化可能性。经标准贯入试验判别法判别，该场地②层粉土液化、④层粉土不液化。

(2)粉砂土液化：场区 20 m 深度范围内存在$④_{-1}$层粉砂、$⑥_{-1}$层粉砂、⑧层粉砂，依据《公路工程抗震规范》(JTG B02—2013)4.3.2 节第 3 条进行初步判别，$④_{-1}$层粉砂、$⑥_{-1}$层粉砂、⑧层粉砂为非液化土层。

综上所述，场地液化等级轻微。

1.6.3.2 特殊性岩土

(1)素填土：沿线表层分布有素填土，主要以粉土为主，原路面为青灰色，以青灰色混凝土块为主，含三合土。厚度为 0.90～3.70 m，平均为 1.55 m；层底标高为 18.30～22.68 m，平均为 21.28 m；层底埋深为 0.90～3.70 m，平均为 1.55 m。

(2)填筑土：主要以粉土为主，为原国道 G220 路基填土，填筑时间约 15 年。场区普遍分布，厚度为 1.00～3.40 m，平均为 2.59 m；层底标高为 17.69～20.50 m，平均为 18.99 m；层底埋深为 3.10～4.80 m，平均为 4.14 m。

1.6.4 场地稳定性及适宜性评价

(1)拟建场区属黄河冲积平原地貌，地形较平坦，地层分布较稳定，区内无全新活动断裂发育。场区分布液化土层，无其他不良地质作用，场区内无临空面，无导致场地滑移破坏的可能，无对建筑抗震不利地段。综合判断，该场地稳定性级别为场地稳定性差。根据《城乡规划工程地质勘察规范》(CJJ 57—2012)8.3 条和附录 C，本场区工程建设适宜性的定性分级标准的级别为适宜性差。

(2)水土腐蚀性评价：

①场地环境类别：场地位于干燥—湿润区，场地中的黏性土、粉土为湿、稍湿的弱透水层，根据《公路工程地质勘察规范》(JTG C20—2011)确定为Ⅱ类环境。

②地下水腐蚀性评价：根据钻孔所取地下水，依据《公路工程地质勘察规范》(JTG C20—2011)附录K.0.2节的内容进行腐蚀性评价，地下水对混凝土结构具有弱腐蚀性，对钢筋混凝土结构中的钢筋，在长期浸水条件下具有微腐蚀性、在干湿交替条件下具有腐蚀性。

③场地土腐蚀性评价：通过对在部分路基孔采集的地下水位以上浅层土样进行易溶盐分析，根据《公路工程地质勘察规范》(JTG C20—2011)附录K.0.2节的内容进行腐蚀性评价，地下水位以上土层对混凝土结构具有弱腐蚀性，对钢筋混凝土结构中的钢筋具有微腐蚀性。

1.7 地下水抗浮评价

沿线勘察深度范围内，勘察期间地下水位埋深为2.23～5.80 m，平均埋深为4.16 m，地下水位标高为18.30～19.10 m，平均水位标高为18.67 m。抗浮设防水位标高可按22.50 m进行设计。抗浮设计参数建议值如表1.5所示。

表1.5 抗浮设计参数建议值

地层编号	土层名称	注浆锚固体与土层间黏结强度标准值(q_{sia})/kPa	极限侧阻力标准值(q_{sik})/kPa	抗拔系数
④	粉土	44	42	0.7
$④_{-1}$	粉砂	55	52	0.5
⑤	粉质黏土	62	60	0.7
⑥	粉土	56	54	0.7
$⑥_{-1}$	粉砂	55	52	0.5
⑦	粉质黏土	65	63	0.7
$⑦_{-1}$	粉土	56	55	0.7
⑧	粉砂	71	68	0.5
$⑧_{-1}$	粉土	57	55	0.7
⑨	粉土	60	58	0.7
$⑨_{-1}$	粉质黏土	75	73	0.7
⑩	粉质黏土	80	78	0.7

1.8 地震效应分析

根据国家标准《中国地震动参数区划图》(GB 18306—2015)、《建筑抗震设计规范》(GB 50011—2010)及《公路工程抗震规范》(JTG B02—2013),路线所经区域地震基本烈度为Ⅴ度,地震动峰值加速度为 0.05g,覆盖层厚度大于 50 m,场地类别为Ⅲ类,设计地震分组为第三组,地震反应谱特征周期为 0.65 s。

1.9 工程特点

1.9.1 国内最大宽度地下隧道结构

为充分考虑黄河大道主路、辅路、有轨电车整体下穿通过的需求,在会展中心地道段,地道结构共分 6 个箱室,其中包含 2 个辅路行车道室、2 个主路行车道室、2 个有轨电车室,结构最宽达 94.5 m,是目前国内宽度最大的地下隧道结构。会展中心地道最宽段如图 1.4 所示。

(a)地下结构　　(b)地面道路

图 1.4　会展中心地道最宽段

1.9.2 公轨合建,绿色集约

黄河大道有轨电车轨道在城市核心区以地下隧道形式敷设为主,这种方式大大降低了对两边地块的割裂影响,为起步区城市风貌及周边沿线地块开发提供了高品质的城市空间,同时兼顾强大的交通功能,充分提升空间品质。此外,这种方式不仅对市政交通的交通组织影响较小,也有利于有轨电车车站的建设和客流的疏散。两者共建,并将有轨电车轨道放置中间后,会使整体空间布局更加紧凑,能节约约 15%的地下空间。

1.9.3 智慧型交通

黄河大道采用智慧地道、智慧过街、智慧停车、智慧站台、车路协同、自动驾驶等多种智慧科技，未来将打造成为一条起步区科创示范道路，为推动形成黄河北岸新动能产业加速集聚的发展态势夯基垒台，助力起步区全面起势、整体成势。

1.9.4 科技赋能与数字赋能

1.9.4.1 新型融雪路面的应用

体育中心地道南入口的地面道路使用了融雪路面。融雪路面由沥青和自融雪调温材料混合组成，就像给公路穿上了“太空服”，可智能调控路面温度。同等环境温度条件下，一般沥青公路路面温度低于 0 ℃时，该调温材料路面温度为 4 ℃，可预防冻雨、冰冻，融化薄雪。这不仅能提高冬季路面的行车安全性，确保道路畅通，也能使沥青混合料的温度疲劳寿命延长 54%，使道路使用寿命提高近一倍。新型融雪路面与非融雪路面的对比如图 1.5 所示。

(a)非融雪路面　　　　(b)新型融雪路面

图 1.5　新型融雪路面与非融雪路面的对比

1.9.4.2 智能机器人的应用

地下通道内的智能机器人采用轨道移动方式，搭载星光级高清摄像机及红外热成像仪，可以实现隧道实时监控与红外热成像诊断；同时，该智能机器人还集成了可以感知有害气体、烟雾、光照度、温湿度等信息的传感器以及定位装置和语音对讲系统，可使隧道管理人员实时掌控隧道环境信息。在常规状态下，智能机器人通过采取“线上＋线下”的方式对隧道实现不间断智能巡检，可大幅提升隧道管理效率，降低交通事故发生的概率，保障隧道安全运行；而在应急响应工况下，智能机器人则可以第一时间到达现场，进行救援指挥、救援辅助、伴随式救援引导。智能机器人的结构及其在隧道内的应用如图 1.6 所示。

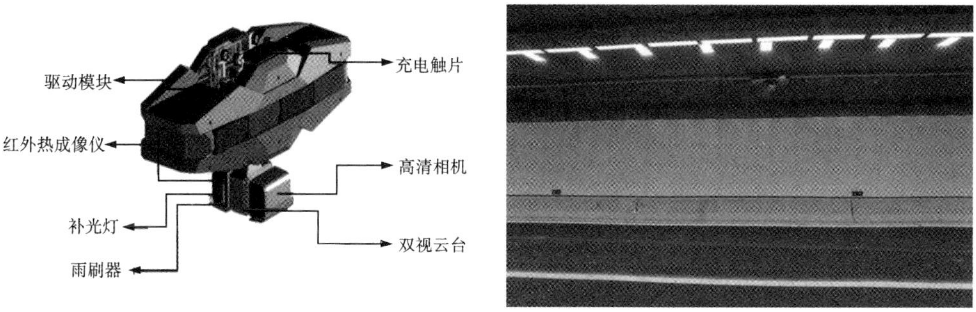

(a)智能机器人的结构　　　　(b)智能机器人的应用

图 1.6　智能机器人的结构及其在隧道内的应用

1.9.4.3　交通全息感知系统及多种智能化监控系统的应用

为了实时采集每条车道的车流量、占有率、平均车速、车头时距、车间距等报警信息的侦测数据，地道中采用了交通全息感知系统。该系统基于人工智能(AI)视觉分析、多维感知、大数据等技术打造，可以准确地测量区域内每个目标对象的位置坐标与速度，将整个道路状况清晰地检测出来，成为车辆运行的“天眼”，为降低隧道事故的发生率，保障过往司机的生命和财产安全以及快速通道安全有序通行提供了有效手段，使隧道的通行条件变得更加便捷、高效和安全。

视频监控系统、交通设备监控系统、有线(应急)电话及广播系统、无线通信系统、路面状态环境监测系统、隧道入口超高预警系统、能耗监测系统等的应用，提高了隧道监控运营的安全性和高效性，提升了隧道管理与服务的智能化水平，实现了“数字隧道、绿色隧道、安全隧道”。交通全息感知系统及多种智能化监控系统的应用如图 1.7 所示。

图 1.7　交通全息感知系统及多种智能化监控系统的应用

设 计 篇

第 2 章　工程设计

2.1　总体设计

2.1.1　总体设计概述

黄河大道一期工程北起崔寨北组团孙耿北路，南至大桥组团 G104（鹊华东路），桩号范围为 K0＋140～K16＋348，全长约 16.2 km。邢家渡引黄干渠南侧出入口以北道路等级为城市快速路，长约 10.94 km；邢家渡引黄干渠南侧出入口以南道路等级为城市主干路，长约 5.27 km。

快速路主路以地道为主，共设置崔寨北、会展中心和体育中心 3 座地道，长度分别约为 3.8 km、2.3 km 和 2.2 km；局部采用地面快速路形式过渡，长约2.64 km。全线设置辅路，辅路以地面形式为主，会展中心段（K5＋698～K6＋407）不设置地面道路，辅路亦采用地道形式下穿展区，地道规模为双向四车道，长约 1.25 km。

全线共设置 8 对出入口，预留孙耿北路、凤凰大道两处互通立交，快速路（长 10.94 km）全线平均出入口间距约 1.37 km。

黄河大道一期工程全线与有轨电车轨道共廊道。西环路至解营路段，有轨电车轨道与快速路路中土建设施共建，共建段包含 5 站 6 区间，长约 7.18 km，包含中心大街站、会展中心站、英才学院站、青宁站和工业园站。解营路至工程终点段，有轨电车轨道于路东侧与快速路分建。

2.1.2　K0＋140～K4＋510 段

（1）本段主要位于崔寨北组团段，北起孙耿北路，南至横十二路，全长约 4370 m。

（2）本段快速路主路以地下形式为主，地下道路共包含一段，即崔寨北地道，全长约 3800 m，采用明挖箱涵形式，其中地下道路两端敞口段约 585 m，地下道路长约 3322 m。地下道路采用双向六车道布置方式（单箱三室，外侧左右两室为地下道路车行道，中间箱室为有轨电车轨道），设计速度为 80 km/h。辅路位于地面，标准断面宽度为 57 m，为四幅路形式，中央布置 8 m 宽中央分隔带，机动车道各宽 14.5 m，设双向八车道，机非分隔带宽 3 m，非机动车道宽 3.5 m，人行道宽 3.5 m，辅路设计速度为 50 km/h。

（3）本段沿线共设置 2 对出入口，分别位于张仙寨路南侧和崔寨北横三路北侧。

2.1.3 K4＋510～K10＋220 段

（1）本段主要位于崔寨南组团段，北起横十二路，南至邢家渡干渠北，全长约 5710 m。

（2）本段快速路主路以地下形式为主，其中地下道路共包含 2 段，即会展中心地道、体育中心地道，全长约 4510 m。地面快速路段位于解营路和青银高速段，总长约 1200 m。全线设置辅路，辅路以地面道路形式为主，在会展中心段，为确保展会品质和地面环境，辅路在主路地道两侧采用地道形式下穿，长约 1250 m。

（3）本段主路设计速度为 80 km/h，为双向六车道。辅路设计速度为 50 km/h，为双向六至八车道。会展中心辅路地道为双向四车道，出入口匝道设计速度为40 km/h。

（4）本段范围内共设置 3 对出入口，分别位于青银高速南侧、凤凰大道南北两侧，预留一处部分互通立交，即凤凰大道互通立交，全线出入口平均间距约 1.43 km。

（5）本段有轨电车轨道与快速路全线共廊道。青银高速至解营路段，有轨电车轨道与快速路路中共建（会展中心段与主辅路地道路中共箱共建），共建段包含 2 站 3 区间，长约3.28 km。解营路至工程终点段，有轨电车轨道于路东侧与快速路分建。

2.1.4 K10＋220～K16＋348 段

（1）本段主要位于大桥组团，东起邢家渡干渠北，西至 G104（鹊华东路），全长约 6128 m。采用快速路（K10＋220～K11＋300）＋主干路段（K11＋300～K16＋348）标准。

（2）本段快速路段主路道路等级为快速路，设计速度为 80 km/h，为双向六车道；辅路道路等级为城市主干路，设计速度为 50 km/h，为双向六车道。

（3）本段主干路段主路道路等级为城市主干路，设计速度为 60 km/h，为双向八车道；辅路道路等级为城市主干路，设计速度为 50 km/h（辅路下穿济乐高速局部路段，设计速度为 30 km/h），为双向四车道，仅在济乐高速北段及济乐高速段设置，济乐高速南段不设置辅路。

（4）本段共设置互通立交 1 座、主辅路出入口 2 对、邢家渡干渠中桥 1 座，新建徐家村中桥、小张村中桥、杨家新村中桥 3 座，新建 K10＋500、K11＋470 共 2 处过街天桥，新建 2 处涵洞，拆除新建 5 处涵洞，拼宽利用 3 处涵洞，设置平面交叉 5 处。

2.2 技术标准

（1）道路等级：主线为城市快速路，辅路为城市主干路。

（2）设计车速：主线为 80 km/h，辅路为 50 km/h，匝道为 40 km/h。

（3）路面设计标准轴载：BZZ-100。

（4）结构设计荷载：城-A 级。

（5）道路交通量达到饱和状态时的设计年限：20 年。

（6）路面结构设计使用年限：沥青路面 15 年。

（7）主线横坡：车行道坡度为 1.5%。

(8)主线车道宽度:3.5 m、3.75 m;匝道车道宽度:3.5 m。

(9)机动车道路缘带宽度:主线设计速度≥60 km/h 段,取 0.5 m;匝道设计速度<60 km/h 段,取 0.25 m。

(10)主线最小净高:机动车道为 4.5 m。

(11)结构抗震标准:地震基本烈度为Ⅴ度,地震动峰值加速度为 0.05g,场地类别为Ⅲ类,设计地震分组为第三组,地震反应谱特征周期为 0.65 s。

(12)抗浮设防水位标高:22.50 m。

2.3 平面设计

黄河大道一期工程平面线形沿现行 G220 国道设计,平面线形主要技术指标如表 2.1 所示。

表 2.1 平面线形主要技术指标

区段	平曲线要素
K0+140~K4+510	本段主线左线设置 3 处平曲线,平曲线半径分别为 6150 m、3317.95 m、4400 m;右线设置 3 处平曲线,平曲线半径分别为 9850 m、3300 m、3700 m
K4+510~K10+220	本段全线共设置 10 处平曲线,平曲线半径分别为 3200 m、3200 m、2500 m、2500 m、1280 m、7500 m、7500 m、3501 m、5300 m、1600 m,最小平曲线半径为 1280 m,最小缓和曲线长度为 70 m,最小平曲线长度为 233.472 m,线形满足 50 km/h 设计车速及不设超高的要求
K10+220~K16+348	本段全线共设置 5 处平曲线,平曲线最小半径为 1600 m,最大半径为 5000 m,平曲线最小长度为 250.33 m

2.4 纵断面设计

黄河大道一期工程纵断面线形主要技术指标如表 2.2 所示。

表 2.2 纵断面线形主要技术指标

区段	竖曲线要素
K0+140~K4+510	本段主线设置 7 处变坡点,最大纵坡为 3.5%,最小纵坡为 0.3%,最大坡长为 936.674 m,最小坡长为 210 m,最小凸曲线半径为 3000 m,最小凹曲线半径为4500 m,最小竖曲线长度为 119.9 m
K4+510~K10+220	本段全线共设置 19 处竖曲线,设计最小坡长控制在 150 m,最小竖曲线半径凹曲线为 8000 m、凸曲线为 3500 m,最小竖曲线长度为 80 m

续表

区段	竖曲线要素
K10+220～K16+348	本段全线共设置16个变坡点，最大纵坡为0.518%，最小纵坡为0.21%，最小凸曲线半径为15000 m，最小凹曲线半径为15000 m

2.5 横断面设计

黄河大道一期工程横断面主要技术指标如表2.3所示。

表2.3 横断面主要技术指标

区段	横断面设计要素
K0+140～K4+510	(1)本段地下道路采用双向六车道布置方式(单箱三室，外侧左右两室为地下道路车行道，中间箱室为有轨电车轨道)，地下道路车行道单幅限界净宽12.5 m=0.25 m(安全带)+0.5 m(路缘带)+(2×3.75 m+3.5 m)(机动车道)+0.5 m(路缘带)+0.25 m(安全带)，不设超高。 (2)本段地下道路匝道采用双车道设置(单箱单室)，匝道限界净宽8 m=0.25 m(安全带)+0.25 m(路缘带)+2×3.5 m(机动车道)+0.25 m(路缘带)+0.25 m(安全带)，不设超高
K4+510～K10+220	(1)本段地道暗埋段地面辅路标准横断面：辅路双向八车道，断面宽度57 m=3.5 m(人行道)+3.5 m(非机动车道)+3 m(机非分隔带)+14.5 m(机动车道)+8.0 m(中央分隔带)+14.5 m(机动车道)+3.0 m(机非分隔带)+3.5 m(非机动车道)+3.5 m(人行道)。 (2)地道敞开段地面辅路标准横断面：辅路双向六车道，断面宽度71.1 m=3.5 m(人行道)+3.5 m(非机动车道)+3.0 m(机非分隔带)+11.0 m(辅路机动车道)+29.1 m(中央分隔带，主路地道敞开段)+11.0 m(辅路机动车道)+3.0 m(机非分隔带)+3.5 m(非机动车道)+3.5 m(人行道)。 (3)出入口匝道段地面辅路标准横断面：辅路双向八车道，断面宽度71.5 m=3.5 m(人行道)+7.0 m(车行道)+10.25 m(侧分带)+11.0 m(机动车道)+8 m(中央分隔带)+11.0 m(机动车道)+10.25 m(侧分带)+7.0 m(车行道)+3.5 m(人行道)。 (4)下穿青银高速地面快速路段标准横断面：主路双向六车道+辅路双向八车道，断面宽度73.9 m=11.0 m(辅路机动车道)+2.65 m(侧分带，现状桥墩)+4.0 m(辅路机动车道)+0.5 m(防撞墙)+12.25 m(主路机动车道)+13.0 m(中央分隔带，有轨电车轨道)+12.25 m(主路机动车道)+0.5 m(防撞墙)+4.0 m(辅路机动车道)+2.75 m(侧分带，现状桥墩)+11.0 m(辅路机动车道)

续表

区段	横断面设计要素
K10＋220～K16＋348	(1)接凤凰地道出口段标准横断面:接凤凰地道段红线宽 71.1 m,横断面组成为 3.5 m(人行道)＋3.5 m(非机动车道)＋3 m(设施带)＋11 m(辅路机动车道)＋1.5 m(主辅分隔带)＋12 m(主路机动车道)＋2.1 m(中央分隔带)＋12 m(主路机动车道)＋1.5 m(主辅分隔带)＋11 m(辅路机动车道)＋3 m(设施带)＋3.5 m(非机动车道)＋3.5 m(人行道),道路两侧各 3 m 绿化带。 (2)邢家渡干渠段标准横断面:邢家渡干渠段红线宽 74 m,横断面组成为2 m(人行道)＋3.5 m(非机动车道)＋1.5 m(设施带)＋11 m(辅路机动车道)＋3 m(主辅分隔带)＋12 m(主路机动车道)＋8 m(中央分隔带)＋12 m(主路机动车道)＋3 m(主辅分隔带)＋11 m(辅路机动车道)＋1.5 m(设施带)＋3.5 m(非机动车道)＋2 m(人行道),道路两侧各 3 m 绿化带。 (3)济乐互通北段标准横断面:济乐互通北段红线宽 77 m,横断面组成为2 m(人行道)＋3.5 m(非机动车道)＋3 m(设施带)＋7.5 m(辅路机动车道)＋3 m(主辅分隔带)＋15.5 m(主路机动车道)＋8 m(中央分隔带)＋15.5 m(主路机动车道)＋3 m(主辅分隔带)＋7.5 m(辅路机动车道)＋3 m(设施带)＋3.5 m(非机动车道)＋2 m(人行道),道路两侧各 3 m 绿化带。 (4)济乐互通段标准横断面:济乐互通段主路宽 33 m,横断面组成为15.5 m(主路机动车道)＋2 m(中央分隔带)＋15.5 m(主路机动车道);辅路机动车道及慢行道绕行济乐互通,单侧横断面组成为 7.5 m(辅路机动车道)＋1.5 m(设施带)＋3.5 m(非机动车道)＋2 m(人行道)。 (5)济乐互通南段标准横断面:济乐互通南主干路段红线宽 48 m,横断面组成为 2 m(人行道)＋3.5 m(非机动车道)＋1.5 m(设施带)＋14.5 m(机动车道)＋5 m(中央分隔带)＋14.5 m(机动车道)＋1.5 m(设施带)＋3.5 m(非机动车道)＋2 m(人行道)

黄河大道一期工程典型横断面布置图如图 2.1 所示。

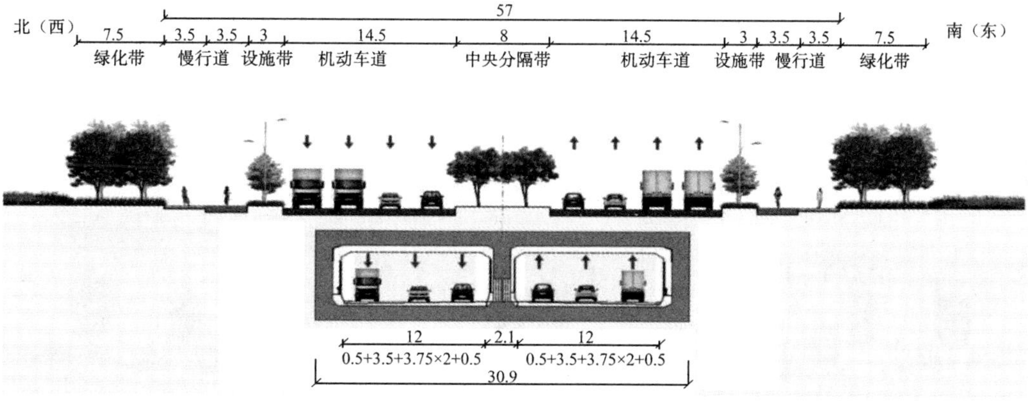

(a)地下六车道＋地上八车道典型横断面图

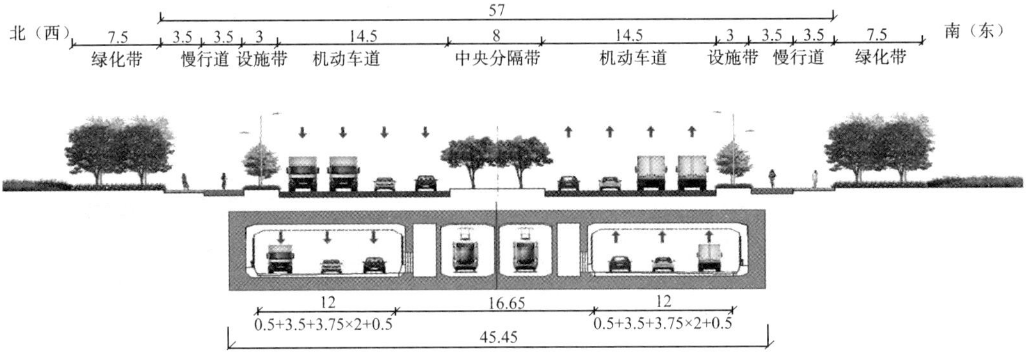

(b)地下六车道＋有轨电车轨道＋地上八车道典型横断面图

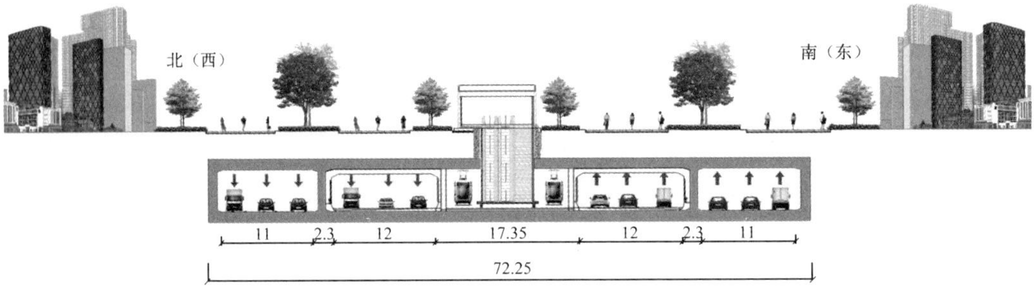

(c)地下十二车道＋有轨电车轨道＋地上步行道典型横断面图

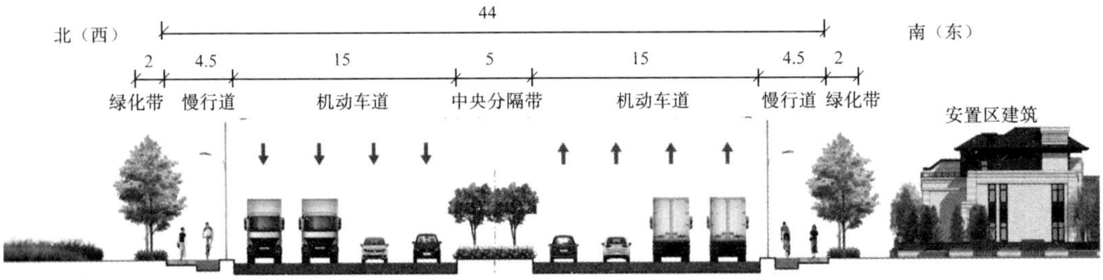

(d)地面八车道典型横断面图

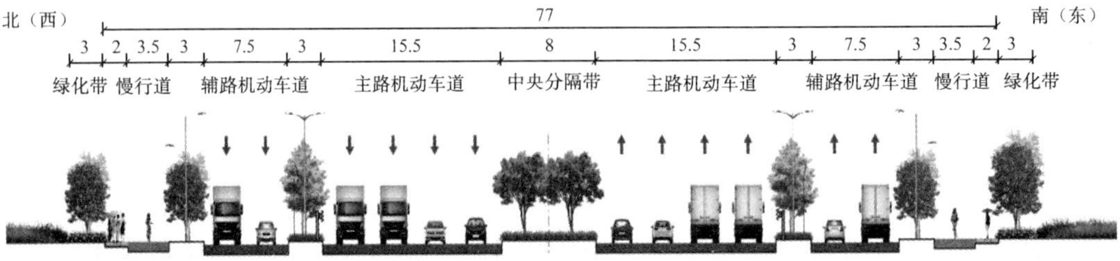

(e)地面十二车道典型横断面图

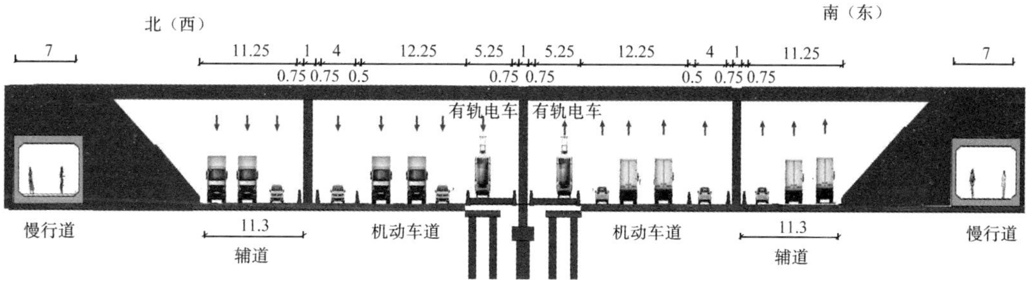

(f)青银高速典型横断面图

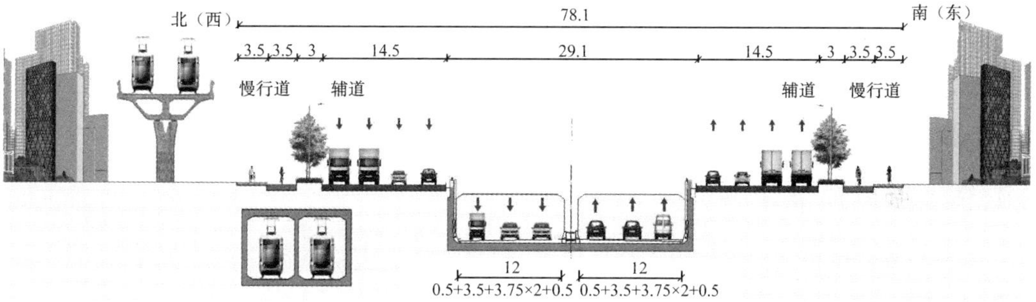

(g)凤凰黄河大桥接线段典型横断面图

图 2.1　黄河大道一期工程典型横断面图(单位:m)

第 3 章　地下通道结构设计

3.1　崔寨北地道设计

崔寨北地道起于张仙寨路，止于青银高速北段，桩号范围为 K0＋200～K4＋000，全长为 3800 m。

3.1.1　主线标准段隧道

主线标准段隧道结构采用矩形箱涵形式，箱涵为单箱三室结构，约每 120 m 设置一道沉降缝，约每 30 m 设置一道后浇带。箱涵边跨净跨径为 13.65 m，中跨净跨径为 14.65 m。箱涵顶板厚 1.4 m，每 1.2 m 设置一个直径为 0.8 m 的圆孔，底板厚 1.4 m，侧板厚1.2 m，顶板倒角尺寸为 1.5 m×0.6 m，边箱底板倒角尺寸为 0.9 m×0.6 m，中箱底板倒角尺寸为 0.6 m×0.3 m。箱涵结构顶板平齐，中箱底板除车站位置上抬 0.6 m 外，还设置 0.9 m×0.6 m 倒角。崔寨北地道主线标准段隧道结构横断面图如图 3.1 所示。

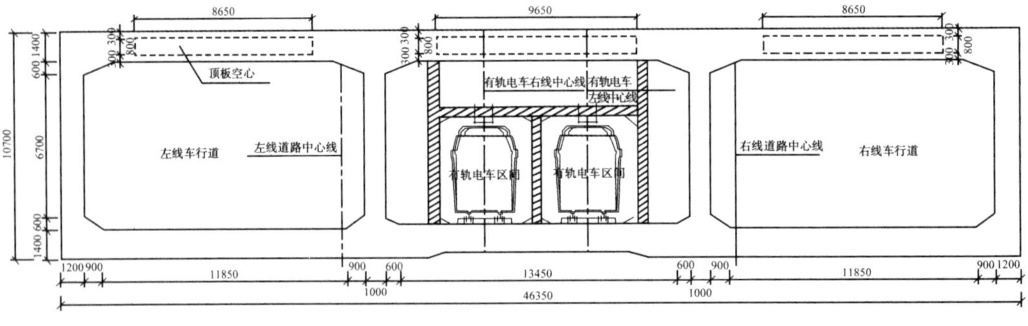

图 3.1　崔寨北地道主线标准段隧道结构横断面图

3.1.2　匝道与主线合流段

匝道与主线合流段箱涵结构采用矩形箱涵形式，箱涵为单箱三室结构，约每 120 m 设置一道沉降缝，约每 30 m 设置一道后浇带。箱涵边跨净跨径为 23.20 m，中跨净跨径为 14.65～15.35 m。箱涵顶板厚 1.5 m，每 1.3 m 设置一个直径为 0.9 m 的圆孔，底板厚 1.5 m，侧板厚 1.5 m，顶板倒角尺寸为 1.5 m×0.6 m，边箱底板倒角尺寸为 0.9 m×

0.6 m，中箱底板倒角尺寸为 0.6 m×0.3 m。箱涵结构顶板平齐，中箱底板除车站位置上抬 0.6 m 外，还设置 0.9 m×0.6 m 倒角。崔寨北地道匝道与主线合流段隧道结构横断面图如图 3.2 所示。

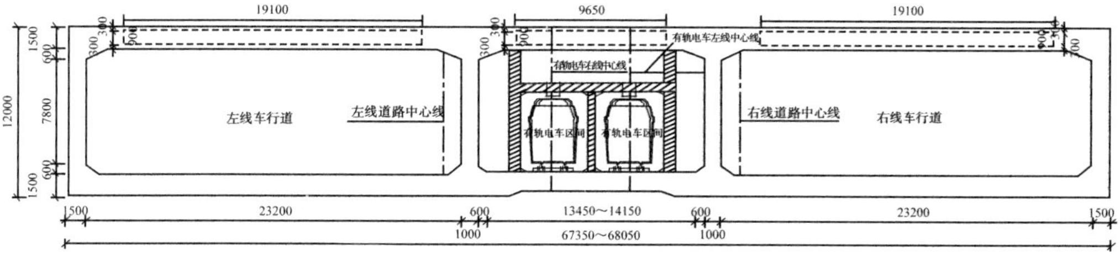

图 3.2 崔寨北地道匝道与主线合流段隧道结构横断面图

3.1.3 匝道与主线分流段

匝道与主线分流段箱涵结构采用矩形箱涵形式，箱涵为单箱五室结构，约每 120 m 设置一道沉降缝，约每 30 m 设置一道后浇带。箱涵边跨净跨径为 8.5 m，第二和第四箱室净跨径为 13.65 m，中箱净跨径为 14.65～15.35 m。两侧箱室顶板厚 0.8 m，底板厚 0.9 m，外侧墙厚 1 m，内侧中墙厚 1.2 m；其余箱室顶板厚 1.4 m，每 1.2 m 设置一个直径为 0.8 m 的圆孔，底板厚 1.4 m，中墙厚 1 m；顶板倒角尺寸为 1.5 m×0.6 m，边箱底板倒角尺寸为 0.5 m×0.3 m，第二和第四箱底板倒角尺寸为 0.9 m×0.6 m，中箱底板倒角尺寸为 0.6 m×0.3 m。箱涵边箱顶底板根据匝道纵断计算高程；中间三箱室顶板平齐，中箱底板除车站位置上抬 0.6 m 外，还设置 0.9 m×0.6 m 倒角。崔寨北地道匝道与主线分流段隧道结构横断面图如图 3.3 所示。

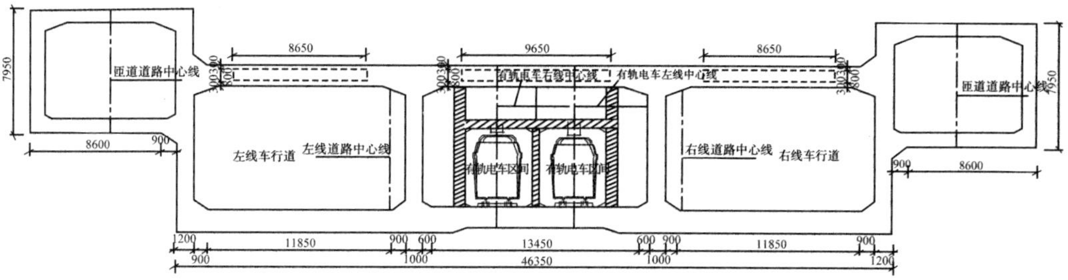

图 3.3 崔寨北地道匝道与主线分流段隧道结构横断面图

3.1.4 主线与匝道分离段主线隧道

主线与匝道分离段主线箱涵结构采用矩形箱涵形式，箱涵为单箱单室结构，约每 120 m设置一道沉降缝，约每 30 m 设置一道后浇带。箱涵净跨径为 13.65 m。箱涵顶板厚1.4 m，每 1.2 m 设置一个直径为 0.8 m 的圆孔，底板厚 1.4 m，侧板厚 1.2 m，顶板倒角尺寸为1.5 m×0.6 m，底板倒角尺寸为 0.9 m×0.6 m。崔寨北地道主线与匝道分离段主线隧道结构横断面图如图 3.4 所示。

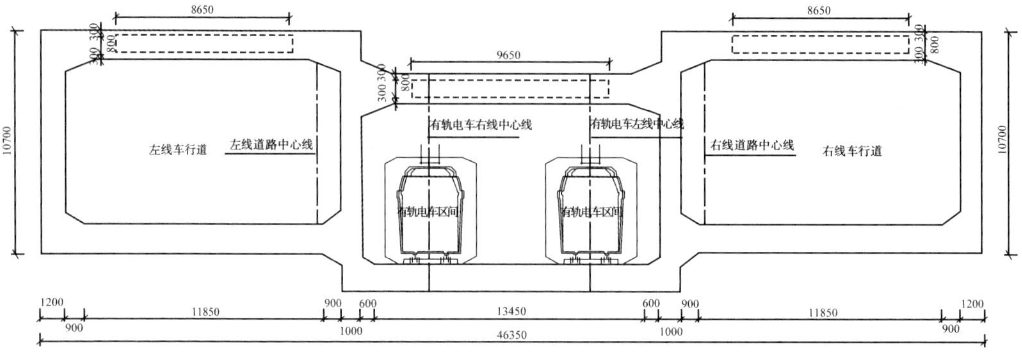

图 3.4　崔寨北地道主线与匝道分离段主线隧道结构横断面图

3.1.5　主线 U 形槽

主线 U 形槽宽 14.25～16 m，高 3.496～11.006 m，中间设置一道沉降缝，每 30 m 设置一道后浇带，构造根据高度(H)的不同共分为三种。当 3.5 m≤H≤5.6 m 时，底板厚 0.5 m，侧墙厚 0.525 m；当 5.6 m<H≤8.0 m 时，底板厚 0.9 m，侧墙厚 0.9 m，侧墙顶部 3.6 m 范围内厚度由 0.9 m 渐变为 0.525 m；当 8.0 m<H≤11.0 m 时，底板厚 1.4 m，侧墙厚 1.4 m，侧墙顶部 3.6 m 范围内厚度由 1.4 m 渐变为 0.525 m。根据箱涵的抗浮计算结果，当 U 形槽的 H≥5.6 m 时，必须设置抗滑桩，抗滑桩横向布置间距为 7 m，纵向布置间距为 5 m，抗滑桩长度分别为 25 m、20 m。崔寨北地道主线 U 形槽段隧道结构横断面图如图 3.5 所示。

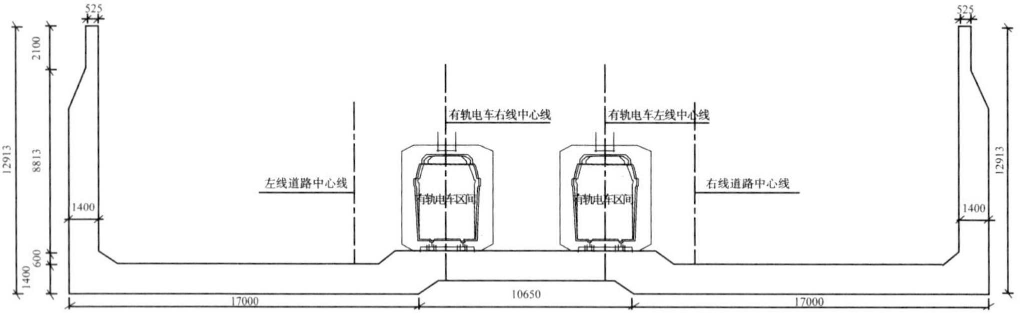

图 3.5　崔寨北地道主线 U 形槽段隧道结构横断面图

3.1.6　匝道 U 形槽

匝道 U 形槽宽 14.55 m，高 2.9～10.37 m，约每 30 m 设置一道后浇带。底板厚 0.9 m，侧墙厚 1 m，侧墙顶部 3.6 m 范围内厚度由 1.4 m 渐变为 0.525 m。崔寨北地道匝道 U 形槽段隧道结构横断面图如图 3.6 所示。

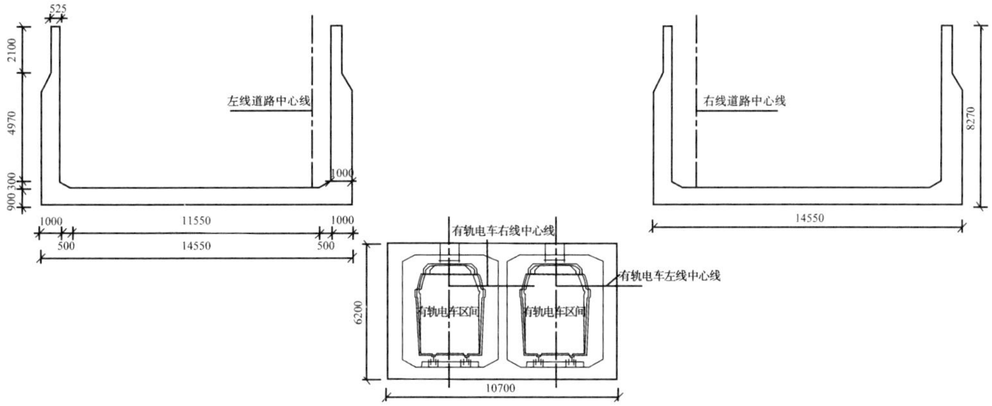

图 3.6　崔寨北地道匝道 U 形槽段隧道结构横断面图

3.2　会展中心地道设计

3.2.1　主路南、北敞开段

主路南、北敞开段宽 32.994～39.348 m，高 15.434～16.312 m，轨道交通箱涵位于主路 U 形槽下部，轨道箱涵顶板兼作 U 形槽底板。轨道箱涵采用单箱双室结构，宽 10.7 m，高 6.551 m，其中底板厚 0.7 m，侧墙厚 0.7 m，中墙厚 0.4 m，顶底板倒角尺寸为 0.5 m×0.3 m。主路 U 形槽底板厚 1 m，侧墙厚 1 m，倒角尺寸为 0.5 m×0.3 m。U 形槽及轨道箱涵底板下设直径为 0.6 m 的钻孔灌注桩作为抗滑桩，抗滑桩桩长30 m。会展中心地道主路南、北敞开段隧道结构横断面图如图 3.7 所示。

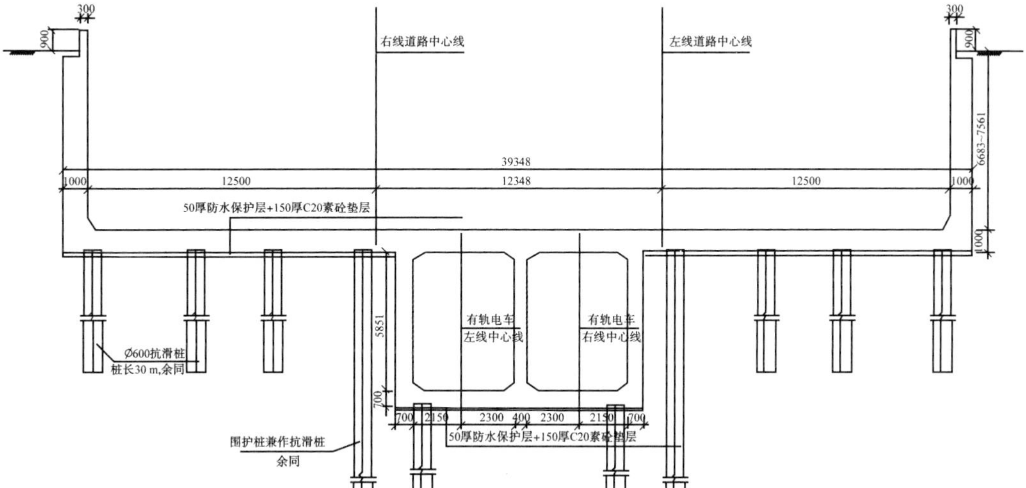

图 3.7　会展中心地道主路南、北敞开段隧道结构横断面图

3.2.2 主辅路共仓段

主辅路共仓段箱涵结构采用矩形箱涵形式，箱涵为单箱六室结构，约每 120 m 设置一道沉降缝，约每 30 m 设置一道后浇带。边跨辅路行车道箱涵净跨径为 21.15 m，顶底板厚 1.6 m，侧墙厚 1.5 m，顶板倒角尺寸为 1.5 m×0.5 m，底板倒角尺寸为 0.5 m×0.5 m；次边跨主路行车道箱涵净跨径为 15 m，顶底板厚 1.6 m，侧墙厚 0.6 m，顶板倒角尺寸为 1.5 m×0.5 m，底板倒角尺寸为 0.5 m×0.5 m；轨道箱涵净跨径为 6.1 m，顶底板厚 1.6 m，侧墙厚 0.8 m，中墙厚 0.4 m，顶板倒角尺寸为 1.5 m×0.5 m，底板倒角尺寸为 0.6 m×0.3 m。会展中心地道主辅路共仓段隧道结构横断面图如图 3.8 所示。

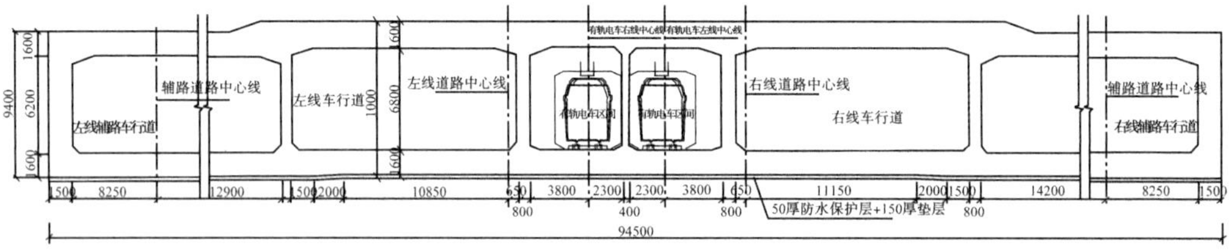

图 3.8 会展中心地道主辅路共仓段隧道结构横断面图

3.2.3 主路暗埋段

主路暗埋段箱涵结构采用单箱四室结构，约每 120 m 设置一道沉降缝，约每 30 m 设置一道后浇带。箱涵宽 46.1～48.3 m，高 8.55～10.3 m，边跨行车道箱涵净跨径为 13.65 m，顶底板厚 1.3 m，侧墙厚 1.2 m，顶板倒角尺寸为 1.5 m×0.5 m，底板倒角尺寸为 0.5 m×0.5 m；轨道箱涵净跨径为 8 m，顶底板厚 1.3 m，侧墙厚 0.6 m，中墙厚 0.4 m，顶板倒角尺寸为 1.5 m×0.5 m，底板倒角尺寸为 0.6 m×0.3 m。U 形槽及轨道箱涵底板下设直径为 0.6 m 的钻孔灌注桩作为抗滑桩，抗滑桩桩长 30 m。会展中心地道主路暗埋段隧道结构横断面图如图 3.9 所示。

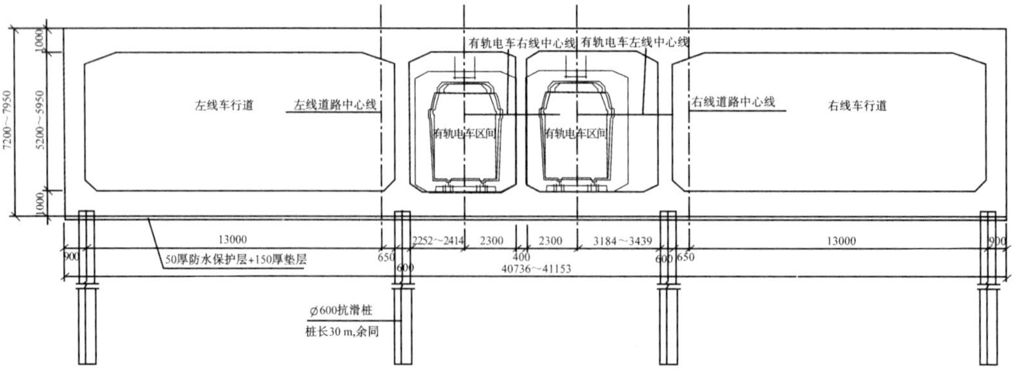

图 3.9 会展中心地道主路暗埋段隧道结构横断面图

3.3 体育中心地道设计

3.3.1 南、北敞开段

南、北敞开段U形槽宽29.3 m,高2.52～8.60 m,根据不同高度,底板及侧墙厚度共设置0.5 m、0.7 m、0.9 m、1.1 m四种类型,侧墙与底板倒角尺寸为0.5 m×0.3 m,U形槽底板下设直径为0.6 m的钻孔灌注桩作为抗滑桩,抗滑桩桩长30 m。体育中心地道南、北敞开段隧道结构横断面图如图3.10所示。

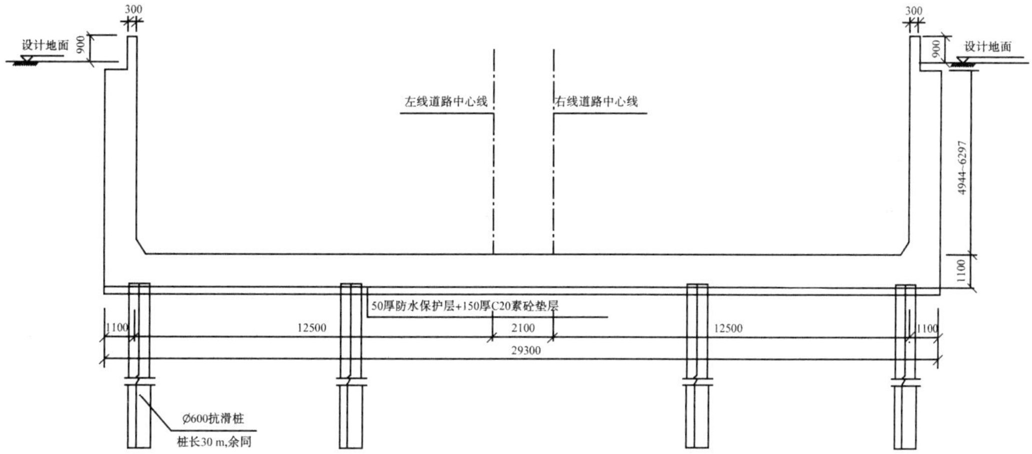

图3.10 体育中心地道南、北敞开段隧道结构横断面图

3.3.2 主线暗埋段

主线暗埋段宽30.1～30.7 m,高7.5～9.2 m,根据不同高度,顶底板厚度共设置1.1 m、1.2 m、1.3 m、1.4 m四种类型,侧墙厚度共设置1 m、1.1 m、1.2 m、1.3 m四种类型,中墙厚度均为0.6 m,侧墙与底板倒角尺寸为0.5 m×0.5 m,侧墙与顶板倒角尺寸为1.5 m×0.5 m。体育中心地道主线暗埋段隧道结构横断面图如图3.11所示。

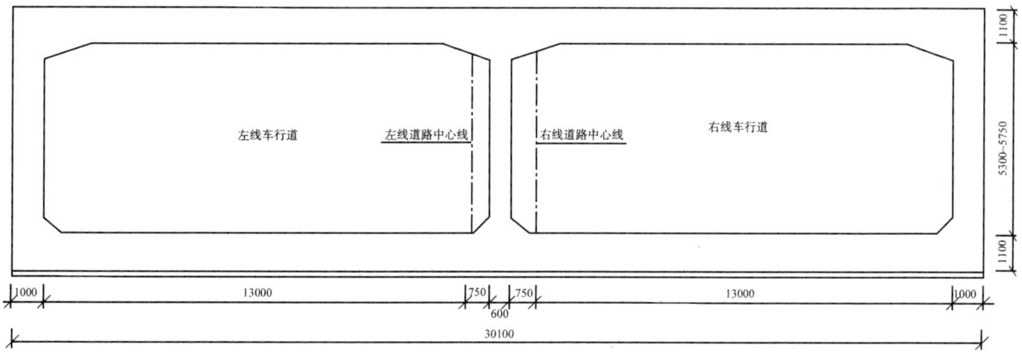

图3.11 体育中心地道主线暗埋段隧道结构横断面图

3.3.3 匝道敞开段

匝道敞开段宽 49.5～50.5 m，主线箱涵顶底板厚 1.4 m，侧墙厚 1.3 m，中墙厚 0.8 m，侧墙与底板倒角尺寸为 0.5 m×0.5 m，侧墙与顶板倒角尺寸为 1.5 m×0.5 m。匝道 U 形槽宽 9.4 m，高 2.9～9.2 m，底板厚 0.5～1 m，侧墙厚 0.5～1 m，侧墙与底板倒角尺寸为 0.5 m×0.5 m。底板下设直径为 0.6 m 的钻孔灌注桩作为抗滑桩，抗滑桩桩长 30 m。体育中心地道匝道敞开段隧道结构横断面图如图 3.12 所示。

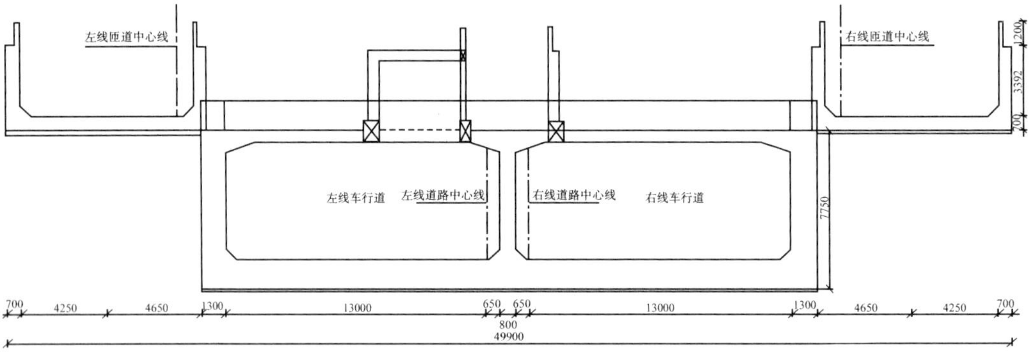

图 3.12　体育中心地道匝道敞开段隧道结构横断面图

3.3.4 匝道暗埋段

匝道暗埋段宽 51.5～52.1 m，高 8.55～9.83 m，主线箱涵顶底板厚 1.4 m，侧墙厚 1.3 m，中墙厚 0.8 m，侧墙与底板倒角尺寸为 0.5 m×0.5 m，侧墙与顶板倒角尺寸为 1.5 m×0.5 m。匝道箱涵顶底板厚 1.1～1.4 m，侧墙厚 0.9～1.3 m，侧墙与底板倒角尺寸为 0.5 m×0.5 m，侧墙与顶板倒角尺寸为 1.5 m×0.5 m。底板下设直径为 0.6 m 的钻孔灌注桩作为抗滑桩，抗滑桩桩长 30 m。体育中心地道匝道暗埋段隧道结构横断面图如图 3.13 所示。

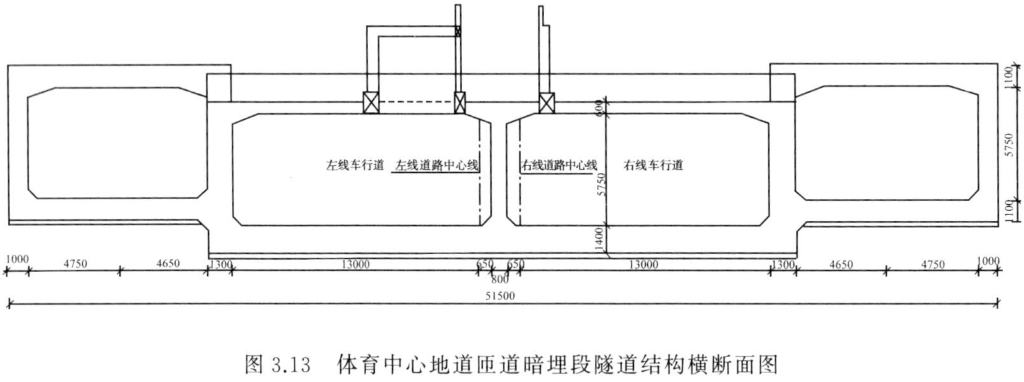

图 3.13　体育中心地道匝道暗埋段隧道结构横断面图

3.4 附属结构设计

3.4.1 后浇带

(1)地下结构每 30 m 设一道后浇带,后浇带宽 1 m。

(2)后浇带混凝土内掺加膨胀纤维抗裂防水剂,掺量为 8%~12%(具体掺量经试验确定)。

(3)二次浇注混凝土的间隔不少于 30 d。

(4)纵向钢筋采用机械连接或焊接时,钢筋连接满足相应规范要求。

3.4.2 沉降缝

沉降缝设置长度为 90~160 m。

3.4.3 有轨电车隔墙

为满足有轨电车(单孔面积≤30 m^2)的通风要求,在中部轨道箱室内设置中隔墙、边隔墙及顶板。中隔墙墙厚 0.4 m,墙高约 5.1 m;边隔墙墙厚 0.6 m,高度与箱室净高相同;顶板厚 0.4 m,全线设置。

3.4.4 风机房开洞

每处风机房在地下道路设置 1 处回风口、1 处送风口、1 处检修道。回风口净尺寸为 8 m×6 m,结构壁厚 1 m;送风口净尺寸为 4.5 m×1.8 m,结构壁厚 1 m,与地下道路成 30°角,开洞尺寸为 9 m×1.8 m;检修道净尺寸为 4 m×4 m,结构壁厚 1 m。

3.4.5 疏散通道

疏散通道分为内疏散通道和外疏散通道两种。内疏散通道在结构中墙开 2.5 m×2 m的门洞,并设置疏散横通道及疏散风机房;外疏散通道在箱涵外侧墙开 3 m×2 m 的门洞,且外疏散通道结构墙厚 1 m。

3.5 地下结构防水设计

3.5.1 防水设计原则

依据《地下工程防水技术规范》(GB 50108—2008),结合工程环境、水文地质、土壤腐蚀性等条件,本着使用安全、经济合理的精神,地下结构的防水设计遵循“以防为主、刚柔结合、多道设防、因地制宜、综合治理”的原则,并确立以结构自防水为主的防水体系,在结构外表面设置全包柔性外防水层。即采取材料、构造、施工等综合措施控制结构混凝土裂缝的开展，提高混凝土的抗渗性能和耐久性能；以施工缝、变形缝、穿墙管、桩头等细部构造的防水为重点。

3.5.2 防水标准

与轨道地下车站合建位置的防水等级应为一级，不允许渗水，结构表面应无湿渍。其他结构位置的防水等级应为二级，不允许漏水，结构表面可有少量湿渍。

3.5.3 防水构造设计

3.5.3.1 混凝土结构自防水

(1)地下道路主体结构采用防水等级不低于P8的C40防水混凝土。防水混凝土应通过调整配合比，或掺减水剂、掺合料等措施配制而成。

(2)防水混凝土的施工配合比应通过试验确定，试配混凝土的抗渗等级应比设计要求提高一级。

(3)防水混凝土在满足抗渗等级要求的同时，还应满足抗压、抗裂、抗冻和抗侵蚀性等耐久性要求。

(4)防水混凝土的环境温度不得高于80 ℃，处于侵蚀性介质中的防水混凝土的耐侵蚀要求应根据介质的性质按有关标准执行。

(5)防水混凝土结构底板应采用15 cm厚的C20混凝土垫层。

(6)防水混凝土结构应符合下列规定：

①结构厚度不应小于250 mm；

②裂缝控制宽度不应大于0.2 mm，且裂缝不得贯通。

(7)钢筋保护层厚度应根据工程设计使用年限、构件类型、工程环境类别和作用等级等要素按照《混凝土结构耐久性设计标准》(GB/T 50476—2019)、《公路工程混凝土结构耐久性设计规范》(JTG/T 3310—2019)等的相关要求确定。

3.5.3.2 防水材料选型

(1)在标准段结构位置，在结构的顶板之外敷设一层1.5 mm厚高分子强力交叉膜自粘防水卷材和200 g/m^{2}聚酯无纺布隔离层，采用7 cm细石混凝土作为保护层；侧墙预敷设一层1.2 mm厚高分子(非沥青基)自粘胶膜防水卷材，采用5 cm厚聚苯乙烯泡沫板作为保护层；底板预敷设一层1.2 mm厚高分子(非沥青基)自粘胶膜防水卷材，采用5 cm细石混凝土作为保护层；防水卷材采用全包的方式进行敷设，全地下道路满铺。

(2)在轨道车站位置，在结构的顶板之外先敷设一层水泥基渗透结晶型防水涂料，再敷设一层1.5 mm厚高分子强力交叉膜自粘防水卷材和200 g/m^{2}聚酯无纺布隔离层；侧墙预敷设一层1.2 mm厚高分子(非沥青基)自粘胶膜防水卷材，采用5 cm厚聚苯乙烯泡沫板作为保护层；底板预敷设一层1.2 mm厚分子(非沥青基)自粘胶膜防水卷材，采用5 cm细石混凝土作为保护层。

3.5.3.3 细部防水措施

特殊部位包括诱导缝、施工缝、变形缝、抗滑桩、穿墙管件等，这些部位易渗漏水，应采取多道设防的防水设计方案。诱导缝、变形缝和施工缝采用外贴式橡胶止水带和中埋式钢边橡胶止水带。

3.6 地下道路排水设计

地下道路排水设计遵循“排、堵相结合”的基本原则。这要求地下道路建成后应达到道路内基本干燥的要求，保证结构和设备的正常使用和行车安全。

3.6.1 排水措施

在敞口段地下道路两侧设置雨水边沟，主要收集敞口段道路雨水，流量计算同雨水管道设计流量计算，设计标准为 50 年一遇，综合径流系数为 1，汇流时间为 5 min，坡度同敞口段道路纵坡，于最低点处排入设计的地下道路中内径为 1000 mm 的横穿管，最终排入设计的雨水泵站，经泵站提升后排入周边河道。

3.6.2 截水措施

为防止敞口段地下道路路面雨水进入暗埋段地下道路，在地下道路两端敞口段设置纵向排水边沟，并按间距 10 m 加密布置雨水三连篦，使大部分雨水进入排水边沟，汇集到泵房并排出地下道路。

3.7 路面结构设计

3.7.1 暗埋段箱涵结构路面

暗埋段箱涵结构路面由以下六层组成：

第一层：细粒式密级配阻燃沥青混凝土(SMA-13)4 cm；

第二层：中粒式沥青混凝土(AC-20)6 cm；

第三层：铺设下封层＋透层油；

第四层：C40 水泥混凝土下面层 25 cm；

第五层：C20 混凝土基层 25 cm；

第六层：C20 混凝土填充。

3.7.2 敞口段 U 形槽段路面(自融冰雪路面)

敞口段 U 形槽段路面(自融冰雪路面)由以下七层组成：

第一层：沥青玛琋脂碎石混合料(SMA-13 SBS 改性)4 cm；

第二层:中粒式沥青混凝土(AC-20C)6 cm;
第三层:粗粒式沥青混凝土(AC-25C)8 cm;
第四层:铺设下封层+透层油;
第五层:C40 水泥混凝土下面层 25 cm;
第六层:C20 混凝土基层 25 cm;
第七层:C20 混凝土填充。

3.7.3 敞口段挡墙段路面(自融冰雪路面)

敞口段挡墙段路面(自融冰雪路面)由以下七层组成:
第一层:沥青玛琋脂碎石混合料(SMA-13 SBS 改性)4 cm;
第二层:中粒式沥青混凝土(AC-20C)6 cm;
第三层:粗粒式沥青混凝土(AC-25C)8 cm;
第四层:铺设下封层+透层油;
第五层:水泥稳定碎石 20 cm;
第六层:水泥稳定碎石 20 cm;
第七层:水泥稳定碎石 20 cm。

3.8 防撞护栏设计

在地下道路两侧设置防撞护栏时,除主线敞口段路内侧防撞护栏采用 F 型的 SS 级防撞护栏外,其他位置均采用 F 型 A 级防撞护栏。

3.9 结构回填设计

(1)箱涵展宽段顶部采用轻质混凝土回填,其他结构顶部采用素土分层回填。
(2)箱涵、U 形槽结构与围护结构之间采用 C20 混凝土填充。
(3)轻质混凝土的容重等级为 W10,强度等级为 CF1.2,且符合《气泡混合轻质土填筑工程技术规程》(CJJ/T 177—2012)的要求。

3.10 主要材料设计

3.10.1 混凝土

(1)箱涵、U 形槽及附属结构采用 C40 防水混凝土,抗渗等级均为 P8 级。
(2)挡墙、抗滑桩采用 C35 混凝土。
(3)箱涵、U 形槽、挡墙垫层采用 C20 混凝土。

3.10.2 钢筋与钢材

钢筋采用 HPB300、HRB400 级，技术标准符合《钢筋混凝土用钢　第 1 部分：热轧光圆钢筋》(GB 1499.1—2017)、《钢筋混凝土用钢　第 2 部分：热轧带肋钢筋》(GB 1499.2—2018)的规定；钢板及钢管均采用 Q235B 钢，钢材质量符合现行国家标准《碳素结构钢》(GB/T 700—2006)等的有关规定。

3.10.3 沥青

(1)黄河大道一期工程处于 1-3-2 气候分区，因此选用 70 号 A 级道路石油沥青，其技术指标及技术要求如表 3.1 所示。

表 3.1　A 级道路石油沥青的技术指标及技术要求

技术指标		单位	技术要求
针入度(25 ℃,5 s,100 g)		0.1 mm	60～80
针入度指数(PI)		—	−1.5～+1.0
软化点(R&B)		℃	≥46
60 ℃动力黏度		Pa·s	≥180
10 ℃延度		cm	≥20
15 ℃延度		cm	≥100
含蜡量(蒸馏法)		%	≤2.2
闪点		℃	≥260
溶解度		%	≥99.5
TFOT①(或 RTFOT②)后残留物	质量变化	%	≤±0.8
	残留针入度比(25 ℃)	%	≥61
	残留延度(10 ℃)	cm	≥6

①薄膜烘箱试验。

②旋转薄膜烘箱试验。

(2)黄河大道一期工程上面层、下面层采用 SBS(I-D)聚合物改性沥青，制造 SBS 改性沥青的基质沥青与改性剂有良好的配伍性，基质沥青符合 70 号 A 级沥青的技术要求。SBS(I-D)聚合物改性沥青的技术指标、技术要求及试验方法如表 3.2 所示。

表 3.2　SBS(I-D)聚合物改性沥青的技术指标、技术要求及试验方法

技术指标	单位	技术要求	试验方法
针入度(25 ℃,5 s,100 g)	0.1 mm	30～60	T0604
针入度指数(PI)	—	≥0	T0604

续表

技术指标		单位	技术要求	试验方法
延度(5 ℃,5 cm/min)		cm	≥20	T0605
软化点(R&B)		℃	≥60	T0606
135 ℃动力黏度		Pa·s	≤3	T0625 或 T0619
闪点		℃	≥230	T0611
溶解度		%	≥99	T0607
贮存稳定性离析(48 h 软化点差)		℃	≤2.5	T0661
弹性恢复(25 ℃)		%	≥75	T0662
TFOT(或 RTFOT)后残留物	质量变化	%	≤±1.0	T0610 或 T0609
	针入度比(25 ℃)	%	≥65	T0604
	延度(5 ℃)	cm	≥15	T0605

(3)阻燃沥青的技术要求:

①阻燃沥青混合料氧指数(OI)要求:OI>27%(掺阻燃剂前,SBS 改性沥青的 OI>19%)。

②阻燃沥青混合料受火燃烧后烟密度和烟气毒性的技术要求如下:

a.烟密度等级不大于 75,试验方法参考《建筑材料燃烧或分解的烟密度试验方法》(GB/T 8627—2007)。

b.烟气毒性应达到国家准安全二级(ZA2)标准,试验方法参考《火灾烟气毒性危险评价方法——动物试验方法》(XF/T 506—2004)与《材料产烟毒性危险分级》(GB/T 20285—2006)。

c.阻燃沥青添加剂:阻燃沥青中的阻燃剂及抑烟剂的剂量以内掺法计量为准,具体用量在目标配合比及生产配合比中确定。

3.11 耐久性设计

黄河大道一期工程的环境类别采用Ⅱ类,结构混凝土应满足《混凝土结构耐久性设计标准》(GB/T 50476—2019)、《公路工程混凝土结构耐久性设计规范》(JTG/T 3310—2019)等的相关要求。混凝土应具有良好的抗侵入性、体积稳定性和抗裂性。

(1)水泥:水泥应选用硅酸盐水泥或普通硅酸盐水泥(P·O)。

(2)骨料:细骨料应选用级配合理、质地均匀坚固、吸水率低、空隙率小的洁净天然中粗河砂,也可选用专门机组生成的人工砂;粗骨料应选用级配合理、粒形良好、质地均匀坚固、线膨胀系数小的洁净碎石,不宜采用砂岩碎石。

(3)减水剂:采用高性能水泥混凝土减水剂能够显著提高混凝土的工作性能,降低水化热，使混凝土内部温度有所降低，延缓温度高峰的出现。

(4)添加剂：掺入适当的混凝土添加剂，可以防止混凝土的早期收缩裂缝与徐变，避免过多的气孔产生。采用高效缓凝剂使混凝土初凝时间比构件浇筑时间更长，可以避免混凝土浇筑过程中的初凝开裂。

(5)构造设计：

①设计时外形应力求简洁，尽量避免暴露棱角。结构的形状、布置和构造应有利于避免水、水汽和有害物质在混凝土表面积聚。结构外形应有利于施工时混凝土的振捣和养护，还应减轻荷载作用下产生的应力集中和约束应力。

②应具有可靠的防、排水设计。

③钢筋保护层厚度应严格按照规范执行，限制施工误差。

④应控制混凝土结构表面裂缝宽度。

施工篇

第4章　施工控制与管理

4.1　施工组织机构

4.1.1　建设指挥部

黄河大道一期工程由济南城建动能转换开发建设集团有限公司负责建设管理，项目建设指挥部共设四部一室。指挥长负责全面工作；副指挥长协助指挥长工作，分管物资设备部、办公室、计划财务部；总工程师协助指挥长工作，全面负责工程技术方面的工作以及工程管理部、安全质量部（见图4.1）。各职能部门的工作职责如下：

（1）办公室：负责日常行政管理、党群工作、人事管理、劳动工资管理、社会保险管理，以及信息调研、宣传报道、公文管理、会务组织和接待、信访与综合治理工作。

（2）工程管理部：全面承担工程项目的技术管理工作。负责工程日常管理，做好工程测量、设计文件审核、施工技术调查、技术交底、施工作业指导、技术资料管理、工程试验和检验、工程施工技术总结及竣工验收、竣工文件编制等工作，同时配合地方政府做好征地拆迁、“三改”（立法改革、政策改革和行政改革）工作以及按建设程序做好设计方案报批和行政许可办理等工作。

（3）安全质量部：明确工程质量安全目标，负责建立公司质量、安全管理体系，落实各项质量、安全管理制度，监督参建单位贯彻执行。

（4）计划财务部：全面负责计划统计、概预算、会计业务、工程建设招标投标、工程建设合同（协议）的归口和财务管理等工作。

（5）物资设备部：负责建设项目物资设备管理工作，建立物资设备采购供应管理体系和质量控制管理体系，降低采购供应成本，确保物资设备质量。

4.1.2　施工项目部

黄河大道一期工程施工三标段由济南城建集团有限公司负责施工。施工三标段项目部在项目经理的领导下，组建项目管理组织机构（见图4.2），全面负责本项目从开工到竣工全过程的施工技术、工程质量、安全生产、施工进度、文明施工等工作。

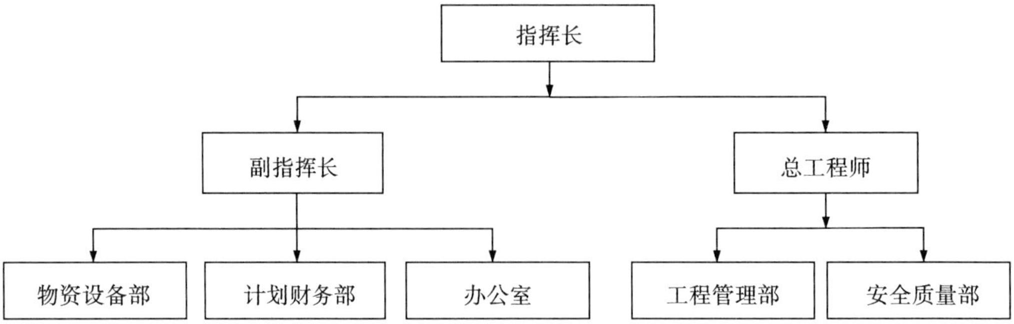

图 4.1　工程建设指挥部组织机构图

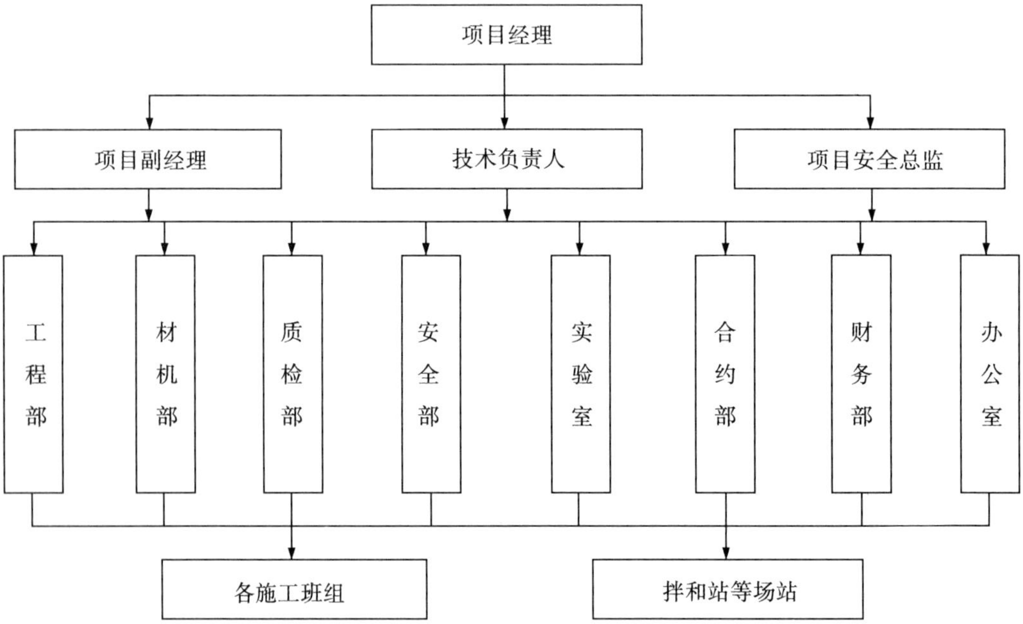

图 4.2　施工三标段项目管理组织机构图

4.2　进度管理

4.2.1　进度目标

要按照招标文件及合同要求，在各规定工期内完成施工任务。具体计算的起始日以监理工程师发出的开工令为准。

4.2.2 进度计划控制原则

(1)在保证工程质量的前提下,合理安排人力、物力、财力的投入。

(2)运用科学的管理方法和先进的机械设备,合理地进行资源分配。

4.2.3 施工进度保证措施

4.2.3.1 组织保证措施

(1)组建具有丰富现场管理经验的、强有力的项目经理部,并在项目经理的统一领导下,精心组织、精心安排。提倡前道工序为后道工序服务、与其他分包方互相协调的思想,在保证工程质量的前提下,通过采取各项措施保证投标工期目标的实现。

(2)劳动力的投入是保证工期的关键,因此本工程的工作面一旦形成,便立即按序调集劳动力,并按总进度的控制,做好后备劳动力的调集工作。在施工高峰时,视具体情况统一调度机械设备与劳动力。

(3)用施工进度的三级动态管理来保证工期的进度,由公司制订一级进度计划(进度控制计划),项目经理部编制二级进度计划(月工作计划),各专业施工队编制三级进度计划(各分部、分项工程每月进度计划)。三个计划要求总体衔接、稳定平衡,同时,应通过信息反馈,对计划实施的全过程进行有效的动态控制。月计划和周计划的编制必须具体、详细,具有实际性和可操作性。

(4)项目经理部每十天召开一次施工现场会议(邀请业主、监理单位参加),每周召开一次现场工作协调会议,对反馈的信息立即作出正确的处理,并对月、周计划加以调整。

(5)根据工程特点及工作面的部署,强化材料、设备部门人员结构,并提前配齐、配足材料,以加快施工进度。

(6)各类机械设备由专人操作、精心维修,确保正常使用,以满足施工进度的实际需要。

(7)充分利用经济规律及其杠杆作用,有效地调动工人生产的积极性。施工人员的经济利益按实际进度的完成情况分段兑现奖罚。

(8)组织公司内部的技术力量,开展以质量为中心的劳动竞赛,在提高工程质量的同时加快施工进度。

4.2.3.2 管理措施

(1)项目部管理人员认真学习项目部与业主签订的合同文本,全面理解和掌握合同文本的规定,并在工程实施中将合同文本内容贯彻执行到施工管理全过程,确保工程优质如期完成。

(2)按照合同规定的承包施工范围的工程质量、工期、安全、文明施工等要求,编制详细、完善的施工组织设计方案,经业主、监理单位审核后实施。

(3)以合同规定的工期要求为依据,根据现场实际情况编制本工程施工总进度网络计划,以有效地对进度进行总控制。

(4)根据现场实际情况编制分阶段实施计划(施工准备计划,劳动力进场计划,施工材料、设备、机具进场计划,分项、分部施工进度计划等)。

(5)将合同的条款要求分解纳入相应的分包合同中,将质量、工期、安全、文明施工等施工目标进行分节,确保各项目标如期完成。

(6)施工过程中的各类工作联系,除必要的口头通知外,一律以书面形式及时发给各工作班组执行。

(7)项目部诚恳接受业主、监理单位和当地主管部门对管理工作的指导和要求,并相互紧密合作,确保工程顺利进行。

4.2.3.3 材料供应措施

(1)及时准确地向业主提出供料计划且具有超前意识,确保工程的顺利进行,并充分发挥资金效益。

(2)在材料供应时间及数量上慎之又慎,决不因工作疏忽造成供料混乱。为落实此项工作,对各级管理人员制定岗位责任制,并选派业务素质高、责任心强的专业材料员来担任此项工作。

(3)设置专门的仓储库房,配备专人看管,对已装和未装的设备、材料进行定期的防护、检查、清洗、加油、回收,设立专职保管员并完善领用手续,保证供应的设备及材料不丢失、不浪费。

(4)材料的组织供应是项目部物资管理的中心任务,供应质量的优劣与供应速度的快慢关系到项目部各项工作能否顺利进行。在日常工作管理方面,重点抓好如下几点:

①加强材料计划的及时性、准确性和严肃性。项目部将执行规范化的计划编制、审核、采购制度,做到供应工作的不同阶段有不同的人负责,坚决杜绝盲目计划、铺张浪费的工作作风。

②加强采购成本的控制,在保证质量、数量、供货及时的基础上,降低采购成本是提高项目施工效益的重要环节。在采购材料时,项目部在“货比三家”的基础上,坚持“质量第一”的采购原则。采购任何用于工程的材料均必须有经项目经理审批后的采购通知单及严格的验收入库制度,采购员不得接受任何人随意的采购指令。

③坚持审批的环节:项目部在做好自身环节审批工作的基础上,同时也要做好对业主的报批工作,对实行调整的大宗材料要事先报送业主方进行价格、厂家的审批,在审批的基础上进行采购。未经审批的材料决不自行采购。

④加强保管、及时回收,做好材料的保管、领用工作是保证材料供应不乱的基础。项目部坚决执行限额领料制度,凭计划发料,在保管工作上配备专业的保管工人,保证账、卡、物相符,保证仓库的材料不变质、不受损。制定班组材料节约奖励的办法,做好材料的回收利用工作,做到能使用的材料绝不浪费。

4.2.3.4 资金保证措施

(1)合理收取工程款:严格遵照合同条款及有关付款条文的要求,根据要求提供必要的付款依据，并请业主、监理单位审核。统计工作的基础是实事求是，决不高估冒算，对设计变更增加的工作量实事求是地请监理单位、业主审核，在审核的基础上结算价款。

（2）合理使用工程款：保证项目的资金合理使用是保证工程顺利进行的先决条件。项目部在资金使用上坚决做到专款专用，不属于本工程使用的资金决不占用。

（3）在抓计划的基础上做好调度工作，决不因计划不周导致物资积压，使资金无法发挥效益。

（4）合理调度工程款：即使业主方按合同规定的资金一时不能到位，也不能因此而拖延工期或影响工程质量。项目部应积极调度项目外资金，确保工程顺利进行。

4.3 质量管理

4.3.1 质量目标

工程质量优良，质量控制程序符合规定；质量管理达标，内业资料真实可靠、规范齐全；按照验收标准要求，各分项、分部工程施工质量检验合格率达到100％，单位工程一次验收合格率达到100％；减少质量通病，杜绝较大及以上等级质量事故。

4.3.2 质量方针

公司始终坚持“创新卓越，建造精品，诚信守法，服务社会”的质量方针。

4.3.3 质量保证体系

公司已通过ISO 9000质量体系认证，将按照ISO 9000质量体系建立施工标段质量保证体系，成立以项目经理为组长，副经理、总工程师为副组长，由公司专家组和技术、质量、试验、安全、环保、机械、物资、财务、工区经理及工区技术主管参加的全面质量管理领导小组，积极组织开展全面质量管理活动，优化施工工艺，提高工程质量，实现创优目标。成立以总工程师为组长的创优攻关质量控制（QC）小组，由工程技术部门根据工程规模、工程特点、环境特点制定创优规划和详细的创优措施，QC小组定期或不定期举行活动，分析质量、安全、工期、环保、成本等问题，查找原因，制定对策，不断提高工程质量。质检部门负责进行施工过程中的质量检查和评审。工区根据指挥部创优规划及管辖工程特点成立相应的质量管理和创优工作领导小组，定期组织有关人员进行专业技术学习、质量教育、督促检查和质量评比。按照ISO 9000质量体系标准，规范项目质量体系工作，提高质量控制和保证能力，使工程质量始终处于受控状态。

设立专职质量检查体系，配专职质检工程师，工班设兼职质检员，形成体系完善、责任明确的质量检查体系。试验室及专职试验人员根据建设单位及监理单位要求制定试验工作实施细则，通过先进的检测和试验手段，配合工地质检工程师和监理工程师进行全面的施工质量控制。

建立的质量保证体系如图4.3所示。

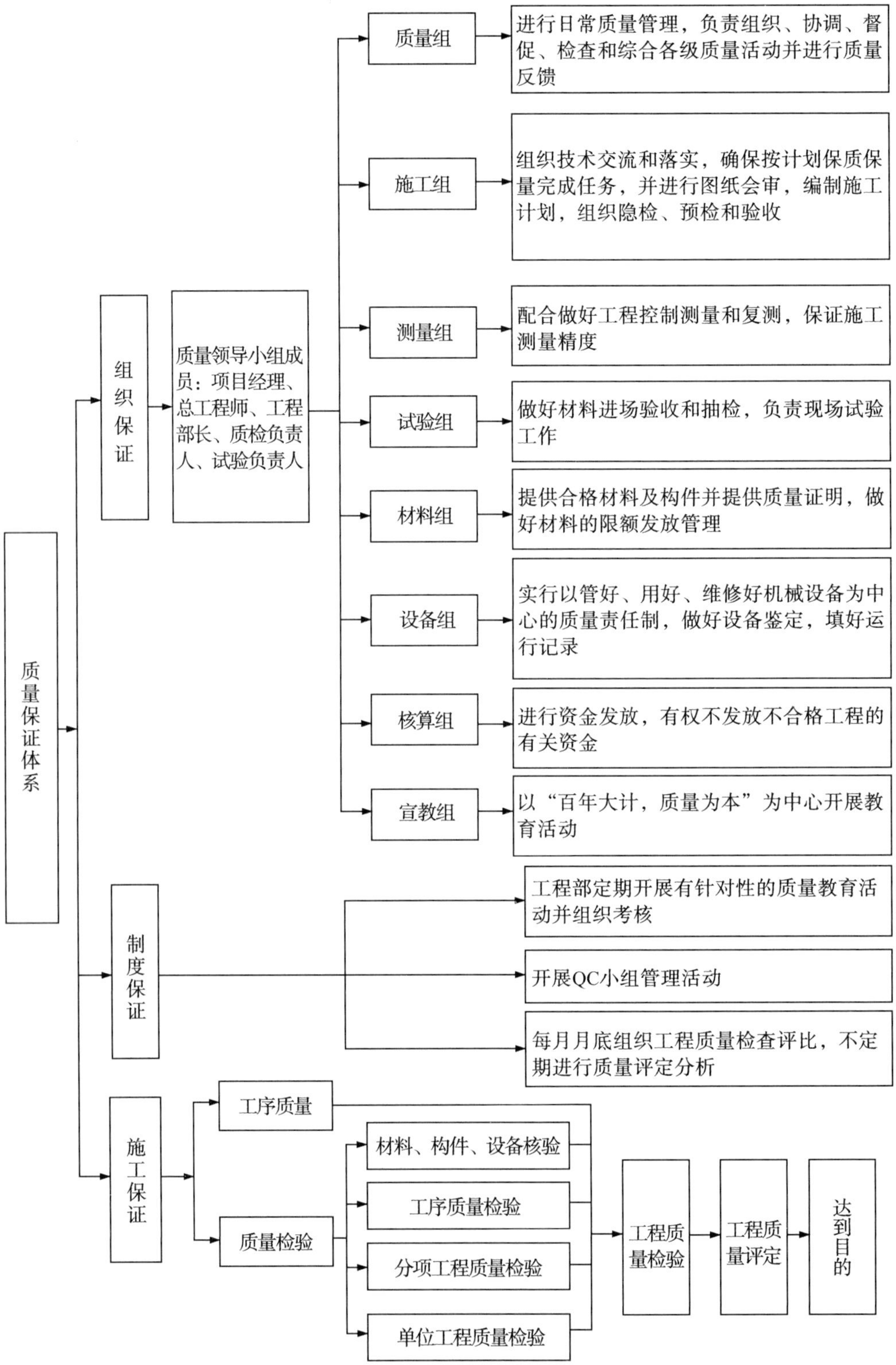
质量保证体系
组织保证
质量领导小组成员：项目经理、总工程师、工程部长、质检负责人、试验负责人
质量组
进行日常质量管理，负责组织、协调、督促、检查和综合各级质量活动并进行质量反馈
施工组
组织技术交流和落实，确保按计划保质保量完成任务，并进行图纸会审，编制施工计划，组织隐检、预检和验收
测量组
配合做好工程控制测量和复测，保证施工测量精度
试验组
做好材料进场验收和抽检，负责现场试验工作
材料组
提供合格材料及构件并提供质量证明，做好材料的限额发放管理
设备组
实行以管好、用好、维修好机械设备为中心的质量责任制，做好设备鉴定，填好运行记录
核算组
进行资金发放，有权不发放不合格工程的有关资金
宣教组
以“百年大计，质量为本”为中心开展教育活动
制度保证
工程部定期开展有针对性的质量教育活动并组织考核
开展QC小组管理活动
每月月底组织工程质量检查评比，不定期进行质量评定分析
施工保证
工序质量
质量检验
材料、构件、设备核验
工序质量检验
分项工程质量检验
单位工程质量检验
工程质量检验
工程质量评定
达到目的

图 4.3　质量保证体系

4.3.4 质量管理制度

4.3.4.1 质量检查制度

(1)公司对在建项目每月至少组织一次全面检查,检查内容包括但不限于施工组织设计、专项施工方案、施工技术交底、图纸会审、开工报告、质量管理策划、过程确认、交桩记录、导线点闭合、水准点复核、测量成果表、测量记录、施工日志、预立卷目录、检验批划分、试验计划、试验报告、试验台账、报验资料、现场挂牌验收资料及照片、首件制执行情况、施工标准化执行情况、施工亮点、工程抽检合格率、现场质量问题等。

(2)项目部至少每周组织一次由项目经理带队、主要项目部管理人员和施工班组负责人参加的工程现场质量检查和质量分析会,并形成检查记录和会议纪要,项目经理签字后由质检员将检查结果上报公司。

(3)质检员负责质量检查、内部验收及标准化工艺推广,进行必要的现场试验检测,留存业务检查记录,负责将自检结果通知现场施工员、测量员及项目经理,针对不合格情况开具质量问题整改单或罚款单,并根据整改情况完成闭合。

(4)树立质量检查工作的严肃性和权威性,设立质量监控公布栏,及时奖励先进配属队伍和管理人员,对于偷工减料、违反操作规程的施工队伍和管理人员处以罚款,同时张榜公布。

(5)对检查发现的质量问题,项目部应在规定期限内尽快纠正解决,并将现已纠正的证据,如整改后的照片、视频等,提交联合检查小组查验。

4.3.4.2 技术交底制度

(1)技术交底是施工技术管理的重要步骤,其目的是使参加施工的管理人员、工程技术人员、作业班组明确所担负工程任务或作业项目的特点及技术要求、质量标准、安全措施,以便更好地组织施工。

(2)技术交底必须在单位工程图纸综合会审的基础上进行。

(3)技术交底必须安排在单位工程或分部、分项工程施工前进行,并为施工留出适当的准备时间,不得后补。

(4)技术交底应以书面形式,并辅以可视化交底。可视化交底形式包括质量工艺展板、PPT课件、质量问题警示牌、大样图、3D建模、BIM技术、工程实体等。交底人和接收人应履行交底签字手续,留存交底时的录音录像并及时归档。

(5)技术交底程序:

①应由项目部技术负责人或施工员向承担施工任务的配属队伍和有关人员进行技术交底。

②技术交底的末端是施工操作人员,班组长应以身作则,带领工人进行正确作业。

③分部、分项的技术交底内容完成后应进行讲评,作业过程中班组长要随时检查,确保交底内容落到实处。

(6)技术交底内容：

①技术交底分为施工组织设计交底、专项施工方案交底及分部、分项施工技术交底。

②分部、分项施工技术交底内容包括作业条件、施工准备、标准化工艺操作流程、技术要求、质量标准、安全措施、成品保护以及需要交底的其他事项(如新工艺、新材料的施工方法、操作要点、质量通病预防等)。

(7)所有的施工技术交底均实行二维码识别管理，在施工现场悬挂相应的二维码图板。施工技术交底必须明确设计内容、规范要求、图集要求及项目部根据质量策划所要求的内容，要有针对性和可操作性。

4.3.4.3　资料管理制度

(1)影像资料收集：工程开工伊始，需编制影像脚本，明确影像资料内容、数量、标准等关键信息，过程中应做好收集、分类，建立单独文件夹，作为检查依据。

(2)项目大事记：工程开竣工、关键工序节点、单位工程验收、分部工程验收、工程首件验收等，大事记需明确相关人员、时间、事件等关键信息。

(3)试验计划：项目部应编制工程试验计划，并根据试验计划逐项落实。项目部质检员应严格按照试验规程、方法做好各项施工试验，并及时获取报告，报验、收集、整理、归档。

(4)试验台账：试验台账应登录及时，明确委托检测内容、部位、时间、结果、责任人(单位)等关键信息。

(5)资料预立卷制度：资料预立卷包括技术文件、资料、图纸、影像资料、报验资料、试验检验资料、施工记录等，开工后应当根据资料要求，确定需要收集的资料目录并实行编号管理，确定责任人。

4.3.4.4　设计变更制度

所有工程涉及设计变更事项时，必须严格执行设计变更流程，文件审批完成后方可施工。严禁私自变更，一经发现，严肃处理。因私自变更造成经济损失或不良影响的，对相关负责人实行追责制度。

4.3.4.5　隐蔽工程验收制度

(1)单位工程的隐蔽工程验收，是保证工程质量和工作质量的重要手段。隐蔽工程划分必须符合国家标准、规范要求，前一道工序未进行验收，后一道工序严禁施工。

(2)隐蔽工程验收必须至少由三方(建设单位、监理单位、施工单位)参加，重要工序部位必须有设计单位、勘察单位等参加验收，验收符合要求后方可进入下道工序施工。

(3)隐蔽工程验收实行挂牌制，每个检验批留存不少于6张照片，完整保存隐蔽工程检查验收记录，以备验收和备案检查。

(4)现场技术人员填写自检合格记录，书面通知质检员或技术负责人复验，并给出相应的验收结论，在项目管理群内反馈。

4.3.4.6 样板引路制度

(1)所有工程项目均实行样板引路制度,实行样板引路方案策划审核、过程指标控制、成果评定验收、作业指导书定稿推广、结果考核后奖优罚劣。

(2)项目部应根据创优目标、工艺特点、质量标准、设计要求、验收规范等列出项目部样板引路范围,报公司备案。

(3)项目部针对需要进行样板引路的分项工程编制样板引路策划方案,策划方案中优先选用公司标准化施工工艺、建筑业十项新技术、“四新”工艺等。方案中需明确样板引路的位置桩号、所采用工艺、施工班组(班组负责人)、项目部管理人员(根据岗位职责具体到人)及所需材料、设备、工具、人员等,注明验收流程、质量标准。策划方案需经公司相关管理部门审批。

(4)样板段施工前应确保各项准备工作到位,项目经理应召开样板引路专题会议,确定质量管理目标,负责调度各种资源到位。项目总工负责对班组人员及项目部管理人员进行交底,明确施工工艺及施工参数。施工技术管理人员应根据样板引路策划方案、施工技术交底、设计图纸、施工规范等把控好各阶段施工质量及安全文明施工要求。质检员负责材料检验、工序参数检测、质量验收等工作。资料员负责施工记录数据的整理和归集,为下一步指导施工提供数据支持,负责施工过程照片收集、资料整理等。

(5)样板段施工完成后由项目经理组织验收,可邀请业主、设计员、监理及项目部管理人员参加,对样板段的质量情况进行评定,对施工过程中出现的问题进行总结。评定不合格的返工重做,直至合格为止。

(6)验收通过后,项目总工应编制作业指导书,指导后续施工内容,质量标准只能比样板段高,不能比样板段低。作业指导书中应明确施工工艺、所需资源、验收参数等,应明确奖罚标准,对不符合作业指导书验收条件的工程量给予扣除或者罚款。

4.3.4.7 施工挂牌制度

(1)施工班组要做到“四定”(定人、定岗、定施工部位、定质量标准),用“四定”考核每个人的工作质量。

(2)验收信息牌包括验收内容、工程部位、验收日期、施工班组、施工员、测量员、质检员、验收情况等内容,应留存现场照片并整理归档。

(3)对重点施工部位建立操作者档案,记录操作部位、操作者姓名、质量状况等。由技术员填写、质量部门认定后,存档保存。

4.3.4.8 过程三检制度

(1)工程质量检查施工班组做到天天检,专职质检员做到项项检,公司工程质量管理部门做到单位检。

(2)施工操作者应对自身的操作质量负责,对当日完工的产品进行自检,施工班组对当日完成的项目互检,并认真填写自检记录,发现问题及时改正,确保质量。

(3)上道工序完工后,由施工员组织工序间交接检验,验收合格后上报质检员验收,质检员验收合格后报监理验收,监理签字认定合格后,方可进行下一道工序施工。

(4)分项工程完工后,由项目经理组织有关人员参加,进行分项工程检查评定。质检员核定质量等级,并上报监理验收,监理签字认定合格后生效。

4.3.4.9 质量例会制度

(1)质量例会以项目工程为单位,项目经理部每周召开一次。

(2)质量例会由项目经理主持,施工员、材料员、质检员、安全员、各班组长、分包单位负责人必须参加。若涉及重大问题的决策,可邀请公司有关人员、监理单位等参加会议。

(3)质量例会的内容应包括通报工程项目的施工计划执行情况,工程施工质量情况,产生质量问题的原因、处理方法和预防措施,推广交流新的施工方法,对下一步工作的安排布置等。

(4)质量例会参加者在会上要畅所欲言,各抒己见,允许持有不同观点和保留意见,但会上一旦形成决议,无论个人同意与否,都应认真贯彻执行。

(5)质量例会必须安排专人对会议内容进行记录,并逐条整理,形成会议纪要,归入工程管理档案。

(6)落实项目部项目经理带队周检制度,检查结果由质检员汇总归档。

4.4 安全管理

4.4.1 安全目标

生产安全责任事故死亡率为0,重伤率控制为0‰,职业病发生率为0,安全责任事故损失控制在产值的0‰。

4.4.2 安全方针

始终坚持“安全第一,预防为主,综合治理”的安全方针。

4.4.3 安全保证体系

建立健全安全保证体系,贯彻国家有关安全生产和劳动保护方面的法律法规,定期召开安全生产会议。研究项目安全生产工作,发现问题并及时处理。逐级签订安全责任书,使各级明确自己的安全目标,制定好各自的安全规划,达到全员参与安全管理的目的,充分体现“安全生产,人人有责”。按照“安全生产,预防为主”的原则组织施工生产,做到消除事故隐患,实现安全生产的目标。

建立的安全保证体系如图4.4所示。

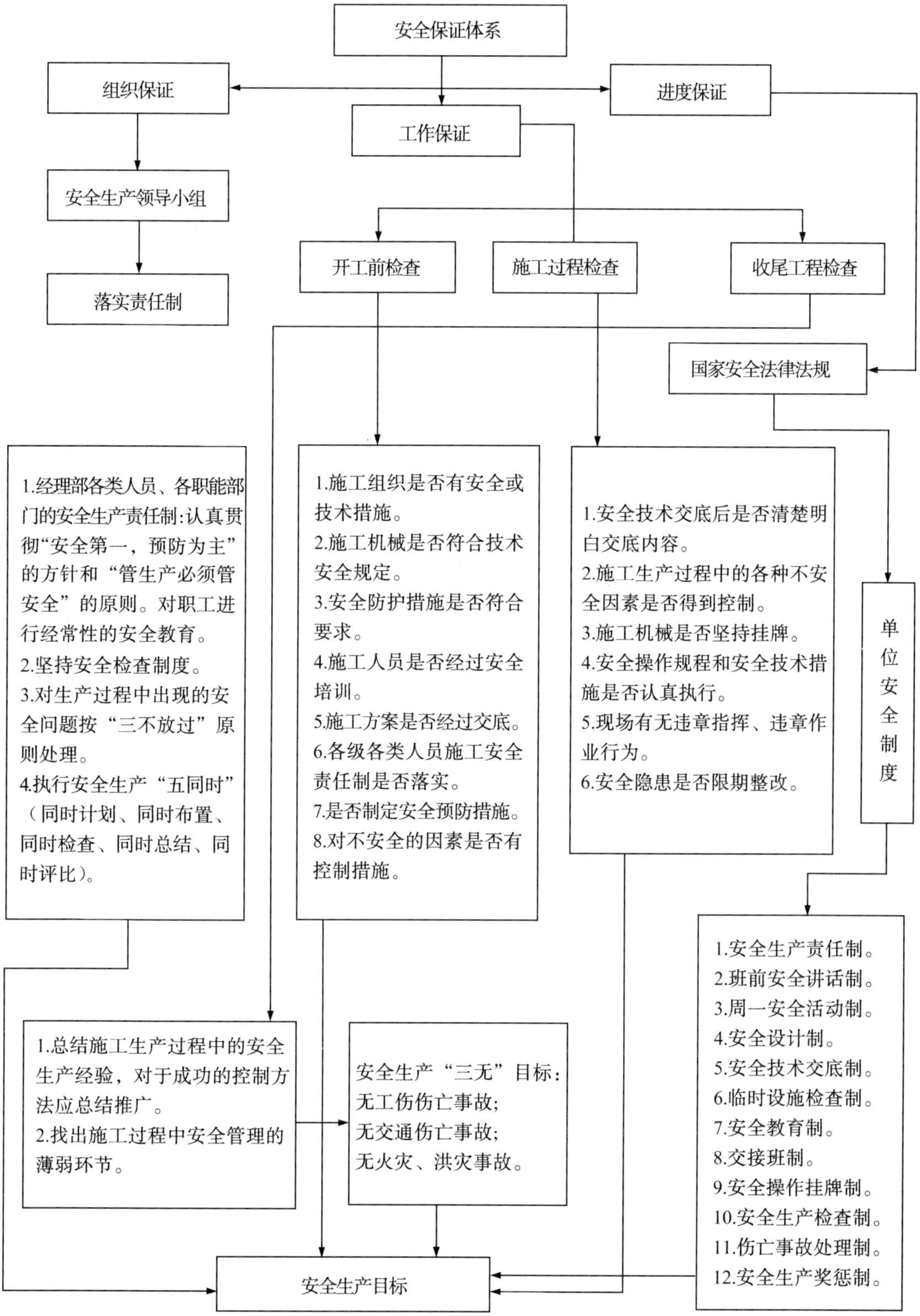
安全保证体系
组织保证
进度保证
工作保证
安全生产领导小组
落实责任制
开工前检查
施工过程检查
收尾工程检查
国家安全法律法规
1.经理部各类人员、各职能部门的安全生产责任制:认真贯彻“安全第一，预防为主”的方针和“管生产必须管安全”的原则。对职工进行经常性的安全教育。
2.坚持安全检查制度。
3.对生产过程中出现的安全问题按“三不放过”原则处理。
4.执行安全生产“五同时”（同时计划、同时布置、同时检查、同时总结、同时评比）。
1.施工组织是否有安全或技术措施。
2.施工机械是否符合技术安全规定。
3.安全防护措施是否符合要求。
4.施工人员是否经过安全培训。
5.施工方案是否经过交底。
6.各级各类人员施工安全责任制是否落实。
7.是否制定安全预防措施。
8.对不安全的因素是否有控制措施。
1.安全技术交底后是否清楚明白交底内容。
2.施工生产过程中的各种不安全因素是否得到控制。
3.施工机械是否坚持挂牌。
4.安全操作规程和安全技术措施是否认真执行。
5.现场有无违章指挥、违章作业行为。
6.安全隐患是否限期整改。
单位安全制度
1.安全生产责任制。
2.班前安全讲话制。
3.周一安全活动制。
4.安全设计制。
5.安全技术交底制。
6.临时设施检查制。
7.安全教育制。
8.交接班制。
9.安全操作挂牌制。
10.安全生产检查制。
11.伤亡事故处理制。
12.安全生产奖惩制。
1.总结施工生产过程中的安全生产经验，对于成功的控制方法应总结推广。
2.找出施工过程中安全管理的薄弱环节。
安全生产“三无”目标:
无工伤伤亡事故;
无交通伤亡事故;
无火灾、洪灾事故。
安全生产目标

图 4.4　安全保证体系

4.4.4 安全管理制度

4.4.4.1 安全生产责任制

（1）安全生产工作应当以人为本，坚持人民至上、生命至上，把保护人民生命安全摆在首位，树牢安全发展理念，坚持“安全第一，预防为主，综合治理”的方针；坚持管行业必须管安全，管业务必须管安全，管生产必须管安全；认真落实“一岗双责”安全生产责任制；法人代表是安全生产第一责任人，对安全生产工作全面负责。

（2）项目部各办公室及个人有依法获得安全生产保障的权利，有对违反安全生产法律法规行为检举控告的权利，并应当依法履行安全生产的义务。

（3）安全生产领导小组应认真贯彻执行国家及上级安全生产方针、政策、法律、法规、指示，在项目经理的领导下负责项目部的安全生产工作；负责对进场人员进行安全思想和安全技术知识教育，对新入厂职工进行项目级安全教育；组织对特种作业人员的安全技术培训和考核；组织开展各种安全活动；组织制定、修订项目安全生产管理制度和安全技术规程；编制安全技术措施计划，提出安全技术措施方案，并检查执行情况；组织参加安全大检查，协助和督促有关部门对查出的隐患制定防范措施，检查隐患整改工作。

（4）项目部各岗位应认真贯彻执行国家及上级安全生产方针、政策、法律、法规、指示，在自己的岗位上负责项目部的安全生产工作。

4.4.4.2 安全生产分析会会议制度

（1）项目每周召开一次安全生产分析会，重要时期及重要节日另行安排。

（2）参加会议人员包括安全生产领导小组成员、项目部其他管理人员、施工班组负责人。

（3）会议内容：

①学习贯彻国家、省、市有关安全生产的方针、政策、法律、法规。传达上级有关安全生产的文件、会议精神和安全生产工作部署。

②学习分析安全生产事故案例，汲取事故教训，制定相应的预防控制措施。

③分析安全生产检查情况并通报检查结果，总结前期安全生产工作，研究部署下一步安全生产工作。

④形成会议纪要，进行传达并及时录入信息平台。

4.4.4.3 危险源识别、评价及风险管控制度

（1）项目开工前，由项目经理负责组织相关岗位人员根据工程特点对危险源进行识别评价，并形成“危险源调查评价表”“不可接受风险清单”上报公司备案。

（2）当项目发生重大变化或发布修订新的规章制度和其他要求导致危险源发生变化时，要及时进行辨识评价，并将更新的“危险源调查评价表”“不可接受风险清单”上报公司备案。

（3）项目部对项目危险源予以动态管理。

(4)危险源识别的对象包括办公区域、宿舍及施工现场等人的不安全行为、物的不安全状态及不良作业环境。

(5)辨识出的危险源优先采用直接判断法,不能直接判断的采用作业条件危险性分析评价法(LEC法)进行评价、分级。

(6)对不可接受风险采取运行控制、应急管理、培训教育、监督检查、监测和测量等控制措施进行控制。

4.4.4.4 安全生产检查管理制度

(1)安全生产检查主要分为日常检查、专业或专项检查、季节性和节假日检查、综合检查等。

(2)日常检查的主要内容是检查安全防护设施是否完善,检查个人安全防护用品的使用是否符合要求,检查作业行为是否遵守各类安全规章制度及操作规程,检查"三违"(违章指挥、违章操作、违反劳动纪律)现象是否存在,排查事故隐患等。专项检查是根据工程实际情况对危险性较大的作业进行的特殊检查。综合性检查主要包括安全管理检查和施工现场检查。

(3)日常检查应按规定填写安全日志,对巡查过程中发现的问题及隐患,应立即提出整改要求,并要求相关责任人限期进行整改,整改完成后要对结果进行验收,同时做好相关记录。专项检查、季节性检查及节假日检查应事先编制检查计划,检查中发现安全隐患时,由检查人员负责填写业务检查记录和不符合项整改通知单并书面告知责任人。

(4)对安全检查中发现的违章违规行为,应立即进行纠正;对一般问题和隐患,应立即组织整改;对重大事故隐患,应立即停工并上报分公司。

(5)检查人员和受检部门或作业队应认真履行职责,密切配合,做好记录。安全检查后要做好总结,避免流于形式。如果已检查部位发生事故,将依据"事故原因未查清不放过,责任人员未处理不放过,整改措施未落实不放过,有关人员未受到教育不放过"的原则追究有关检查人员的责任。

4.4.4.5 安全生产奖惩制度

项目实行安全目标管理和以责论处的奖惩制度。对实现年度安全生产责任目标和对安全工作做出突出贡献的个人予以表彰和奖励,对发生安全事故(事件)的责任人进行责任追究和处罚。

4.4.4.6 安全教育培训制度

(1)安全教育培训内容主要包括国家安全生产方针、政策、法规、标准、规范、规程和安全知识,企业安全规章制度,施工单位安全生产技术操作一般规定,施工现场安全规章制度,安全生产纪律等。

(2)项目部管理人员必须接受入场前安全教育培训,熟悉有关安全生产规章制度和安全操作规程,具备必要的安全生产知识,掌握本岗位的安全操作技能,了解事故应急处理措施，知悉自身在安全生产方面的权利和义务。未经安全教育培训合格的从业人员，不得上岗作业。

(3)新入场的从业人员，必须接受三级（包括公司、项目部、班组）安全教育，并必须经考试合格后，方可上岗作业。待岗、转岗、换岗的职工，在重新上岗前，必须接受一次安全培训。特种作业人员必须按国家的要求进行安全技术培训考核，取得特种作业操作合格证后，按国家的规定限期进行复审，复审合格并经过本项目的特种作业培训后，方可在施工现场从事特种作业。

(4)新入场从业人员分工种开展教育培训工作。

4.4.4.7 安全生产资金管理制度

(1)根据工程项目特点及性质制订安全生产资金投入计划并抓好落实。

(2)要分类建立资金台账，切实保证项目资金专款专用。

(3)项目部安全领导小组负责监督检查安全费用使用的有效性和合规性。台账内容、项目要细化，注明每笔费用的内容摘要、采购发票、结算单据或其他财务凭证等信息，达到账实相符、账物相符。

4.4.4.8 受限空间作业安全管理制度

(1)作业前，打开井盖、覆盖物等防碍与大气相通的设施进行自然通风，时间不少于30 min。存在自然通风局限时，须采取机械强制通风措施，通风次数不得少于3～5次/h。禁止向受限空间充氧气或富氧空气。受限空间内作业环境通风后不能达到要求时，严禁施工。

(2)下井作业前，必须严格执行“先检测，后作业”的原则。应根据受限空间内部存在的危害因素进行气体检测，检测合格并签发作业证后方可进入。

(3)受限空间与其他系统连通的、可能危及安全作业的封闭、半封闭的管道、设施及场所、地下隐蔽工程，采取有效隔离措施后方可施工。

(4)作业人员进入受限空间作业应随身携带报警检测仪、救生绳、工作鞋、手套等护品，必要时应佩戴隔离式防护面具。在易燃易爆的受限空间作业时，应穿防静电工作服、工作鞋，使用防爆型低压灯具及不发生火花的工具。在产生噪声的受限空间作业时，应佩戴耳塞或耳罩等防噪声护具。

(5)在受限空间作业现场应设有两名以上监护人员；在风险较大的受限空间作业，应增设监护人员，并随时保持与受限空间作业人员的联络。监护人员严禁脱岗、离岗，并应掌握受限空间内作业人员的人数和身份。每次作业时间不宜超过30 min。

(6)受限空间作业照明电压不得大于36 V，作业电压不得大于12 V。进行电焊等特殊作业时，应编制专项方案。在潮湿容器中时，作业人员应站在绝缘板上，同时保证金属容器接地可靠。受限空间内严禁使用燃油发电机、电焊机及其他排放有毒气体的设备。

4.4.4.9 消防安全管理制度

(1)项目部应按要求建立消防安全管理制度，成立消防安全管理小组，开展消防安全活动，进行消防安全知识宣传教育。

(2)应定期进行消防安全检查，发现隐患并及时消除。

(3)现场各施工队伍负责各自责任区域内的消防安全管理，包括仓库区、生活区、材料存放区等区域，各区域之间要留有防火间距，悬挂张贴醒目的消防安全标语和警示标志。

(4)施工现场生活区、仓库区、配电室易燃物品存放处等区域应配备足够的消防器材，消防车道要畅通。需要用火时，要清理现场一切可燃物，并准备好消防器材。要定期检查灭火器的有效性。

(5)临时设施搭设必须采用阻燃隔热材料。食堂要单独搭建，严禁与宿舍混用。

(6)规范用电，宿舍及仓库内不准乱拉乱接电线，不准随意增加电热设备。宿舍内严禁使用电炉子、电热毯、电加热器、碘钨灯等违规电器。

4.5 应急救援管理

4.5.1 应急救援组织机构

项目部应成立应急救援小组，负责现场指挥及协调工作。应急救援小组由项目经理担任组长，由项目技术负责人、项目副经理及其他项目管理人员共同组成，目的是确保能够迅速及时地对施工过程中发生的各种事故展开抢救工作，最大限度地减少损失。应急救援小组组织机构如图 4.5 所示。

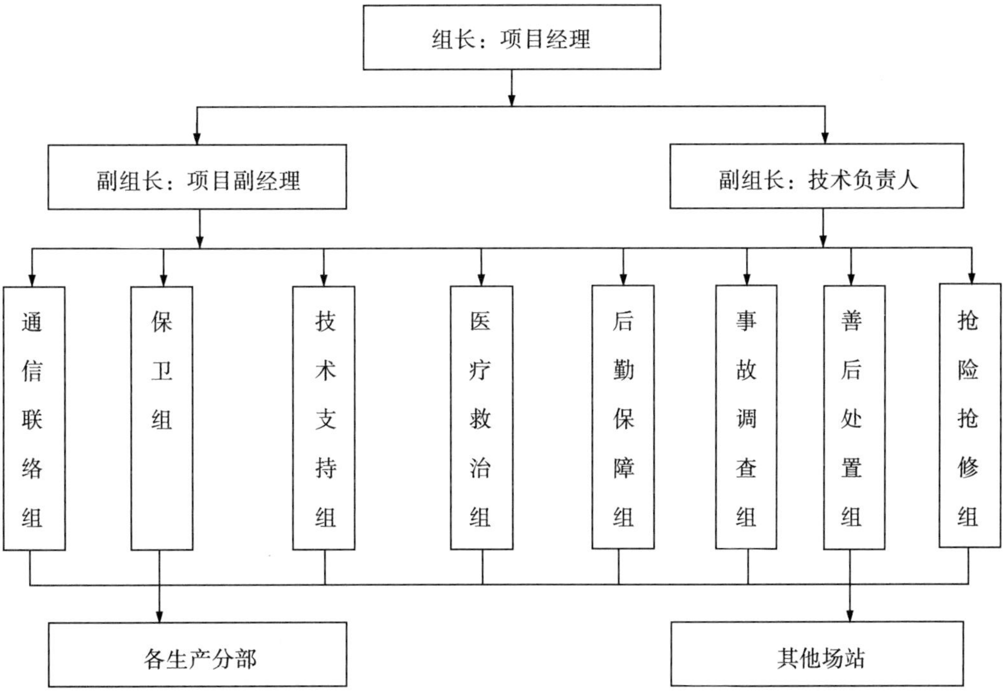

图 4.5　应急救援小组组织机构

4.5.2 应急救援小组职责

4.5.2.1 组长职责

(1)决定是否存在或可能存在重大紧急事故,要求应急救援服务机构提供帮助并实施场外应急计划,在不受事故影响的地方进行直接操作控制。

(2)复查和评估事故(事件)可能发展的方向,确定其可能的发展过程。

(3)指导设施的部分停工,并与领导小组成员的关键人员配合指挥现场人员撤离,确保任何伤害者都能得到足够的重视。

(4)与场外应急救援服务机构取得联系,对紧急情况的处理作出安排。

(5)在场(设施)内实行交通管制,协助场外应急救援服务机构开展服务工作。

(6)在紧急状态结束后,控制受影响地点的恢复,并组织人员参加事故的分析和处理。

4.5.2.2 副组长(即现场管理者)职责

(1)协助组长进行应急救援安全管理,减少设施和财产损失。

(2)如有必要,在应急救援服务机构到来之前直接参与救护活动。

(3)安排寻找受伤者,安排非重要人员撤离到集中地带。

(4)设立与应急中心的通信联络,为应急救援服务机构提供建议和信息。

4.5.2.3 通信联络组职责

(1)确保与最高管理者和外部联系畅通、内外信息反馈迅速。

(2)保持通信设施和设备处于良好状态。

(3)负责应急过程的记录与整理及对外联络。

4.5.2.4 技术支持组职责

(1)提出抢险抢修及避免事故扩大的临时应急方案和措施。

(2)指导抢险抢修组实施应急方案和措施。

(3)修补实施中的应急方案和措施存在的缺陷。

(4)绘制事故现场平面图,标明重点部位,向外部应急救援服务机构提供准确的抢险救援信息资料。

4.5.2.5 保卫组职责

(1)设置事故现场警戒线、岗,维持工地内抢险救护的正常运作。

(2)保持抢险救援通道的通畅,引导抢险救援人员及车辆的进入。

(3)抢救救援结束后,封闭事故现场直到收到明确解除指令。

4.5.2.6 抢险抢修组职责

(1)实施抢险抢修的应急方案和措施,并不断加以改进。

(2)寻找受害者并将其转移至安全地带。

(3)在事故有可能扩大的情况下进行抢险抢修或救援时,应高度注意避免意外伤害。

(4)抢险抢修或救援结束后,直接报告最高管理者并对结果进行复查和评估。

4.5.2.7 医疗救治组职责

(1)在外部应急救援机构到达前,对受害者进行必要的抢救(如人工呼吸、包扎止血、防止受伤部位受污染等)。

(2)使重度受害者优先得到外部应急救援服务机构的救护。

(3)协助外部应急救援服务机构转送受害者至医疗机构,并指定人员护理受害者。

4.5.2.8 后勤保障组职责

(1)保障系统内各组人员必需的防护、救护用品及生活物资的供给。

(2)提供合格的抢险抢修或救援物资及设备。

4.5.2.9 事故调查组职责

(1)保护事故现场。

(2)对现场的有关实物资料进行取样封存。

(3)调查了解事故发生的主要原因及相关人员的责任。

(4)按"四不放过"(事故原因未查清不放过、责任人员未处理不放过、整改措施未落实不放过、有关人员未受到教育不放过)的原则对相关人员进行处罚、教育。

(5)协助上级调查人员对事故进行调查。

4.5.2.10 善后处置组职责

(1)做好伤亡人员及家属的稳定工作,确保事故发生后伤亡人员及家属思想能够稳定,大灾之后不发生大乱。

(2)做好受伤人员医疗救护的跟踪工作,协调处理医疗救护单位的相关矛盾。

(3)协助保险部门一起做好伤亡人员及财产损失的理赔工作。

(4)慰问有关伤员及家属。

4.5.3 事故应急响应措施

4.5.3.1 事故初判流程

事故发生后,事故现场应急人员应立即开展工作,及时发出报警信号,并对事故进行初步判断。事故初判流程如图 4.6 所示。

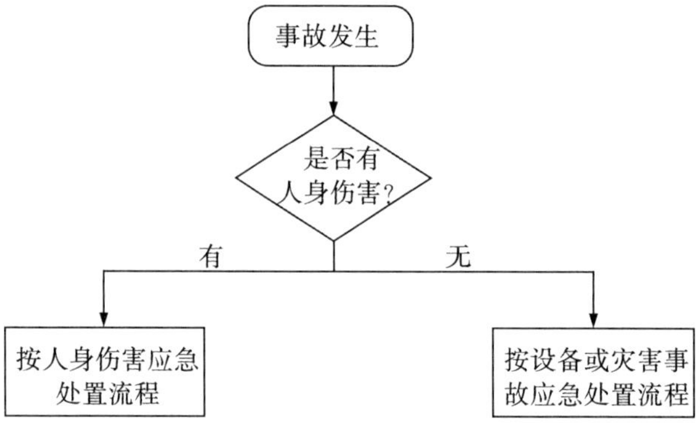

图 4.6　事故初判流程

4.5.3.2　常见事故应急处置程序

(1)施工现场人员受伤应急程序:

①施工现场发生高处坠落、物体打击、机械伤害等人员受伤事故时,伤者或目击者应立即大声疾呼报警,通知安全生产(QHSE)管理领导小组和医生。

②医生和 QHSE 管理领导小组立即赶赴受伤现场。

③医生检查伤者受伤情况并采取必要的救护措施,同时决定采取何种应急的急救措施。

④迅速与医院联系,通报伤者情况及出事地点、时间,并让医院做好急救准备。

⑤由医生和相关人员护送伤员去医院,途中要与 QHSE 管理领导小组时刻保持联系,随时报告伤者的病情和具体位置,同时 QHSE 管理领导小组还应与高一级的医院联系,以便在当地医院无法处理时及时转治。

⑥填写好应急救护报告,由 QHSE 管理领导小组组长将事故情况上报上级主管部门。

(2)财产损害的现场应急程序:

①财产损害事故发生后,应首先确定有无人员被伤害或困在设施、设备中,同时切断受损设备或设施的电源、火源、动力,防止二次事故发生。

②如有人员被伤害或困在设施、设备中,应首先抢救人员,按"施工现场人员受伤应急程序"执行。

③如无人员伤害,视设备受损情况采取相应的控制措施,防止损害升级。

④清理事发现场,QHSE 管理领导小组组织相关人员尽快修复设备,缩短事故损失工作时间。

⑤填写好应急报告,由项目负责人将事故情况上报上级部门。

(3)火灾、爆炸事故的应急程序:

①发生初期火灾或爆炸时,最先发现的人员要大声疾呼报警,同时拨打 119 报警电话并向领导汇报。

②如有人员伤亡,应首先抢救人员,按"施工现场人员受伤应急程序"执行。

③由抢险人员把火灾、爆炸区域无关人员迅速疏散到安全区,并划定危险区域。

④发生的火灾没有涉及易燃易爆区或没有二次爆炸的危险，现场有自救能力时，项目负责人应立即组织抢险自救。

⑤应迅速隔离或撤离现场的易燃易爆物。

⑥事故升级时，应急行动应由上一级部门指挥实施，紧急情况下，可向外部请求应急支援。

(4)触电事故的应急程序：

①发现人员触电后，最先发现的人员要大声疾呼报警并向领导汇报，同时应迅速关闭电源开关，或者用绝缘物体挑开电线或带电物体，使伤者尽快脱离电源。

②将伤者抬至干燥处，若伤者呼吸停止，应立即进行人工呼吸急救。

③心脏停搏者，应立即进行胸外按压。

④QHSE 管理领导小组应立即联系就近的医院，同时准备车辆，护送伤者去医院。

⑤医护人员在护送途中不得放弃急救。

⑥护送途中要与项目部领导时刻保持联系，随时报告伤者的病情和具体位置，并联系高一级的医院，以便在当地医院无法处理时及时转治。

⑦填写好应急救护报告，由项目负责人将事故情况上报上级部门。

(5)中毒的应急程序：

①发现员工食物中毒或气体中毒后，应立即终止其接触毒物，并通知医护人员急救。

②若毒物由食道进入，应紧急清洗中毒者的胃肠道，必要时，进行导泻。

③若毒物由呼吸道或皮肤侵入，应立即将中毒者撤离中毒现场，移到空气清新的地方，并清洗其接触毒物的部位。

④清除中毒者吸入的毒气和伤口毒物。

⑤给中毒者服用解毒药品，并将中毒者送去医院，全面检查后进一步治疗。

(6)环境污染事故的应急程序：

①发生有毒有害介质泄漏污染后，QHSE 管理领导小组应立即指挥现场人员逃生。

②逃生应由专人组织引导，避免造成混乱。

③无关人员撤离到安全地带后，由抢险队员负责切断污染源，以防事态进一步扩大。

④项目负责人向上级部门汇报情况，并视污染情况通知相关单位和附近居民。

⑤在领导小组或上级部门的指挥下，迅速采取有效的控制或补救措施。

4.5.4 预警级别

根据《国家突发公共事件总体应急预案》《国家安全生产事故灾难应急预案》等相关条例，本项目按照突发事件的严重性、紧急程度和可能波及的范围分级预警，预警级别由低到高。预警级别分级方法及预警颜色如下：

(1)Ⅳ级：可能死亡 1～2 人的一般事故，预警颜色为蓝色。

(2)Ⅲ级：可能死亡 3～9 人的较大事故，预警颜色为黄色。

(3)Ⅱ级：可能死亡 10～29 人的重大事故，预警颜色为橙色。

(4)Ⅰ级：可能死亡 30 人及以上的特别重大事故，预警颜色为红色。

根据事态发展情况和采取措施的效果，预警可以升级、降级或解除。

4.5.5 预防与预警

根据项目特点，本书对明挖隧道施工过程中的主要危险源进行辨识（见表 4.1），共包含高处坠落、坍塌、物体打击、起重伤害、触电等 5 项。

表 4.1 危险源辨识

作业内容	潜在事故类型	致险因子	受伤人员类型		伤害程度			不安全状态	不安全行为
			本人	他人	轻伤	重伤	死亡		
明挖隧道施工	高处坠落	违章作业，防护缺失，天气恶劣	√		√	√	√	1.作业场地混乱。 2.无防护用品。 3.作业场所狭窄。 4.工作平台缺失。 5.天气恶劣	1.使用不安全设备。 2.有分散注意力行为。 3.未正确佩戴安全防护用品
	坍塌	违章作业，方法缺陷	√	√		√	√	1.设备老旧。 2.设备材料缺陷。 3.支架、挂篮设计不当。 4.材料堆放不规范。 5.混凝土浇筑不规范	1.违章操作。 2.违章指挥。 3.不按规范施工
	物体打击	违章作业，防护缺失，管理不当	√	√	√	√		1.作业场地混乱。 2.作业程序不安全。 3.管线固定不牢	1.冒险进入危险场所。 2.未正确佩戴安全防护用品。 3.使用不安全设备
	起重伤害	违章作业	√	√	√			1.设备故障、超负荷。 2.吊装工具不符合要求。 3.吊点不牢固	1.指挥信号不清。 2.设备检查不到位。 3.起重物下停留作业
	触电	违章作业	√	√	√	√	√	1.设备故障。 2.作业人员违章。 3.无防护用品	1.违章操作。 2.使用不安全设备

4.5.6 事故处理流程

为加强施工现场的安全生产以及安全突发事故的妥善处理，本书制定了如图 4.7 所示的应急事故处理流程。

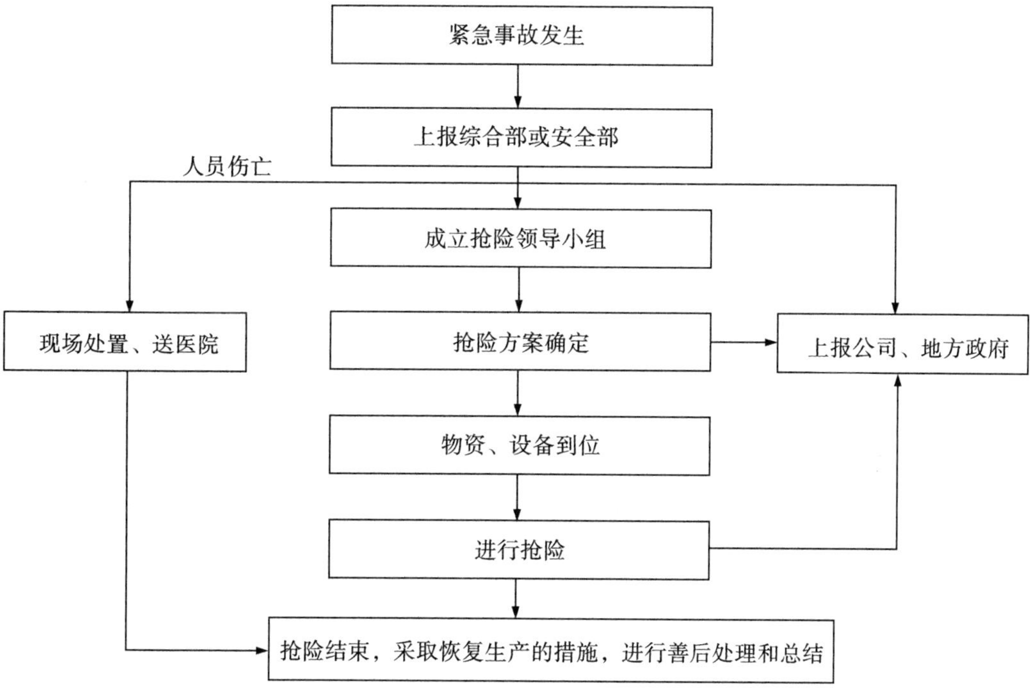

图 4.7　应急事故处理流程

4.5.7 响应程序

根据事故危害程度、影响范围和单位控制事态的能力，按照分级负责的原则，应急预案响应程序可分为两级。

4.5.7.1 一级响应程序

(1)安全部在接到发生一般事故以上生产安全事故报告后，立即向项目主管领导和主要领导报告，并同时向上级主管部门报告。

(2)根据项目经理的指示，及时启动应急救援预案，并通知应急救援小组成员。

(3)应急救援小组成员接到应急救援通知后，立即按要求到达指定地点集合，并开展应急救援工作。

(4)安全部负责及时传达领导和上级主管部门的指示精神，协助指导事故单位做好伤员抢救、善后处理工作，并负责向项目领导和上级主管部门报告事故应急处理的最新动态。接到事故报告 24 h 内，公司由主管领导带队，赶赴事故现场，协助救援，并配合国家主管部门进行事故调查、处置。

4.5.7.2 二级响应程序

(1)安全部在接到发生一般事故报告后,立即向项目主管领导报告,同时向上级主管部门报告。

(2)发生事故后应及时启动应急救援预案,采取有效措施控制事故发展,最大限度地减少事故损失。

(3)安全部负责及时传达公司领导和上级主管部门的有关指示精神,协助指导事故单位做好伤员抢救、善后处理和事故调查、处理工作,并负责向公司领导和上级主管部门报告事故应急处理的最新动态。

4.5.8 处置原则

4.5.8.1 事故报告原则

事故发生后,应立即向项目部应急领导小组汇报,并根据事故的具体情况,确定是否需要向上级主管部门汇报。

4.5.8.2 统一指挥原则

成立救灾指挥部统一指挥,充分调动各方面的救援力量,落实责任,科学组织,保证抢险工作及时、快速、有序地进行。

4.5.8.3 救人优先原则

坚持"以人为本"的原则,切实把保障员工的生命安全作为事故处置的首要任务,有效防止与控制事故的蔓延与扩大,尽力把事故造成的危害与损失降低到最低程度。

4.5.8.4 及时抢险原则

(1)事故发生后,现场人员应当迅速采取有效的措施开展自救、互救工作。

(2)事故发生后,主要负责人要按照相关规定,迅速组织抢险。

(3)实施快速应急响应与快速抢险措施,有关部门、救援机构必须第一时间到达事故发生地,相应的救援抢险设备也必须迅速到达。

4.5.8.5 分级处置原则

根据事故发生的级别,实行分级处置。

4.5.8.6 处理善后原则

按照相关规定,在事故抢险救援的同时,应尽快开展善后处理工作,要根据有关政策与法规,结合实际情况,采取"一对一"的包户安抚等措施,积极妥善处理善后事宜,有效维护社会稳定。

第 5 章　基坑支护及降水施工

5.1　基坑支护结构设计

黄河大道一期工程地下通道结构构造形式多样，断面宽、深度大，沿线临近构筑物多，基坑支护设计及降水要求高。在进行基坑支护结构设计时，应综合考虑基坑深度和宽度、周边环境、场地地质特征等因素，全线基坑支护分段采用放坡＋喷锚、排桩＋止水帷幕＋锚索、排桩＋止水帷幕＋内支撑等多种支护形式。

5.1.1　基坑放坡＋喷锚支护结构

主线地道敞口段基坑深度在 3 m 及以下，采用 1∶1 放坡支护，坡面采用 6 cm 厚 C20 喷射混凝土，内置∅6 钢筋网；插筋采用∅14 钢筋，长 1 m，间距为 2 m。敞口段基坑放坡＋喷锚支护结构示意图如图 5.1 所示。

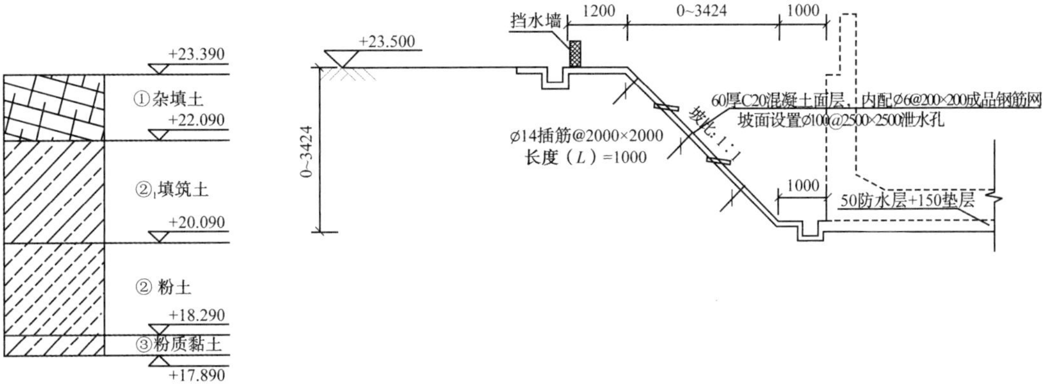

图 5.1　敞口段基坑放坡＋喷锚支护结构示意图

5.1.2　基坑排桩＋止水帷幕＋一道锚索支护结构

主线地道敞口段及暗埋段基坑深度为 4.5～8 m，采用排桩＋止水帷幕＋一道锚索支护结构体系。支护桩桩基直径为 0.8 m，桩长 9～14 m，锚固深度为 4.5～6 m，间距为 1.5 m；止水帷幕采用三轴水泥土搅拌桩，桩长 8～13 m，桩径为 0.85 m，搭接长度为 0.25 m，水平间距为 0.6 m；采用一道锚索，锚索水平间距为 1.5 m，锚索杆体为直径为 15.2 mm 的钢绞线，锚孔直径为 0.4 m，单道锚索设 2 束钢绞线，预加力为 180～200 kN，锚杆与水平向夹角为15°/20°。基坑排桩＋止水帷幕＋一道锚索支护结构示意图如图5.2所示。

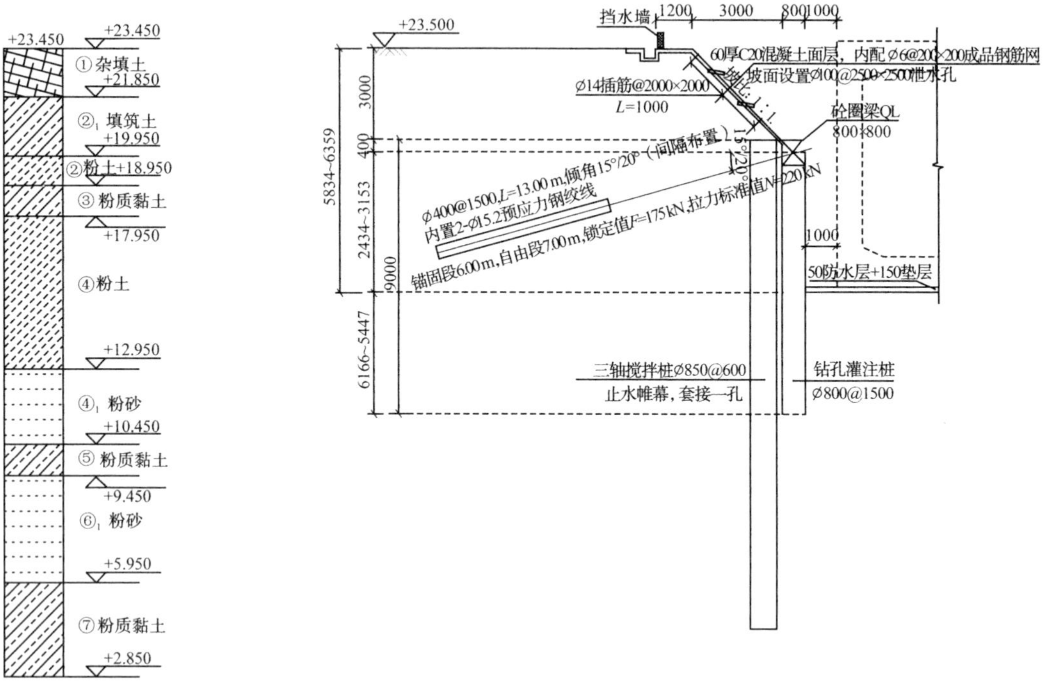

图5.2 基坑排桩＋止水帷幕＋一道锚索支护结构示意图

5.1.3 基坑排桩＋止水帷幕＋二道锚索支护结构

主线地道暗埋段基坑深度为8～10 m，采用排桩＋止水帷幕＋二道锚索支护结构体系。支护桩桩基直径为0.8 m，桩长14～18 m，锚固深度为6～8 m，间距为1.5 m；止水帷幕采用三轴水泥土搅拌桩，桩长13～17 m，桩径为0.85 m，搭接长度为0.25 m，水平间距为0.6 m；采用二道锚索，锚索水平间距为1.5 m，锚索杆体为直径为17.8 mm的钢绞线，锚孔直径为0.4 m，单道锚索设2束钢绞线，预加力为130～180 kN，锚杆与水平向夹角为15°/20°。基坑排桩＋止水帷幕＋二道锚索支护结构示意图如图5.3所示。

5.1.4 基坑排桩＋止水帷幕＋三道锚索支护结构

主线地道暗埋段基坑深度为10～14 m，采用排桩＋止水帷幕＋三道锚索支护结构体系。支护桩桩基直径分为0.8 m、1 m两类，桩长18～24 m，锚固深度为8～10 m，间距为1.5 m；止水帷幕采用三轴水泥土搅拌桩，桩长17～23 m，桩径为0.85 m，搭接长度为0.25 m，水平间距为0.6 m；采用三道锚索，锚索水平间距为1.5 m，锚索杆体为直径为17.8 mm的钢绞线，锚孔直径为0.4 m，单道锚索设2束钢绞线，预加力为110～180 kN，锚杆与水平向夹角为15°/20°。基坑排桩＋止水帷幕＋三道锚索支护结构示意图如图5.4所示。

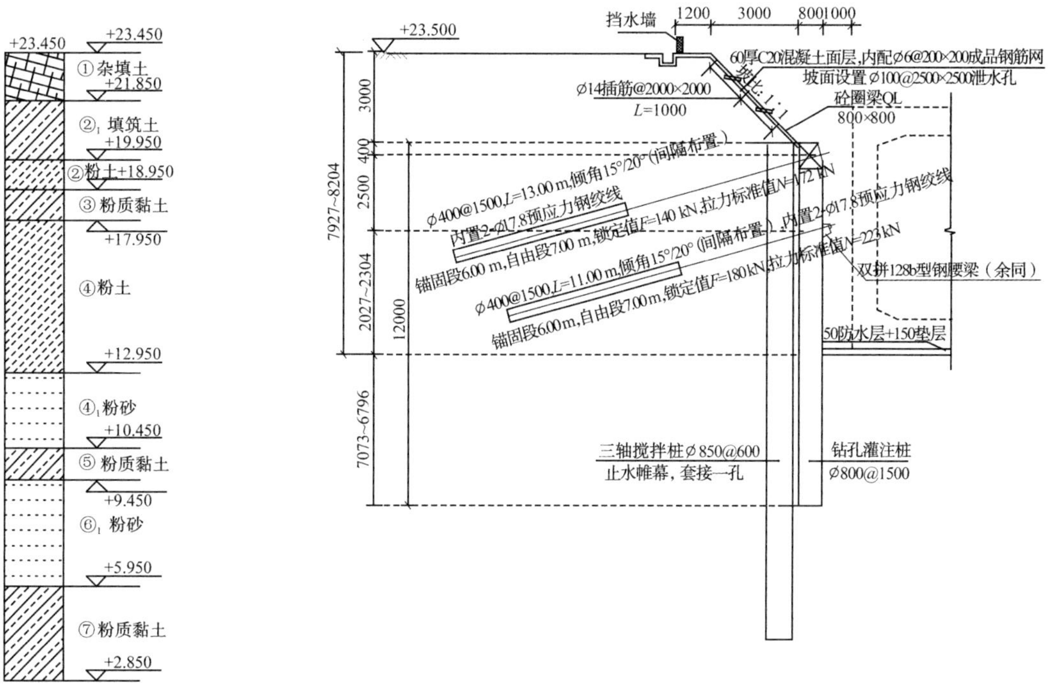

图 5.3 基坑排桩＋止水帷幕＋二道锚索支护结构示意图

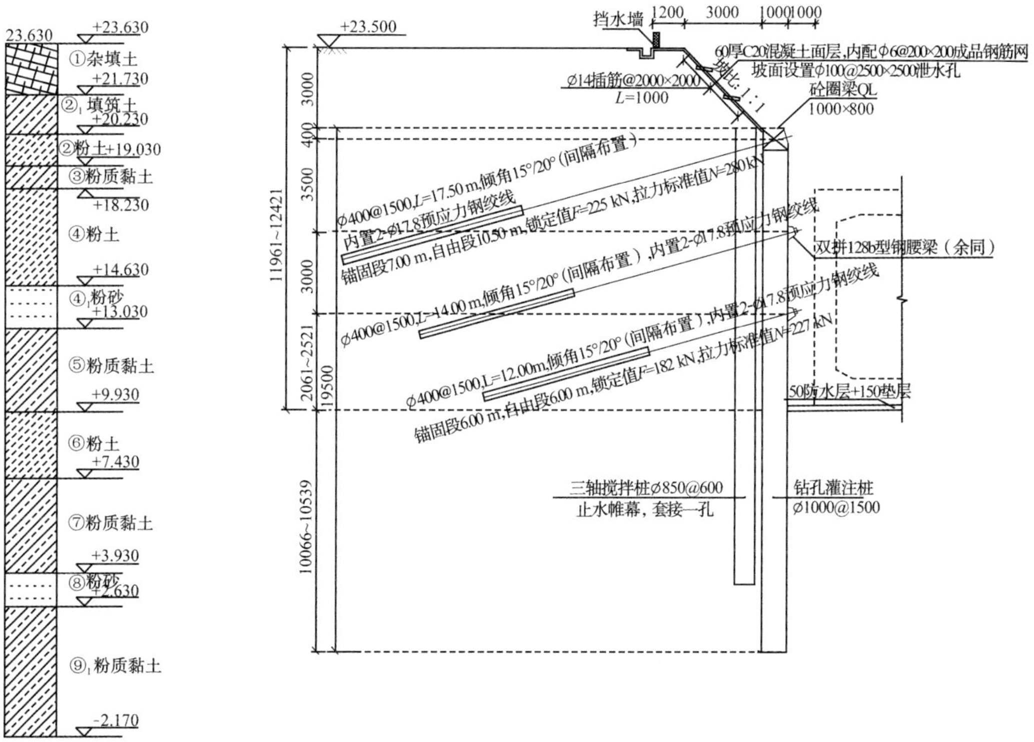

图 5.4 基坑排桩＋止水帷幕＋三道锚索支护结构示意图

5.1.5 基坑排桩＋止水帷幕＋四道锚索支护结构

主线地道暗埋段基坑深度为 14～16 m，采用排桩＋止水帷幕＋四道锚索支护结构体系。支护桩桩基直径为 1.2 m，桩长 32 m，锚固深度为 16～18 m，间距为 1.7 m；止水帷幕采用三轴水泥土搅拌桩，桩长 31 m，桩径为 0.85 m，搭接长度为 0.25 m，水平间距为 0.6 m；采用四道锚索，锚索水平间距为 1.5 m，锚索杆体为直径为 17.8 mm 的钢绞线，锚孔直径为0.4 m，单道锚索设 2～3 束钢绞线，预加力为 190～260 kN，锚杆与水平向夹角为 15°/20°。基坑排桩＋止水帷幕＋四道锚索支护结构示意图如图 5.5 所示。

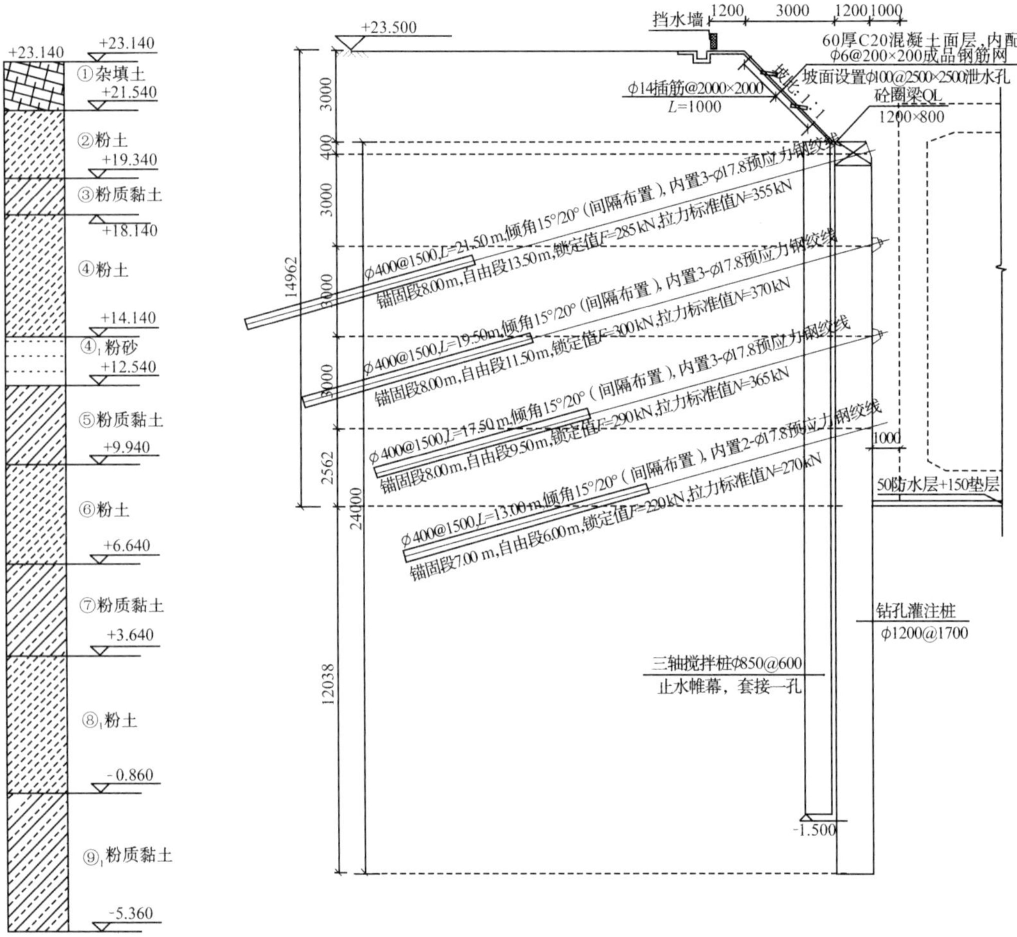

图 5.5　基坑排桩＋止水帷幕＋四道锚索支护结构示意图

5.1.6 基坑排桩＋止水帷幕＋内支撑支护结构

在轨道箱涵段、左右线分离段、地道与风机房等处开挖基坑，采用排桩＋止水帷幕＋内支撑支护结构体系。支护桩桩基直径为 1 m，桩长 12～18 m，间距为1.5 m；止水帷幕采用三轴水泥土搅拌桩，桩长 11～16 m，桩径为 0.85 m，搭接长度为 0.25 m，水平间距为

0.6 m;基坑共设上下两层支撑,围檩采用双拼 700 mm×300 mm×13 mm×24 mm H 型钢,内撑采用 D800×20 mm 的钢管,间距为 4 m,预加轴力为 250～300 kN。基坑排桩＋止水帷幕＋内支撑支护结构示意图如图 5.6 所示。

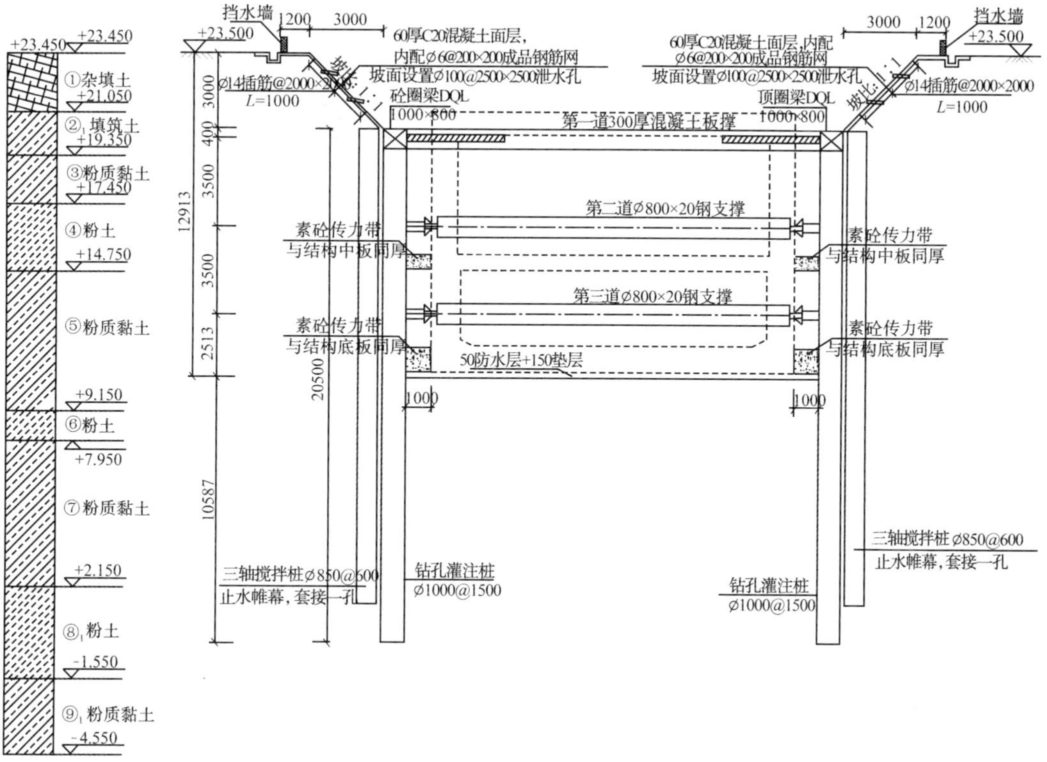

图 5.6　基坑排桩＋止水帷幕＋内支撑支护结构示意图

5.1.7　"坑中坑"支护结构

在匝道 U 形槽与主线分离段、匝道箱涵与主线分流段,根据外坑深度,支护结构设计采用排桩＋止水帷幕＋锚索的支护形式,锚索可采用一道或二道;根据内坑深度,支护结构设计采用排桩＋止水帷幕＋锚索或放坡的支护形式。支护桩、止水帷幕、锚索设计与前述一致,当部分支护桩位于 U 形槽或匝道箱涵底板位置处时,兼作永久抗滑桩。"坑中坑"支护结构示意图如图 5.7 所示。

5.2　降水设计

黄河大道一期工程基坑开挖面积大,深度深,横断面最大开挖宽度约 96 m,最大开挖深度约 16 m,区位处地下水埋深为 2.23～5.80 m,平均埋深为 4.16 m,含水量极其丰富,地质条件复杂。基坑开挖到一定深度后,若不能很好地控制承压水,基坑将有发生突涌的风险,而基坑周边分布有重要建筑物且距离较近,路边分布有多种市政管道,若不进行及时、有效的处理,可能会导致基坑在开挖过程中产生突涌等不良后果,严重的会导致周边路面坍塌、管线断裂,甚至基坑塌方等事故。

基坑降水设计采用坑内降水、坑外回灌的形式,根据计算及相关试验,降水井及回灌井采用无砂混凝土滤水管,井管外径为 0.7 m,内径为 0.4 m,井管外侧包双层 60 目滤布,井底位于坑底以下 7 m。坑内降水井采用梅花形布置形式,间距为 10～15 m,单个降水井降水面积为 150～200 m^2,回灌井距止水帷幕 2 m,距坑边 5 m,间距为 20 m。基坑降水平面示意图如图 5.8 所示,降水井构造如图 5.9 所示。

5.3 基坑支护材料

(1)水泥:42.5 级普通硅酸盐水泥,新鲜、干燥、无结块现象。

(2)三轴水泥土搅拌桩:水泥掺量为 20%,28 d 无侧限抗压强度标准值大于 0.8 MPa。

(3)钻孔灌注桩:混凝土设计强度等级为 C30。

(4)混凝土冠梁:混凝土设计强度等级为 C30。

(5)钢筋:光圆钢筋为 HPB300 级,带肋钢筋为 HRB400 级。

(6)钢材均采用 Q235B。

(7)放坡:喷射混凝土护坡面层混凝土强度等级为 C20。

(8)钢绞线:钢绞线采用 1×7-1860 级。

(9)锚索注浆锚固体:设计强度为 20 MPa。

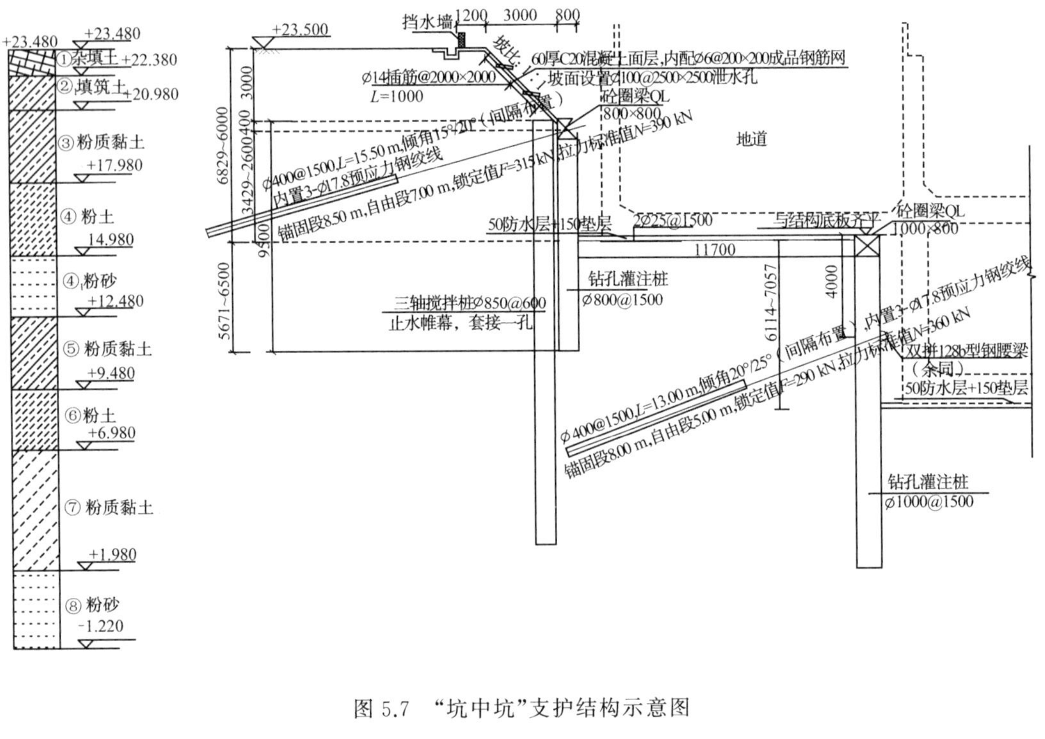

图 5.7 “坑中坑”支护结构示意图

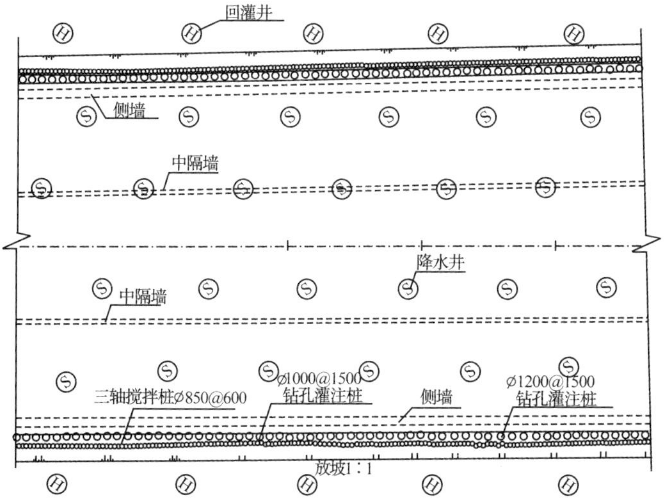

图 5.8　基坑降水平面示意图

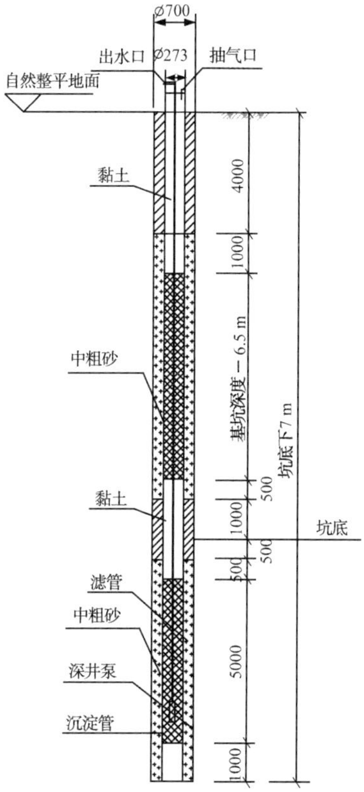

图 5.9　降水井构造

5.4　支护桩施工

5.4.1　施工工艺流程

基坑支护桩采用钻孔灌注桩，支护桩施工工艺流程如图 5.10 所示。

5.4.2　钢护筒埋设

护筒采用直径大于桩径 100 mm 的钢制护筒，顶部设置溢浆孔。最下面一节钢护筒宜设置内口的刃脚，以减小护筒下放的阻力，保证护筒顺利下放到位。埋设护筒时采用十字定位法，即在距桩中心 1～1.2 m 处，沿垂直方向埋设 4 个控制桩，控制桩埋深不小于 0.5 m，并用砂浆固定。用回交的方法确定桩中心，埋设护筒顶口高出地面 0.3 m 左右，护筒周围用黏土捣实，确保护筒埋设牢固。

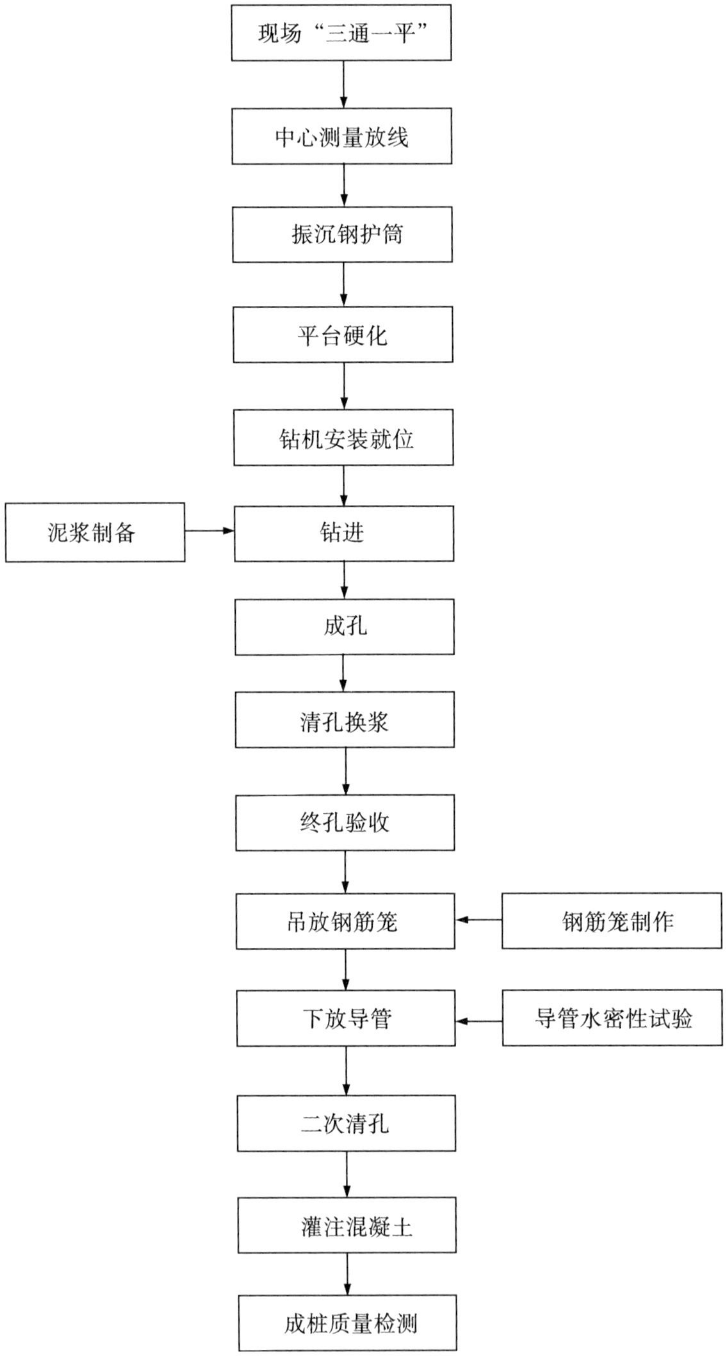

图 5.10　支护桩施工工艺流程

5.4.3　钻机就位

钻机平台处必须碾压密实，进行桩位放样后，使旋挖钻机行驶到要施工的孔位，调整桅杆角度，操作卷扬机，将钻头中心与钻孔中心对准，并放入孔内，调整钻机垂直度参数，使钻杆垂直，同时稍微提升钻具，确保钻头环刀在孔内自由浮动。

5.4.4 泥浆制备

泥浆采用膨润土制作，在泥浆池中用搅浆机将泥浆搅拌好后，泵入孔内。泥浆制备时应使以下指标符合要求：

(1)泥浆相对密度：在砂土和较厚夹砂层中成孔时，泥浆相对密度应控制为1.1～1.3；在容易塌孔土层中成孔时，泥浆相对密度应控制为1.3～1.5。

(2)泥浆黏度：应为18～22 s。

(3)含砂率：应不大于8%。

5.4.5 成孔

主体围护结构钻孔桩之间距离较小，间距为1.5 m，基坑两侧支护桩的桩径有1.2 m、1 m、0.8 m三种桩型。为防止两相邻钻机作业时由于振动或相互间水头作用影响，而使下部的地质发生扰动，实际钻进时常采用“隔二打一”的跳打施工工艺。支护桩跳打施工顺序如图5.11所示。

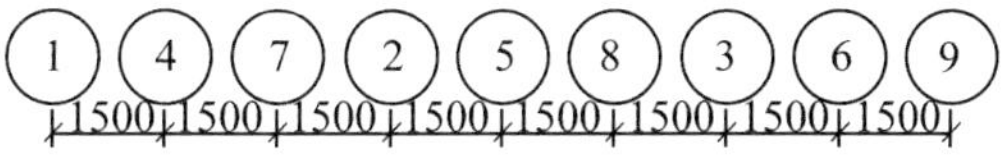

图5.11 支护桩跳打施工顺序

钻孔前先用水准仪确定护筒标高，并以此作为基点，按设计要求的孔底标高计算孔深。钻进过程中，操作人员要随时观察钻杆是否垂直，并通过深度计数器控制钻孔深度。当旋挖斗钻头顺时针旋转钻进时，底板的切削板和筒体翻板的后边对齐。钻屑进入筒体，装满一斗后，钻头逆时针旋转，底板由定位块定位并封死底部的开口，提升钻头到地面卸土。开始时采用低速钻进，主卷扬机钢丝绳承担的质量不低于钻杆、钻具质量之和的20%，以保证孔位不产生偏差。钻至护筒以下3 m时可采用高速钻进，钻进速度与压力有关，采用钻头与钻杆自重摩擦加压。

5.4.6 终孔及清孔

(1)当钻孔达到设计终孔标高后，请监理工程师检查，确定终孔。采用测绳测量法测定孔深，测量前首先复测护筒高程，根据孔底设计高程算出孔深，然后使用标准测绳测量。

(2)终孔后进行清孔：在清孔过程中，要用泥浆泵往孔内补浆，以保持孔内原有水头高度，以防塌孔。清孔后泥浆的技术指标如下：孔内排出的泥浆手摸无2～3 mm的颗粒；黏度为18～22 s；泥浆相对密度控制在1.15～1.2范围内，确保良好的护壁效果；孔底沉渣厚度不应超过100 mm。清孔合格后通知监理工程师验收。桩孔采用全自动成孔检测仪进行检测。若发现成孔不直、孔径变小、断面变形等情况，应采取相应的处理措施。成孔合格后，填写终孔通知单，经监理工程师签认后，方可进行下道工序的施工。

(3)成孔检测：桩基成孔后，需对桩位、沉渣厚度、垂直度等指标进行检测。支护桩成孔检测指标如表5.1所示，旋挖钻机桩基成孔如图5.12所示，泥浆指标检测如图5.13所示。

表 5.1 支护桩成孔检测指标

<table>
<tr><th rowspan="2">项目</th><th rowspan="2">允许偏差/mm</th><th colspan="2">检验频率</th><th rowspan="2">检查方法</th></tr>
<tr><th>范围</th><th>点数</th></tr>
<tr><td>桩位</td><td>50</td><td rowspan="3">每根桩</td><td>1</td><td>用全站仪检查</td></tr>
<tr><td>沉渣厚度</td><td>符合设计要求</td><td>1</td><td>用沉淀盒或标准测锤，查灌注前记录</td></tr>
<tr><td>垂直度</td><td>≤1%桩长，且不大于500</td><td>1</td><td>用测壁仪或钻杆垂线和钢尺量</td></tr>
</table>

图 5.12 旋挖钻机桩基成孔

图 5.13 泥浆指标检测

5.4.7 钢筋笼的制作与安装

(1)钢筋笼采用自动滚焊机制作，施工时将钢筋笼的主筋经人工穿过固定旋转盘相应模板圆孔至移动旋转盘的相应孔位并进行固定，把箍筋端头先焊接在一根主筋上，然后通过固定旋转盘及移动旋转盘转动把箍筋缠绕在主筋上(移动盘是一边旋转一边在轨道上移离固定盘)，同时进行焊接，从而形成成品钢筋笼。

(2)将制作好的钢筋笼稳固放置在平整地面上，下垫方木防止变形，并挂牌标明钢筋笼的长度及对应的桩号。钢筋笼加工完毕，报请监理工程师验收，合格后方可使用。

(3)桩基钢筋笼前场吊装采用四点起吊方法：顶端吊点采用专用吊具，根部吊点采用卡环吊装。先起吊顶部吊点，后起吊根部吊点，使平卧变为斜吊。根部离开地面时，顶端吊点迅速起吊到90°后，卸除根部吊点，垂直起吊钢筋笼，到达指定位置后缓缓放入孔内。注意钢筋笼中心线和桩位中心线应保持一致。钢筋笼制作如图 5.14 所示，钢筋笼安装如图 5.15 所示。

图 5.14 钢筋笼制作

图 5.15 钢筋笼安装

5.4.8 混凝土灌注

(1)导管使用前应进行试拼和试压,并用油漆在导管两侧做好刻度标记,进行导管水密性试验,试压压力应为孔底静水压力的 1.5 倍。

(2)导管拼好并试压后,利用汽车吊机吊放,使导管位置居于孔中,轴线顺直,稳步沉放,导管底口距孔底应为 0.3～0.4 m。

(3)导管吊装完成后,开始二次清孔,当泥浆相对密度、黏度、含砂率都符合设计要求时,认为清孔达标,可进行混凝土灌注。

(4)混凝土采用 C30 水下混凝土,灌注前应及时报请监理单位进行报验,验收合格后开始灌注。

(5)混凝土输送到灌注地点时,应经常抽检其和易性、坍落度等情况。

(6)灌注首批混凝土时应注意下列事项:

①计算和控制首批封底混凝土数量,下落时应有一定的冲击能量,能把泥浆从导管中排出,并能把导管下口埋入混凝土不小于 1 m 深。足够的冲击能量能够把桩底沉渣尽可能地冲开,是控制桩底沉渣、减少工后沉降的重要环节。

首批灌注混凝土所需数量(V)的计算公式为

$$V \geqslant \frac{\pi D^2}{4}(H_1 + H_2) + \frac{\pi d^2}{4} h_1 \tag{5.1}$$

式中,D——桩孔直径(m);

d——导管直径,按 0.3 m 计算;

H_1——混凝土桩底到导管底口的高度,一般为 0.4 m;

H_2——导管初次埋置深度,按最小深度 1 m 计算;

h_1——桩孔内混凝土达到埋置深度 H_2时,导管内混凝土柱平衡导管外泥浆压力所需的高度(m)。

②首批混凝土采用隔水胶球法灌注。灌注前,导管内放置直径略小于导管内径的隔离胶球作为隔离体,隔离泥浆与混凝土。

③灌注开始后,应连续有节奏地进行,并尽可能地缩短拆除导管的间隔时间。当导管内的混凝土不满时,应沿料斗边徐徐灌注,防止在导管内形成高压气囊,对导管产生破坏。

④灌注将要结束时,导管内混凝土柱高度减小,混凝土落差降低,而导管外的泥浆及所含渣土稠度增加,相对密度增大。在混凝土顶升困难时,可提升混凝土料斗至一定高度,增大混凝土落差,使灌注工作顺利进行。混凝土坍落度试验如图 5.16 所示,混凝土灌注如图 5.17 所示。

5.4.9 桩基完整性检测

(1)灌注过程中应控制坍落度损失,保证整根桩混凝土浇筑完成时混凝土有足够的流动性,确保灌注顺利。

(2)成桩后,要委托具有资质的第三方检测单位进行桩身完整性检测。检验合格后,接受业主和监理单位的质量检查,合格后方可进行下一步工序的施工。

图 5.16　混凝土坍落度试验

图 5.17　混凝土灌注

5.4.10　质量检验标准

灌注桩排桩的质量检验标准如表 5.2 所示。

表 5.2　灌注桩排桩的质量检验标准

项目	序号	检查项目		允许值或允许偏差		检查方法
				单位	数值	
主控项目	1	孔深		不小于设计值		测钻杆长度或用测绳测
	2	桩身完整性		符合设计要求		低应变法、声波透射法
	3	混凝土强度		不小于设计值		28 d 试块强度或钻芯法
	4	嵌岩深度		不小于设计值		取岩样或超前钻孔取样
	5	钢筋笼主筋间距		mm	±10	用钢尺量
一般项目	1	垂直度		≤1/100(≤1/200)		测钻杆长度，用超声波或井径仪测量
	2	孔径		不小于设计值		测钻头直径
	3	桩位		mm	50	开挖前量护筒，开挖后量桩中心
	4	泥浆指标	相对密度	—	1.10～1.25	用比重计测，清孔后在距孔底 500 mm 处取样
			含砂率	%	≤8	洗砂瓶
			黏度	s	18～28	用黏度计测
	5	钢筋笼质量	长度	mm	±100	用钢尺量
			钢筋连接质量	符合设计要求		试验室试验
			箍筋间距	mm	±20	用钢尺量
			笼直径	mm	±10	用钢尺量
	6	沉渣厚度		mm	≤200	用沉渣仪或重锤测
	7	混凝土坍落度		mm	180～220	用坍落度仪测
	8	钢筋笼安装深度		mm	±100	用钢尺量
	9	混凝土充盈系数		≥1.0		实际灌注量与理论灌注量的比值
	10	桩顶标高		mm	±50	水准测量，需扣除桩顶浮浆层及劣质桩体

5.5 三轴搅拌桩施工

5.5.1 施工工艺流程

三轴搅拌桩施工工艺流程如图 5.18 所示。

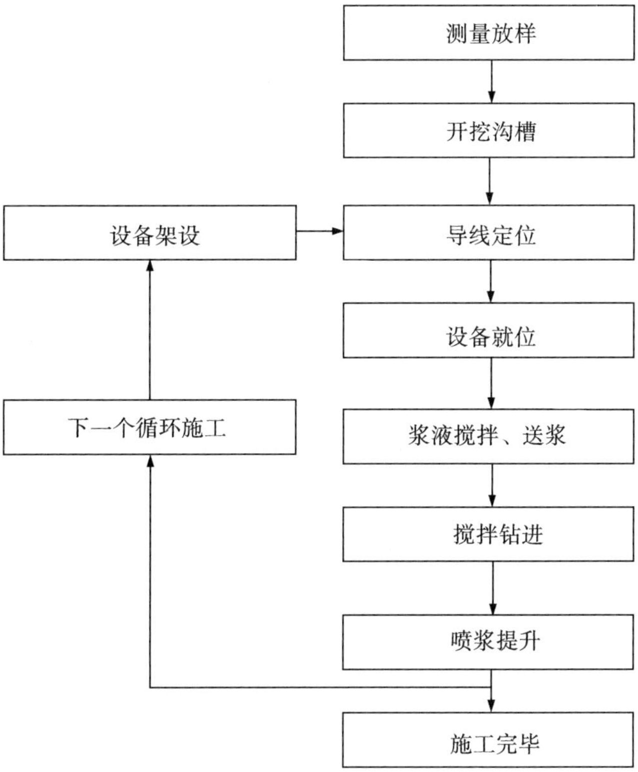

图 5.18　三轴搅拌桩施工工艺流程

5.5.2 施工准备

5.5.2.1 施工参数

三轴搅拌桩止水帷幕桩长 9～28.5 m，水泥采用强度等级为 42.5 的普通硅酸盐水泥，加固体的 28 d 无侧限抗压强度不低于 0.8 MPa，作为止水帷幕时加固体的渗透系数不大于 10^{-7} cm/s，水泥掺量为 20%，水灰比为 1.5，浆液密度为 1.37 t/m^3。

三轴搅拌桩止水帷幕施工工艺参数如表 5.3 所示。

表 5.3 三轴搅拌桩止水帷幕施工工艺参数

水泥掺量/%	水灰比	流量(双泵)/(L/min)	下沉速度/(m/min)	提升速度/(m/min)
20	1.5	290	0.5～1.0	1.0～2.0

5.5.2.2 水泥进场验收

选择合格的水泥供应商,确保使用设计强度等级的水泥,做好各类材料质量复试工作,杜绝不合格材料进入工地。编制水泥需用量计划和分批进场计划,并按照分批进场计划及时组织进场,按照施工区域划分及场地布置图指定的位置将水泥堆放整齐。

5.5.3 三轴搅拌桩施工顺序

为确保每幅搭接质量,按设计要求采用套接一孔法施工,施工顺序如图 5.19 所示。

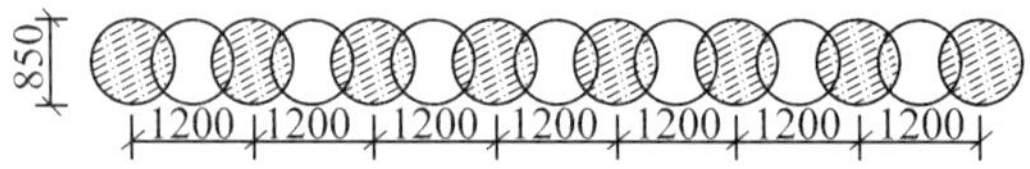

图 5.19 套接一孔法施工顺序

5.5.4 测量放样

搅拌桩施工前,应先进行场地平整,并对施工区域的地下障碍物进行探测清理。若遇地下障碍物,待地下障碍物全部清除后,应用素土分层回填压实,然后在施工线路上铺设钢板来提高地基承载力。以业主提供的水准点及测量控制网进行引测,按图放出围护结构轴线和高程引测,设立临时控制桩,并做好有效保护。

根据设计图纸,平面尺寸中未考虑施工误差的影响,在放样时可根据围护结构的垂直精度、施工误差、基坑开挖变形及自身施工经验,考虑外放 10 cm。

5.5.5 水泥浆制备

水泥用量按设计标准为土体质量的 15%,水灰比为 0.45。施工中加水时,可使用定量容器进行用水量控制。

5.5.6 预拌下沉喷浆

待水泥搅拌桩机的冷却水循环正常后,启动搅拌桩机电机,放松搅拌桩机吊索,使搅拌桩机沿导向架搅拌切土下沉,下沉速度可由电机的电流监测表控制。下沉速度宜不大于 1 m/min,工作电流宜不大于 70 A。喷浆过程中应不断搅拌水泥浆,随时观察设备运行及地层变化情况,钻头下沉至设计深度位置时,停止钻进。

5.5.7 提升喷浆

提升钻头喷浆,在喷浆过程中,要不断搅拌水泥浆,防止其离析,并通过计算机自动记录喷浆量,离地面 50 cm 时,停止喷浆。

5.5.8 二次搅拌喷浆

第一次喷浆完成后,继续二次下沉进行补浆喷浆,搅拌至设计位置深度。

5.5.9 清洗

若水泥搅拌桩机停止施工或施工间歇时间太长,应向水泥浆搅拌桶中加入清水,开启灰浆泵,清洗全部管中残存的水泥浆,直至基本干净,并将黏附在搅拌头上的软土清洗干净。

5.5.10 移位

将水泥搅拌桩机移至下一个桩位,重复进行上述步骤的施工。

5.5.11 注意事项

(1)应严格按照设计要求配制浆液。

(2)土体应充分搅拌,严格控制下沉速度,使原状土充分破碎,以利于同水泥浆液均匀拌和。同时,为了加快搅拌速度,减少对周边地层的影响,搅拌时可接入压缩空气进行充分搅拌。

(3)浆液不能发生离析,水泥浆液应严格按预定配合比制作,为防止灰浆离析,放浆前必须搅拌 30 s 再倒入存浆桶。

(4)水泥土搅拌桩施工时,不得冲水下沉,钻头提升速度不得大于 1 m/min,其垂直度偏差不得超过 0.5%,相邻两桩施工间隔不得超过 24 h。

(5)压浆阶段不允许发生断浆现象,输浆管道不能堵塞,全桩须注浆均匀,不得出现夹心层。发现管道堵塞时,应立即停泵进行处理。待处理结束后立即把搅拌钻具上提或下沉 1 m 后方能注浆,等 10～20 s 后恢复正常搅拌,以防断桩。三轴搅拌桩施工如图 5.20 所示。

图 5.20　三轴搅拌桩施工

5.5.12 质量检验标准

水泥土搅拌桩止水帷幕施工质量应满足《建筑地基基础工程施工质量验收标准》(GB 50202—2018)7.8 节的要求，水泥土搅拌桩质量检验标准如表 5.4 所示。

表 5.4 水泥土搅拌桩质量检验标准

项目	序号	检查项目	允许值或允许偏差		检查方法
			单位	数值	
主控项目	1	桩身强度	不小于设计值		钻芯法
	2	水泥用量	不小于设计值		查看流量表
	3	桩长	不小于设计值		测钻杆长度
一般项目	1	桩径	mm	±10	量搅拌叶回转直径
	2	水胶比	符合设计要求		检查实际用水量与水泥等胶凝材料的质量比
	3	提升速度	符合设计要求		测机头上升距离及时间
	4	下沉速度	符合设计要求		测机头下沉距离及时间
	5	桩位	mm	50	用全站仪或钢尺量
	6	桩顶标高	mm	±200	水准测量
	7	导向架垂直度	≤1/100		用经纬仪测量
	8	施工间歇	h	24	检查施工记录

5.6 土方开挖

5.6.1 开挖方法

(1)基坑开挖宜按照纵向分段、竖向分层、横向分块、随挖随护、及时封闭、监测反馈的原则进行。土方开挖时应备足运输车辆及施工机械，保证在规范要求时间内完成每一层土方开挖后快速支护，从而达到随挖随护的效果，减少基坑暴露变形时间。

(2)基坑开挖前应完成灌注桩、止水帷幕、降水等作业施工。

(3)相邻分区之间的土方开挖应设置临时动坡，动坡坡高大于 4 m 时应分级，每级坡高应不大于 4 m；动坡坡比应不小于 1∶1，若分级放坡，中间应设置放坡平台，平台宽度应不小于 1.5 m。

(4)基坑开挖的土方不得在临近建筑及基坑周边影响范围内堆放，并应及时外运。

(5)坑底以上 20 cm 土方应采取人工修底的方式挖除，并防止坑底土体扰动。

基坑土方开挖如图 5.21 所示，基坑槽底清理如图 5.22 所示。

图 5.21　基坑土方开挖

图 5.22　基坑槽底清理

5.6.2　注意事项

(1)基坑开挖前应了解工程的薄弱环节，严格按施工组织设计的挖土程序、挖土速度进行挖土，并做好应急工作，防患于未然。在基坑开挖过程中，若发现地下管线或文物等，应立即停止开挖，同时上报有关部门，待处理后再开挖。

(2)开挖前应做好基坑内降水、基坑外截水施工工作，且试运转正常后，方可开挖土方；尽量避开雨期开挖土方，如果需在雨期开挖，应采取必要的技术措施。

(3)严格按照围护结构设计和施工组织设计要求，认真组织全过程施工，未经监理和设计人员的同意，不得随意更改设计与施工方案。

(4)在基坑开挖过程中，应建立工程监测系统，做好对深基坑工程的监测和控制，并及时将信息反馈给设计和施工人员，实行信息化施工。同时，应经常对平面控制桩、水准点、标高、基坑平面尺寸等复测检查。

(5)为保护基坑底土体的原状结构，根据土质情况和挖土机械的类型，应在坑底以上保留 200～300 mm 土层由人工挖除。

(6)最后一层土开挖后，应立即进行基底验槽，验收合格后浇筑垫层，避免基底暴露时间过长。

(7)在基坑开挖过程中，不同土层界面需经监理单位、建设单位确认并做好记录、绘制地质柱状图。

(8)施工机械和运输车辆不得直接在支撑上行走和操作；采用机械挖土时，严禁挖掘机械碰撞支撑、围檩、井点管、格构柱和围护桩，围护桩侧 300 mm 和降水井管周围 500 mm 范围内的土体宜人工开挖。

5.6.3　基底检查与处理

(1)基坑开挖完成后，必须及时会同监理单位、设计单位、勘察单位、建设单位的代表共同进行基底验槽。检验内容包括基底土质情况、地下障碍物情况、地下水情况、必要时的钎探记录和承载力试验报告、基坑尺寸、基底是否有扰动等。验收合格后及时办理检检手续，浇筑垫层混凝土，以防止基底软化。

(2)通过基坑变形监测,分析判断基底围护结构是否基本稳定。

参建主体联合验槽如图 5.23 所示,槽底标高复核如图 5.24 所示。

图 5.23　参建主体联合验槽

图 5.24　槽底标高复核

5.6.4　质量检验标准

基坑土方开挖质量检验标准如表 5.5 所示。

表 5.5　基坑土方开挖质量检验标准

项目	序号	检查项目	允许值或允许偏差		检查方法
			单位	数值	
主控项目	1	标高	mm	0 −50	水准测量
	2	长度、宽度(由设计中心线向两边量)	mm	+200 −50	用全站仪或钢尺量
	3	坡率	符合设计要求		目测法或用坡度尺检查
一般项目	1	表面平整度	mm	±20	用 2 m 靠尺检测
	2	基底土性	符合设计要求		目测法或进行土样分析

5.7　冠梁施工

5.7.1　施工工艺流程

冠梁施工工艺流程如图 5.25 所示。

5.7.2　破桩头

冠梁施工前,应将围护桩桩顶浮浆凿出清理干净,桩顶以上出露的钢筋长度应满足设计要求,调直桩顶钢筋。

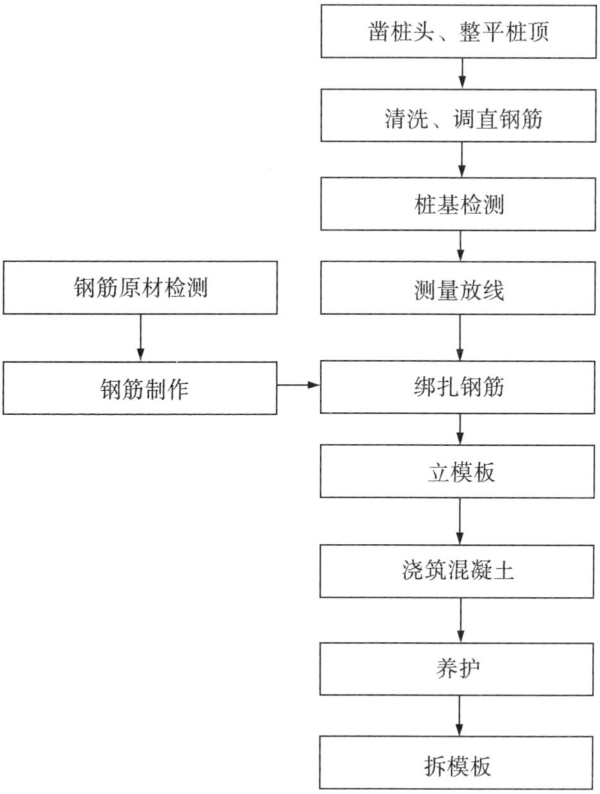

图 5.25　冠梁施工工艺流程

5.7.3　测量放线

由测量人员放样出冠梁结构的内侧角点线、外侧角点线和标高线，并对放线结果进行复核，记录完整后对施工班组进行交底。支护桩桩头处土方开挖如图 5.26 所示，破桩头如图 5.27 所示。

图 5.26　支护桩桩头处土方开挖

图 5.27　破桩头

5.7.4　钢筋安装

围护桩钢筋伸入冠梁内长度要满足设计要求，钢筋表面不得有泥土及杂物。

5.7.5 侧模安装

冠梁的侧模采用组合木模板，支撑采用钢管加方木，相邻两模板间采用U形卡连接。冠梁钢筋和模板施工如图5.28所示。

(a)冠梁钢筋施工　(b)冠梁模板施工

图5.28 冠梁钢筋和模板施工

5.7.6 混凝土浇筑

(1)在混凝土浇筑前，应检查和控制模板、钢筋、保护层和预埋件的尺寸、规格、数量和位置，以及模板支撑的稳定性和接缝的密合情况；模板内的垃圾、木片、刨花、锯屑、泥土和钢筋上的混凝土块、焊渣等应清理干净并提前2 h对施工缝浇水充分湿润，但不得有积水。

(2)冠梁混凝土应按先竖向后水平的顺序分层连续浇筑，混凝土的分层厚度宜为300～500 mm。

(3)混凝土振捣密实的标志是混凝土停止下沉，不冒气泡，适度泛浆，表面平坦。

(4)浇筑至控制标高后，初凝之前进行收浆。

5.7.7 拆模及养护

(1)混凝土应采用覆盖水能量养护膜的方法进行养护。

(2)在已浇筑混凝土强度未达到1.2 MPa以前，不得在其上面踩踏或安装模板及支架。

(3)混凝土养护应在混凝土浇筑完毕后12 h以内进行。

(4)混凝土的浇水养护时间不得少于7 d，浇水次数一般为每2 h一次，以保持湿润为准。

(5)若在混凝土养护过程中发现覆盖不好，浇水不足，以致表面泛白或出现干缩裂缝，要立即仔细加以遮盖，加强养护工作，充分浇水，并延长养护期限，加以补救。

(6)做好成品保护工作，防止不利天气条件和其他不利条件对成品混凝土造成损坏。

5.7.8 质量检验标准

冠梁的质量检验标准可参照《混凝土结构工程施工质量验收规范》(GB 50204—

2015)4.2.10 节、5.3.5 节、5.5.3 节、8.3 节的规定。

5.8 预应力旋喷锚索施工工艺

5.8.1 施工工艺流程

预应力旋喷锚索施工工艺流程如图 5.29 所示。

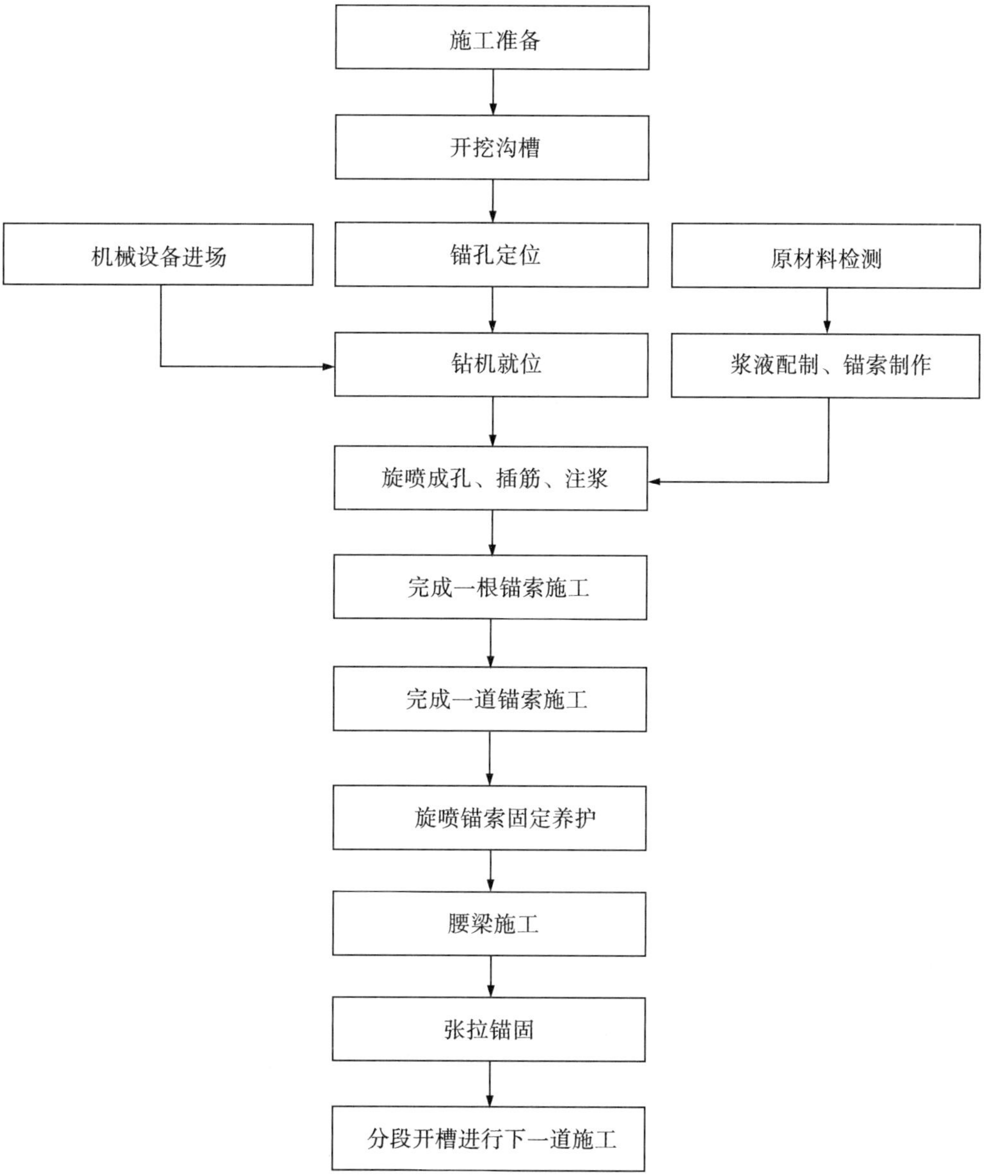

图 5.29 预应力旋喷锚索施工工艺流程

5.8.2 施工准备

5.8.2.1 工艺试验

在预应力锚索工程施工作业开始之前，应进行预应力锚索的工艺试验，以确定相关设计和施工参数。试验成功后方可进行预应力锚索工程批量施工作业。锚索试验应选取有代表性的地段进行，应使试验孔可反映工程孔锚固地层实际情况。

5.8.2.2 材料

旋喷锚索钢绞线和锚具应满足《预应力筋用锚具、夹具和连接器》(GB/T 14370—2015)的要求。水泥宜采用强度等级为42.5的普通硅酸盐水泥，并应符合标准要求。

5.8.2.3 钻孔设备

根据锚固地层的类别、锚孔孔径、锚孔深度以及施工场地条件，钻孔机具应选择MD-150型钻机。

5.8.3 锚孔定位

在完成灌注桩表面土层清理、桩间土修整以及表面钢筋挂网喷浆后进行锚孔定位，按设计要求标高和水平间距定出孔位，用自喷漆做好标记。标记完成后，将表面喷浆面层凿出直径约为150 mm的圆孔，便于钻头定位及钻进土层，锚孔定位误差应小于50 mm，孔斜误差应小于±2°。

5.8.4 钻机就位

将钻机对准孔位，调整好角度，采用钻机自带角度盘校核钻孔开孔角度，使开孔角度误差不超过±2°，开孔处的平面位置(水平和垂直)误差不超过±50 mm。钻机安放应平正稳定，保证设备在受力之后不会出现摇晃及位置变化等现象。

5.8.5 钻孔及锚体施工

选用硬质合金高压旋转钻头，钻头直径应比设计钻孔直径大至少3 mm，钻头侧翼设置多个喷嘴进行高压旋转，锚杆钻孔的深度不应小于设计长度，也不宜大于设计长度0.5 m。纯水泥浆在搅拌桶经过过滤后，由高压泵通过高压导管引入空心螺旋钻管内部，从底部钻头和侧翼喷嘴向外喷射，喷射过程中同步对周侧的土体进行切割。钻头在动力推动下逐渐向前推进，直至达到设计深度和直径，形成锚体。高压喷射压力应大于25 MPa，可取25～40 MPa。钻头顶住锚板带旋喷锚索喷浆推进时，速度应为15～25 cm/min，喷嘴转速可取10～20 r/min。锚板与钻杆分离后，钻杆后退喷浆速度不能超过50 cm/min。喷管应均匀旋转，均匀提升或下沉，由上而下或由下而上进行高压喷射，喷射分段提升或下沉的搭接长度不得小于10 cm。

水泥搅拌时间应不少于 2 min，滤浆后倒入集料池中，随后不断地搅拌，防止水泥离析。灌注的水泥浆要取样留试块做室内抗压试验，以复核其强度指标。对浆体的强度检验数量应为每 30 根锚索不少于 1 组，每组不少于 6 个试块。连接高压注浆泵和钻机的输送高压喷射液体的高压管长度不宜大于 50 m。

锚孔初步定位如图 5.30 所示，钻孔施工如图 5.31 所示。

图 5.30　锚孔初步定位

图 5.31　钻孔施工

5.8.6　锚索制作与安放

根据设计要求制作钢绞线，端头采用∅150×20 mm 的钢板锚盘，锚头用冷挤压法对锚盘进行固定。锚固段沿杆体轴线方向每隔 1.5 m 设置一个架线环。锚索自由段套上波纹管或聚氯乙烯(PVC)塑料管，两端封闭，外绕工程胶布封闭固定。自由段的套管长度允许偏差为±50 mm。钢绞线应放在锚体的中心上，外锚头留不少于 1 m 以便张拉，锚索下料长度＝锚索锚固段长度＋自由段长度＋张拉工作段长度(可以预留 1.5 m)。组装好的锚索在钻孔时随钻杆一同进入孔内。锚索安装如图 5.32 所示。

图 5.32　锚索安装

5.8.7　腰梁及锚具安装

锚具必须有厂家产品合格证书，并通过规定的试验验收程序后方可使用。锚具表面在使用前一定要清洗干净，不得有油污、铁屑、泥沙等杂物。锚具各组件应按次序依次安装好，锚垫板和锚板应对中并相吻合。

钢腰梁的安装顺序为岩壁清理→安装工字钢腰梁→安装垫板和锚具。

基坑开挖至比腰梁底标高低 70 cm 后，强风化岩层可采用机械配以人工的方式清理岩壁，喷射混凝土后，采用 C25 混凝土对喷射混凝土进行找平处理，确保表面平顺，以利于钢腰梁与岩壁密贴。

当锚孔段面层施工完毕后可进行锚索横向连接的施工。锚索之间的横向连接采用两根 I28a 工字钢腰梁，腰梁安装如图 5.33 所示，垫板和锚具安装如图 5.34 所示。

图 5.33 腰梁安装

图 5.34 垫板和锚具安装

5.8.8 预应力锚索张拉与锁定

待旋喷锚体养护 7～10 d 后，浆体强度达到 15 MPa(不小于设计强度的 75%)后方可进行张拉锁定。应采用以张拉力控制为主，伸长值校核的双控操作方法。张拉采用高压油泵和穿心千斤顶，张拉锁定值为设计锁定值。张拉前应校核标定高压油泵、千斤顶、压力表等。钢绞线与腰梁、锚具应连接牢固，通过现场张拉试验，确定张拉锁定工艺。旋喷锚索张拉应分级进行，首先通过预张拉将各束钢绞线拉直，然后进行第二级张拉，拉到锁定值的 105%。每级张拉要稳定在 5～10 min 及以上，以便锚索中预应力的传递和调整，同时要分别记录每级张拉时钢绞线的伸长量。锚索的张拉顺序要考虑对邻近锚杆的影响，采用隔一拉一的方法。为克服地层徐变等因素造成的预应力损失，第一次张拉锁定后 30 d 左右，应进行一次补偿张拉，然后锁定。补偿张拉后，从锚具量起，留出长 5～10 cm钢绞线，其余部分截去。钢绞线须用机械切割，严禁用电弧烧割。最后用水泥净浆注满锚垫板及锚头各部分空隙。张拉完成后方可开挖下一步土体。锚索张拉如图 5.35 所示。

图 5.35 锚索张拉

5.8.9 试验与检测

锚索正式施工前应进行基本试验，基本试验应采用分级循环加载法，初始荷载宜取锚索抗拔力特征值的10%，分级加荷值宜取锚索抗拔力特征值的50%、75%、100%、120%、135%和150%，且锚索试验数量不应少于3根。

工程锚索必须进行验收试验，旋喷锚索抗拔承载力的检测（验收试验）数量不应少于旋喷锚索总数的5%，且同一土层中的旋喷锚索检测数量不应少于3根。

锚索张拉后应对锁定力进行监测，旋喷锚索内力监测点应选受力较大且具有代表性的位置。每层旋喷锚索的内力监测点数量应为该层旋喷锚索总数的3%，且不应少于3根。

5.8.10 质量检验标准

预应力锚索质量检验标准如表5.6所示。

表5.6 预应力锚索质量检验标准

项目	序号	检查项目	允许值或允许偏差		检查方法
			单位	数值	
主控项目	1	抗拔承载力	不小于设计值		锚杆抗拔试验
	2	锚固体强度	不小于设计值		试块强度检测
	3	预加力	不小于设计值		检查压力表读数
	4	锚杆长度	不小于设计值		用钢尺量
一般项目	1	钻孔孔位	mm	100	用钢尺量
	2	锚杆直径	不小于设计值		用钢尺量
	3	钻孔倾斜度	≤3°		测倾角
	4	水胶比 （或水泥砂浆配比）	符合设计要求		检查实际用水量与水泥等胶凝材料的质量比（实际用水、水泥、砂的质量比）
	5	注浆量	不小于设计值		查看流量表
	6	注浆压力	符合设计要求		检查压力表读数
	7	自由段套管长度	mm	±50	用钢尺量

5.9 降水施工

5.9.1 施工工艺流程

降水施工工艺流程如图5.36所示。

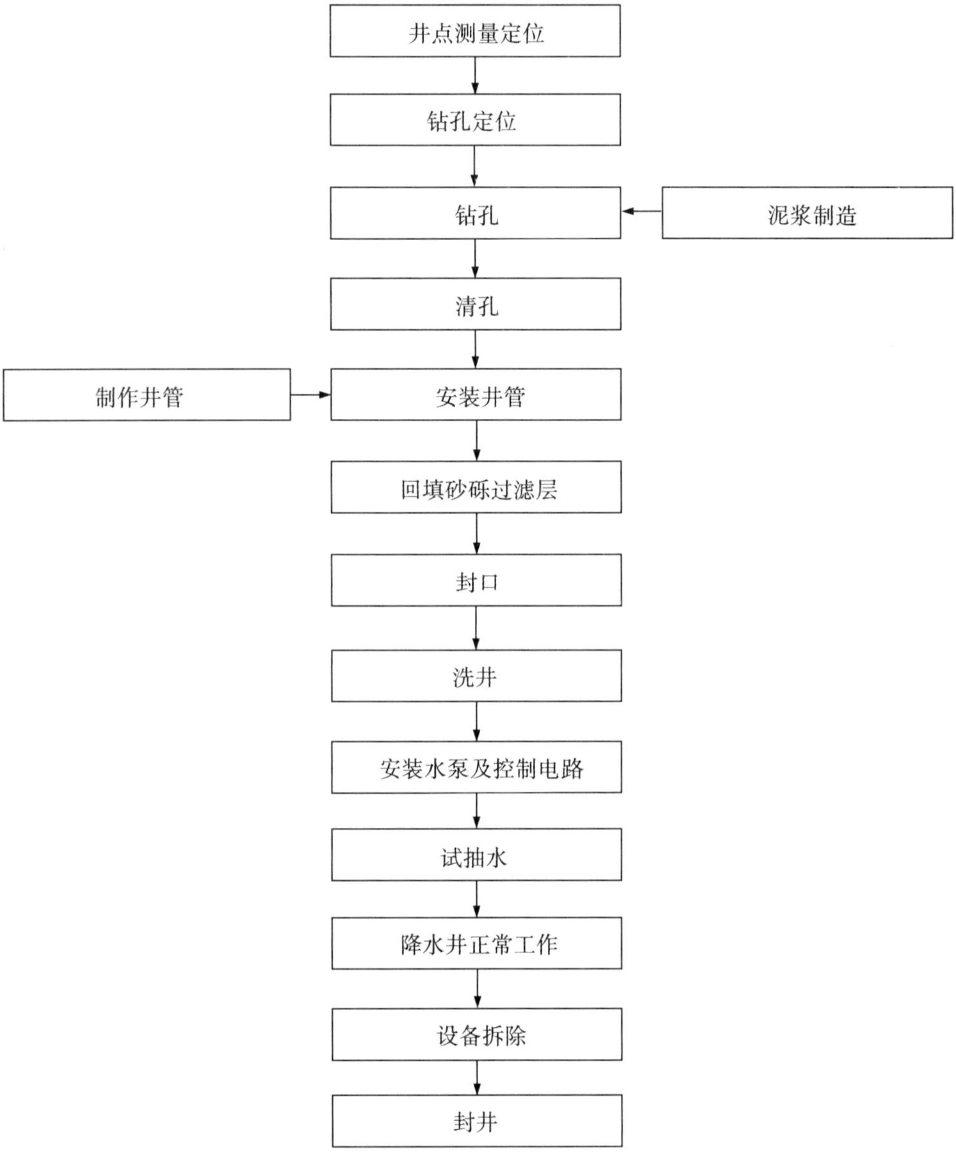

图 5.36　降水施工工艺流程

5.9.2　管井施工

5.9.2.1　施工准备

(1)进一步调查场地周围雨污水管线及雨污水井分布状况,布置排水管线和供电线路。

(2)组织施工人员进行安全、技术交底。

(3)详细制订施工中的各种材料计划和供应计划。

5.9.2.2 施工方法

(1)挖(围)泥浆池:根据场地条件在距降水井3 m左右处挖(围)泥浆池,一般每2～3口井共用一个泥浆池。循环导流槽宽应不小于1 m。池底及内周边应铺一层塑料布。沉淀池与循环导流槽连接处砌筑高0.7 m围埂。

(2)钻机安装:先将钻头悬吊于孔内,然后安装钻机,转盘中心要严格对准钻孔中心,可采用十字标线铅锤对正的方法。

(3)钻孔:采取反循环钻机进行施工,钻机转速一般应保持为10～20 r/min,钻进速度约为10 m/h。对于钻孔产生的渣土和泥浆,为保证现场的环境和文明施工,需要及时进行处理。

(4)下管:降水井采用无砂混凝土滤水管,井管内径为400 mm,外径为480 mm,成孔孔径为700 mm,降水井深度为坑底以下9 m,无砂管管井外侧填充中粗砂反滤层。

(5)洗井:要用同心式或并列式的钢管洗井,禁止使用软管洗井。洗井过程中应观测水位及出水量变化情况。

降水管井钻孔施工如图5.37所示,无砂管安装如图5.38所示,管周回填如图5.39所示,管井验收如图5.40所示。

图5.37 降水管井钻孔施工

图5.38 无砂管安装

图5.39 管周回填

图5.40 管井验收

5.9.3 降水系统安置

(1)考虑自南往北排水,中间分流,主管最大公称直径为 600 mm,最小公称直径为 250 mm。

(2)对于公称直径不小于 400 mm 的主管道应设置集水支管,支管每 130 m 长为一段,接入排水主管,管的公称直径为 150～200 mm。支管接入主管处应设置检查井,检查井内径为 1 m。

(3)主管采用高密度聚乙烯(HDPE)塑料管,集水支管采用钢管或聚乙烯(PE)管,主管管道覆土 1 m 厚,铺设在便道内侧,靠近护栏。

(4)现状道路总体南高北低,因此排水管道沿现状道路方向即可。

5.9.4 回灌

(1)回灌管井施工前,应检验进场材料质量。

(2)回灌管井正式施工时应进行试成孔。试成孔数量不应少于 2 个,根据试成孔检验成孔工艺、泥浆配比,复核地层情况等。

(3)回灌管井施工中应检验成孔垂直度。成孔垂直度允许偏差为 1/100,井管应居中竖直沉设。

(4)回灌管井施工完成后的休止期不应少于 14 d,休止期结束后应进行试回灌,检验成井质量和回灌效果。

(5)回灌运行前,应检验回灌管路的安装质量和密封性。回灌管路上应装有流量计和流量控制阀。

(6)回灌运行中及回扬时,应计量和记录回灌量、回扬量,并应监测地下水位和周边环境变形。

(7)回灌管井封闭时,应检验封井材料的无公害性,并检验封井效果。

排水系统安装如图 5.41 所示。

图 5.41　排水系统安装

5.9.5 设备拆除及降水井回填

(1)降水工程结束后,降水井和其他地下临时工程应按有关规定进行处理,应对所有降水井进行回填,其目的是使原有井身空间与地层连成一体,保证井室与地面、井身与周围地层的整体性和稳定性。

(2)降水井回填:

①降水井回填施工工序为提泵→测井深→按照设计要求进行封井处理。

②对井管穿过结构底板位置预留长约 0.6 m、深 0.2 m 的孔洞,孔洞位置面层钢筋暂不绑扎,同时将井管四周泥土清理干净,并用砂纸将井管外侧铁锈清除,确保后期底板混凝土浇筑时,井管与混凝土接触面密实。

③在底板中用 2 个半圆钢环焊在钢管外侧,形成止水翼环,焊缝要饱满,不得有缝隙,止水翼环与钢管接触处应采用遇水膨胀止水胶进行充填。

④当降水井封井时,用水泥∶砂=1∶1 的干拌粉浇到垫层下 1 m;再用比底板高一标号的素混凝土填塞至距底板顶 100 mm 处,加焊 12 mm 厚的钢盖板。

⑤在预留孔洞以及钢盖板接触面处涂抹水泥基渗透结晶型防水涂料,并采用聚合物水泥防水砂浆将预留孔洞回填至底板顶面。

⑥底板钢筋遇降水井钢管时,钢筋可从周边绕过,但必须另加 4 根同直径钢筋,其一端弯起 250 mm 与钢管焊接,另一端水平长度应不小于 1 m。

⑦止水环内径根据降水井上插的钢管内径确定。

⑧对于结构底板外的降水井,可采用黏土填充封堵。

降水井封井施工如图 5.42 所示。

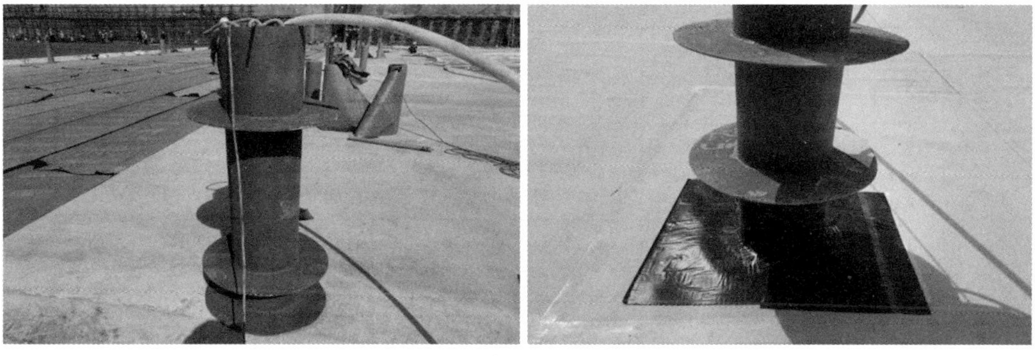

图 5.42 降水井封井施工

5.9.6 质量检验标准

降水施工材料质量检验标准、管井施工质量检验标准、管井封井质量检验标准、回灌管井运行质量检验标准分别如表 5.7～表 5.10 所示。

表 5.7　降水施工材料质量检验标准

项目	序号	检查项目	允许值或允许偏差		检查方法
			单位	数值	
主控项目	1	井、滤管材质	符合设计要求		查产品合格证书或按设计要求参数现场检测
	2	滤管孔隙率	符合设计要求		测算单位长度滤管孔隙面积或与等长标准滤管渗透对比
	3	滤料粒径	$(6\sim12)d_{50}$ (d_{50}为平均粒径)		筛析法
	4	滤料不均匀系数	≤3		筛析法
一般项目	1	沉淀管长度	mm	+50 0	用钢尺量
	2	封孔回填土质量	符合设计要求		现场搓条法检验土性
	3	挡砂网	符合设计要求		查产品合格证书或现场测量目数

表 5.8　管井施工质量检验标准

项目	序号	检查项目		允许值或允许偏差		检查方法
				单位	数值	
主控项目	1	泥浆相对密度		1.05～1.10		用比重计测量
	2	滤料回填高度		+10% 0		用现场搓条法检验土性，测算封填黏土体积，孔口浸水检验密封性
	3	封孔		符合设计要求		现场检验
	4	出水量		不小于设计值		查看流量表
一般项目	1	成孔孔径		mm	±50	用钢尺量
	2	成孔深度		mm	±20	用测绳测量
	3	扶中器性能		符合设计要求		测量扶中器高度或厚度、间距，检查数量
	4	活塞洗井	次数	次	≥20	检查施工记录
			时间	h	≥2	检查施工记录
	5	沉淀物高度		≤5‰井深		用测锤测量
	6	含砂量(体积比)		1/20000		现场目测或用含砂量计测量

表 5.9　管井封井质量检验标准

项目	序号	检查项目	允许值或允许偏差		检查方法
			单位	数值	
主控项目	1	注浆量	+10% 0		测算注浆量
	2	混凝土强度	不小于设计值		检测 28 d 试块强度
	3	内止水钢板焊接质量	满焊,无缝隙		焊缝外观检测、掺水检验
一般项目	1	外止水钢板宽度、厚度、位置	符合设计要求		现场测量
	2	细石子粒径	mm	5～10	筛析法或目测
	3	细石子回填量	+10% 0		测算滤料用量且用测绳测量回填高度
	4	混凝土灌注量	+10% 0		测算混凝土用量
	5	24 h 残存水高度	mm	500	测量水位
	6	砂浆封孔	符合设计要求		外观检验

表 5.10　回灌管井运行质量检验标准

项目	序号	检查项目	允许值或允许偏差		检查方法
			单位	数值	
主控项目	1	观测井水位	符合设计要求		测量水位
	2	回灌水质	不低于回灌目的层水质		试验室化学分析
一般项目	1	回灌量	+10% 0		查看流量表
	2	回灌压力	+5% 0		检查压力表读数
	3	回扬	符合设计要求		检查施工记录

5.10　桩间网喷施工

5.10.1　施工工艺流程

桩间网喷施工工艺流程如图 5.43 所示。

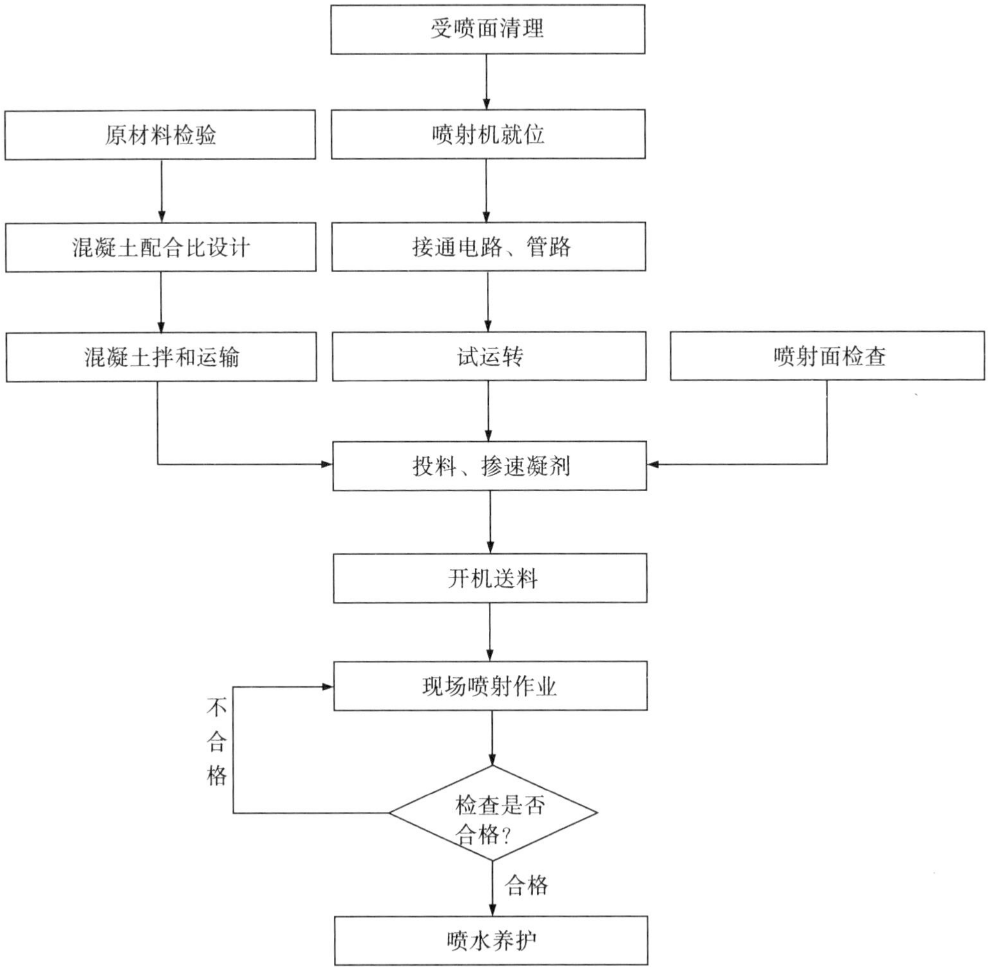

图 5.43　桩间网喷施工工艺流程

5.10.2　人工凿除清理

在机械挖土后，要通过人工清理桩间坑壁来保证壁面的平顺。对于外露的混凝土表面，则采用风镐破除。

5.10.3　挂钢筋网片

以现场焊接的方式将钢筋网片固定在与桩基纵筋连接的直径为 14 mm 的横向拉筋上。在喷射完底层混凝土后，先设定位钢钉，定位钢钉同时控制喷层厚度，之后绑扎∅8@200×200钢筋网片，最后将钢筋网片与上下左右相邻幅面钢筋网和横向拉筋相连接形成整体。

桩间土清理如图 5.44 所示，钢筋网安装如图 5.45 所示。

图 5.44　桩间土清理

图 5.45　钢筋网安装

5.10.4　喷射混凝土施工

(1)喷射机的操作要严格按操作规程进行。作业开始时,先开风后给水,最后送电给料。作业结束时,先停止给料,待罐内喷料用完后,再停电,最后关水、停风。必须保证喷射料的搅拌时间充足,使拌和料均匀。

(2)喷射应自下而上进行。喷射前应埋设控制喷厚的标志,调节好给料速度。给料速度太慢会导致产生团块而无法实现稳态喷射,给料速度太快又会造成喷枪堵塞。

(3)在喷射中,喷头应不断移动,以便减少回弹,保持喷层厚度均匀。若使喷头按圆形和椭圆形轨迹做螺旋式连续喷射,环形圈尺寸应为长轴 400～600 mm,短轴 150～200 mm。

(4)随时检测喷层厚度,确保达到设计厚度,有较大凹陷处,应予以喷射找平。

(5)要随时观察喷层表面、回弹、粉尘等情况,及时调整与严格控制水灰比,掌握好工作风压、喷射距离(喷头与受喷面之间)和角度,尽可能地降低回弹率。

桩间网喷混凝土施工如图 5.46 所示。

图 5.46　桩间网喷混凝土施工

5.10.5　质量检验标准

根据《喷射混凝土应用技术规程》(JGJ/T 372—2016),喷射混凝土质量检验标准如表 5.11 所示。

表 5.11 喷射混凝土质量检验标准

项目	序号	检查项目	检查标准
主控项目	1	拌和物性能	符合设计要求
	2	喷射混凝土抗压强度	符合设计要求
	3	喷射混凝土黏结强度	对于非结构作用，与混凝土的最小黏结强度应为0.5 MPa，与岩石的最小黏结强度应为0.2 MPa；对于结构作用，与混凝土的最小黏结强度应为1.0 MPa，与岩石的最小黏结强度应为0.8 MPa
	4	喷射混凝土厚度	符合设计要求
一般项目	1	表面质量	密实，平整，无裂缝、脱落、漏喷、露筋、空鼓和渗漏水

第 6 章　主体结构施工

6.1　施工工艺流程

黄河大道一期工程隧道主体结构采用满堂支架法施工，分两次进行混凝土浇筑，施工工艺流程如图 6.1 所示。

6.2　垫层施工

根据地道中心线放出模板内侧边线并按此边线支立模板，基础模板采用钢模板，钢筋、木撑加固，模板必须拼装严密，不得漏浆，模内必须清洁。模板安装完毕后，要对其平面位置、顶部标高及稳定性进行检查，合格后方可浇筑混凝土。浇筑时，发现模板有超过允许偏差变形值的可能时，应及时纠正。

采用商品混凝土，并用平板振动器振捣，边沿处要加强振捣，但不能接触模板，以防模板移动。振捣至混凝土不再下沉，没有气泡冒出，表面出现浮浆为止。

在养护期内，应采用塑料薄膜或毛毡覆盖，并定时洒水。当温度低于 5 ℃时，应覆盖塑料薄膜和棉被保温，严禁洒水。垫层施工如图 6.2 所示。

6.3　钢筋加工及安装

6.3.1　原材料进场及检验

(1)各种牌号、规格的钢筋应分批验收、分别堆放，不得混杂，且应立牌以便识别。

(2)钢筋在运输、储存过程中，应注意避免锈蚀和污染。

(3)当钢筋露天堆置在钢筋棚内时，需垫高并加遮盖。

(4)钢筋要具有出厂质量证明书，使用前应按规定频率进行抽检，其力学性能符合国家标准的规定时才能使用。对于不合格的钢筋材料，应清理出场。

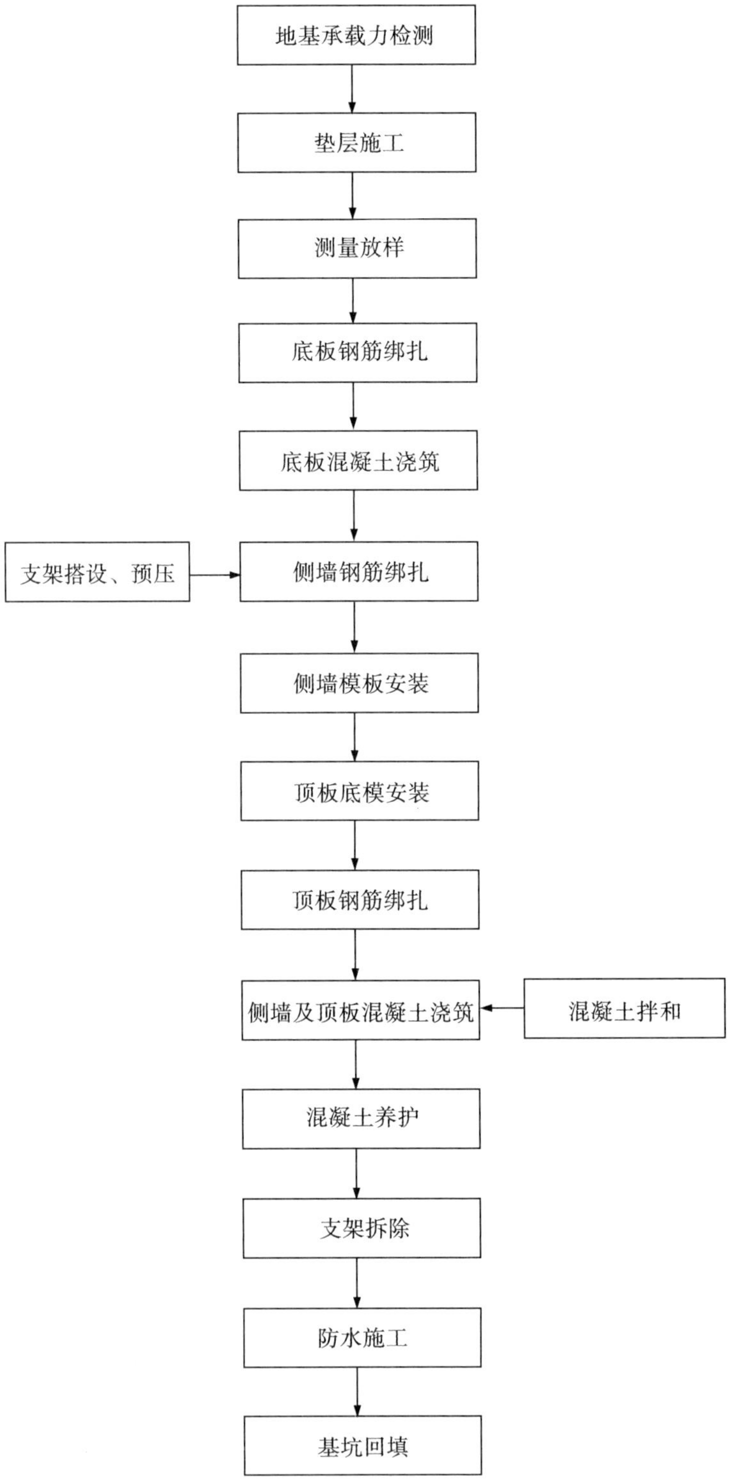

图 6.1　主体结构施工工艺流程

图 6.2　垫层施工

6.3.2　钢筋加工

(1)钢筋的表面应洁净,使用前应将表面油渍、漆皮等清除干净。

(2)钢筋应平直,无局部弯折,成盘的钢筋和弯曲的钢筋均应调直后才能使用。

(3)采用冷拉方法调直钢筋时,HPB300 钢筋的冷拉率不宜大于 2%,HRB400 钢筋的冷拉率不宜大于 1%。

(4)钢筋的弯制和末端的弯钩应符合设计要求。弯制钢筋时,一般用冷弯的方式,不得加热。弯制前,应按设计的尺寸和形状先做样筋,反复调整合格后,以此检查以后弯成的钢筋成品。弯制时应缓慢进行,避免弯曲处发生裂痕。同一类型的弯折钢筋,若钢筋直径不同,成型后应分别堆放;若弯好的钢筋需两根绑扎或焊接成型,将两根钢筋捆在一起。

(5)箍筋末端要做弯钩,弯钩的弯曲直径应大于受力主钢筋直径,且不小于箍筋直径的 2.5 倍。

(6)各种钢筋的下料尺寸一定要符合设计要求。钢筋截断前,应根据设计图纸先将同直径、不同长度的各种编号的钢筋按顺序填制配料表,再按表中各种钢筋的长度和数量配料,从而尽量减少钢筋的断头废料。

(7)下料前,应认真核对钢筋规格、级别及加工数量,以防止出错。下料后,应挂牌注明所用部位、型号、级别,并分别堆放。

(8)钢筋施工时应注意,受力钢筋焊接或绑扎接头要在内力较小处,并错开布置,两接头的间距应符合规范要求。配置在搭接长度区段内的受力钢筋,其接头的截面面积占总截面面积的百分比应符合规范中的有关规定。

6.3.3　钢筋连接

(1)钢筋连接直螺纹套筒为定型产品,每批套筒进场时须核实其产品合格证,且两端应有保护套进行保护,经进场质检员复核合格后方可用于施工。按照《钢筋机械连接技术规程》(JGJ 107—2016)的相关要求,使用前应分别对连接接头的套筒形式、级别、规格进行型式检验。

(2)用于型式检验的直螺纹接头试件应散件送达检验单位，由型式检验单位或在其监督下由接头技术提供单位按规定的拧紧扭矩进行装配，拧紧扭矩值应记录在检验报告中。型式检验试件必须采用未经过预拉的试件。型式检验应按《钢筋机械连接技术规程》(JGJ 107—2016)规定的试验方法进行。

(3)钢筋下料应使用砂轮切割机切断钢筋，切口面应与钢筋轴线垂直，不允许有马蹄形和翘曲。严禁用剪断机剪断或用气割机切割下料。

(4)钢筋丝头加工前应检查电源及滚压机床安装是否水平，并向机床的减速器中注入润滑油，向冷却液箱中注入足量的水溶性切削液。接通电源检查滚压头的旋转方向，当面对滚压头时，滚压头应逆时针旋转，检查冷却液泵的旋转方向，冷却液应供应充足，回水通畅。

(5)应安装与待加工钢筋规格相同的滚压头及调整行程块位置的准确性。

(6)直螺纹丝头加工时，应在定心装钳内装卡钢筋，钢筋的轴向装卡位置应与滚压头端面平齐，误差应不大于 4 mm。启动冷却泵及主轴开关，加工中手动沿逆时针方向转动进给手柄，使滑台向钢筋的方向进给，此时用力应均匀，速度应适中。当钢筋咬合后松开进给手柄。此时，滑台可自动进给，待滑台碰到限位行程块后，自动停止约 3 s 后滚压头反转，钢筋从滚压头中退出，手动将滑台退回原位，即完成一个钢筋直螺纹丝头的加工。加工中必须使用冷却切削液，以保证加工质量，减少刀具的磨损。

(7)对丝头外观质量进行检查，牙型要饱满，无缺棱掉角现象，并用专用的环规检验直螺纹丝头的有效长度及螺纹中径，若有不符合加工质量要求的丝头，必须切断重新加工。

(8)钢筋连接是用扳手将直螺纹连接套拧松并拔出钢筋连接端的保护帽，同时检查钢筋丝头是否和连接套规格一致，直螺纹牙型是否完好无损、清洁，若发现杂物或锈蚀则用铁刷清除干净，然后用扳手或管钳将直螺纹连接套与一端钢筋拧到位，再将另一端钢筋与连接套拧到位。

钢筋丝头加工如图 6.3 所示，机械连接扭矩检验如图 6.4 所示。

图 6.3　钢筋丝头加工

图 6.4 机械连接扭矩检验

6.3.4 钢筋安装

(1)钢筋现场绑扎之前要核对钢号、直径、形状、尺寸及数量。

(2)钢筋交叉点采用铁丝绑扎牢固,绑扎丝采用镀锌铁丝,绑扎直径为 12 mm 以下的钢筋时采用 22 号铁丝,绑扎直径为 12 mm 及以上的钢筋时采用 20 号铁丝。

(3)钢筋搭接处,在中心与两端要用铁丝扎牢。

(4)箍筋接头在墙中必须位于四角的纵向钢筋上,交错布置;在柱中必须位于角部纵向钢筋上,并交错布置。箍筋应与主筋垂直,且其末端弯钩向内弯曲。

(5)为了加强钢筋的稳定性,在绑扎安装侧墙立筋时应在钢筋两侧搭设一排临时支架来固定钢筋和便于工人在上面绑扎。应先按照设计的位置排列钢筋,经检查无误后再进行绑扎。为了保证混凝土的保护层厚度,应在钢筋与模板间放置水泥砂浆垫块,放置垫块时位置要错开,不能贯通断面全长。应在现场安装绑扎钢筋网、钢筋骨架或单根钢筋。

(6)底板和墙筋除靠近外围两行相交点全部扎牢外,中间部分交叉点可间隔交错扎牢,双向受力钢筋必须全部扎牢。采用绑扎接头时,接头位置必须全部错开,且在受力钢筋直径 30 倍区段(且不小于 500 mm),有接头的受力钢筋截面面积与受力钢筋总截面面积的百分比在受拉区应不大于 25%,在受压区应不大于 50%。

(7)绑扎成型时,铁丝必须扎紧,不得有滑动、折断、移位等情况。成型后的网片或骨架必须稳定牢固,安装及浇筑混凝土时不得松动、变形。

隧道主体结构钢筋施工如图 6.5 所示。

(a)主体底板钢筋施工

(b)侧墙钢筋施工

(c)顶板钢筋施工

图 6.5 隧道主体结构钢筋施工

6.3.5 质量检验标准

隧道主体结构钢筋加工允许偏差如表 6.1 所示，钢筋安装质量检验标准如表 6.2 所示。

表 6.1 钢筋加工允许偏差

序号	检验项目	允许偏差/mm
1	受力钢筋顺长度方向加工后的全长	±10
2	弯起钢筋各部分尺寸	±20
3	箍筋、螺旋筋各部分尺寸	±5

表 6.2 钢筋安装质量检验标准

项目		允许偏差/mm	检验方法
绑扎钢筋网	长、宽	±10	用尺量
	网眼尺寸	±20	用尺量连续三档，取最大偏差值
绑扎钢筋骨架	长	±10	用尺量
	宽、高	±5	用尺量

续表

项目		允许偏差/mm	检验方法
纵向受力钢筋	锚固长度	−20	用尺量
	间距	±10	用尺量两端、中间各一点,取最大偏差值
	排距	±5	
纵向受力钢筋、箍筋的混凝土保护层厚度	基础	±10	用尺量
	柱、梁	±5	用尺量
	板、墙、壳	±3	用尺量
绑扎箍筋、横向钢筋间距		±20	用尺量连续三档,取最大偏差值
钢筋弯起点位置		20	用尺量,沿纵、横两个方向测量,并取其中偏差的较大值
预埋件	中心线位置	5	用尺量
	水平高程	+3 0	用塞尺测量

6.4 底板、侧墙及顶板混凝土施工

6.4.1 底板施工

(1)黄河大道一期工程主体结构分两次浇筑:第一次浇筑底板及底板以上 50 cm 部分侧墙,第二次浇筑剩余部分侧墙及顶板。

(2)在垫层上用墨线标出平面位置即可进行模板安装,模板采用组合钢模,支撑牢固可靠,接缝严密平整,在缝隙处填塞海绵或双面胶,内涂隔离剂。模板拼装应严密不漏浆。

(3)底板模板及钢筋安装完成后,由监理及相关技术人员着重验收模板的垂直度、平整度,模板拼接及模板支固情况。尤其要保证模板支固的稳定性,并对其支固方案进行再验算,确保支撑安全。

(4)浇筑混凝土前必须将模板内的污物洗、吹干净,且表面不得有积水。

(5)底板混凝土入模采用汽车泵送的模式,倒角处通过侧墙模板导入,入模的坍落度控制在 18～22 cm。

(6)底板混凝土的浇筑要连续进行,保证一次性施工完成。混凝土的中断时间不能超过混凝土的初凝时间。底板混凝土采用插入式振捣器振捣,插入式振捣器的移动距离要保证全部混凝土均振实。例如:以直线行列式插入时,其移动距离不得超过振捣器作用半径的 1.5 倍;以交错梅花式行列插入时,不得超过作用半径的 1.75 倍。

(7)振捣器的作用半径根据混凝土的实际情况,由工地试验确定。振捣器在每一个位置的持续振捣时间,应保证混凝土获得足够的密实程度,但也不能过振。一般振到混

凝土不再下沉，无显著气泡上升，顶面平坦一致，并开始浮现水泥浆为止。

(8)底板混凝土浇筑完成后，覆盖水能量膜进行养护。

底板混凝土浇筑如图6.6所示，底板混凝土养护如图6.7所示。

图6.6　底板混凝土浇筑

图6.7　底板混凝土养护

6.4.2 模板支撑体系

6.4.2.1 顶板支撑体系设计

(1)顶板支撑体系采用∅60型承插型盘扣式钢管支架，标准节段盘扣式支架搭设参数如表6.3所示。

表6.3　盘扣式支架搭设参数

项目名称	参数	项目名称	参数
新浇混凝土板板厚/mm	1500	模板支架高度(H)/m	10.5
模板支架纵向长度(L)/m	30	模板支架横向长度(B)/m	13.65
梁布置方向	垂直于立杆纵向方向	模板及支架计算依据	《建筑施工承插型盘扣式钢管脚手架安全技术标准》(JGJ/T 231—2021)
立杆纵向间距/mm	1200	立杆横向间距/mm	1200

续表

项目名称	参数	项目名称	参数
步距/mm	1500	顶层和底层步距/mm	顶层 1000,底层不超过 1500
可调托座内主梁根数	1	板底支撑主梁材料	12 号工字钢
小梁最大悬挑长度(l_1)/mm	100	主梁最大悬挑长度(l_2)/mm	150
面板材质	覆面竹胶合板(15 mm,三层)	板底支撑小梁材料	(100 mm×100 mm)矩形木楞,间距为 200 mm

(2)支架可调托撑伸出顶层水平杆或双槽托梁中心线的悬臂长度不应超过650 mm,且丝杆外露长度不应超过 400 mm,可调托撑插入立杆或双槽托梁的长度不得小于 150 mm。

(3)支架可调底座丝杆插入立杆长度不得小于 150 mm,丝杆外露长度不宜大于 300 mm,作为扫地杆的最底层水平杆中心线离可调底座的底板高度不应大于550 mm。

(4)非标准水平杆用扣件钢管进行连接,支架架体四周外立面向内的第一跨每层均应设置竖向斜杆,架体底层及顶层均应设置竖向斜杆,并在架体内部区域每隔 1 跨由底至顶纵、横向均设置竖向斜杆,设置顶层水平剪刀撑,主龙骨采用 12 号工字钢,间距为 1200 mm,次龙骨采用 100 mm×100 mm 的方木,间距为 200 mm。

(5)倒角处立杆横向间距为 600 mm,纵向间距为 1200 mm,步距为 1500 mm,顶层步距为 1000 mm。非标准水平杆用扣件钢管进行连接,在架体内部区域每跨由底至顶纵向均设置竖向斜杆,设置顶层水平剪刀撑,主龙骨采用 12 号工字钢,间距为 1200 mm,次龙骨采用 100 mm×100 mm 的方木,间距为 150 mm。腋角处横断面设置 2 根钢管支撑,支撑方向尽量垂直于腋角,采用扣件与盘扣支架竖杆、横杆固定,钢管的斜撑长度不得小于 4 m,卡扣至少应固定3 处。

典型顶板模板支撑体系构造如图 6.8 所示。

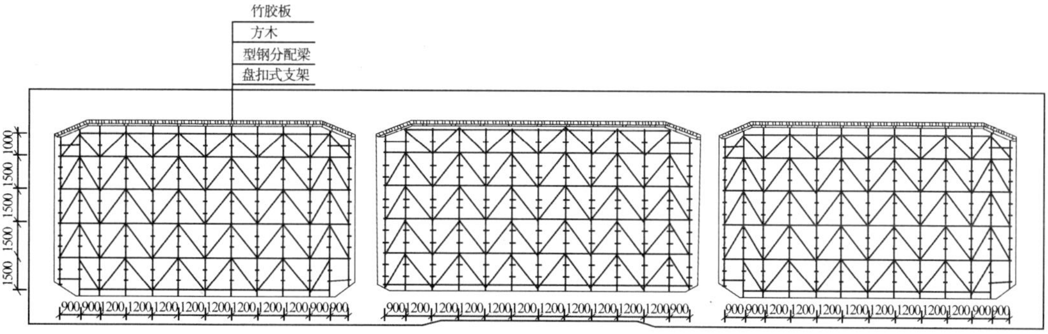

图 6.8　顶板模板支撑体系构造示意图

6.4.2.2 盘扣式支架施工

(1)施工准备：

①对钢管、连接盘、插销等构配件按要求进行质量验收，不合格产品禁止使用。

②对支架搭设的场地要进行清理，对支架基础要进行验收。

(2)支架搭设：

①调整底座放置：依支架配置图尺寸放样后，将调整底座排列至定点。

②标准基座安装：将标准基座的主架套筒部分朝上套入调整底座上方，标准基座下缘需完全置入扳手受力平面的凹槽内。

③第一层横杆安装：将横杆头套入圆盘小孔位置，使横杆头前端抵住主架圆管，再以斜楔贯穿小孔并敲紧固定。

④平主架安装：将平主架长端插入标准基座的套筒中，以检查孔的位置查看平主架是否插至套筒底部。平主架仅在第一层搭接使用，第二层往上均使用主架。

⑤第二层横杆安装：按照方案规定的步距要求安装第二层横杆。

⑥第一层斜杆安装：将斜杆全部依顺时针或全部依逆时针方向组搭。先将斜杆套入圆盘大孔位置，使斜杆头前端抵住主架圆管，再以斜楔贯穿大孔并敲紧固定。斜杆具有方向性，方向相反即无法搭接。

⑦第三层横杆安装：按照方案规定的步距要求安装第三层横杆。

⑧第二层斜杆安装：若第一层斜杆为逆时针方向组装，则第二层以上的斜杆同样需以逆时针方向组装。

⑨立杆接长：对立杆进行接长。

⑩第四层横杆安装：按照方案规定的步距要求安装第四层横杆。

⑪第三层斜杆安装：按照与第一层、第二层相同的方向安装第三层斜杆。

⑫顶托安装：先将顶托插入主架管中，再以扳手调整至所需高度。

6.4.2.3 支架验收

(1)对进入施工现场的支架构配件的检查与验收应符合下列规定：

①应有支架产品标识及产品质量合格证、型式检验报告。

②应有支架产品主要技术参数及产品使用说明书。

③当对支架及构件质量有疑问时，应进行质量抽检和整架试验。

(2)当出现下列情况之一时，应对支架进行检查与验收：

①基础完工后及支架搭设前。

②超过 8 m 的高支模每搭设完成 6 m 高度后。

③搭设高度达到设计高度后和混凝土浇筑前。

④停用 1 个月以上，恢复使用前。

⑤遇 6 级及以上强风、大雨及冻结的地基土解冻后。

(3)支架的检查与验收应符合下列规定：

①基础应符合设计要求，并应平整坚实，立杆与基础间应无松动、悬空现象，底座、支垫应符合规定。

②搭设的架体应符合设计要求，搭设方法和斜杆、剪刀撑等的设置应符合规范要求。

③可调托撑和可调底座伸出水平杆的悬臂长度应符合规范要求。

④水平杆扣接头、斜杆扣接头与连接盘的插销应销紧。

盘扣式支架施工验收记录如表 6.4 所示，盘扣式支架施工如图 6.9 所示。

表 6.4 盘扣式支架施工验收记录

项目名称							
搭设部位			高度		跨度	最大荷载	
搭设班组			班组长				
操作人员中的持证人数			证书符合性				
专项方案编审程序符合性			技术交底情况		安全交底情况		
钢管支架	进场前质量验收情况						
	材质、规格与方案的符合性						
	使用前质量检测情况						
	外观质量检查情况						
检查内容		允许偏差/mm	方案要求/mm	实际情况/mm			符合性
立杆垂直度≤L/500 且不得超过 50 mm		±5					
水平杆水平度		±5					
可调底座	垂直度	±5					
	插入立杆深度≥150 mm	−5					
立杆组合对角线长度		±6					
立杆	梁底纵、横向间距	—					
	板底纵、横向间距	—					
	竖向接长位置	—					
	基础承载力	—					
水平杆	纵、横向水平杆设置	—					
	梁底纵、横向步距	—					
	板底纵、横向步距	—					
	插销销紧情况	—					

续表

竖向斜杆	最底层步距处设置情况	—			
	最顶层步距处设置情况	—			
	其他部位	—			
剪刀撑	垂直纵、横向设置	—			
	水平向	—			
扫地杆设置		—			
与已建结构物拉结设置		—			
其他		—			
施工单位检查结论：		结论： 检查日期： 年 月 日 检查人员： 项目技术负责人： 项目经理：			
监理单位验收结论：		结论： 验收日期： 年 月 日 专业监理工程师： 总监理工程师：			

注：表中 L 为立杆搭设高度。

图 6.9 盘扣式支架施工

6.4.3 模板安装

(1)模板面板采用厚度为 1.5 cm 的竹胶板，固定到方木龙骨及顶肋上，主龙骨间距为 20 cm。墙身内、外侧模连接采用直径为 14 mm 的圆钢，加工成两头有螺丝口，长度满足侧墙宽度要求的结构。用钻孔机在模板上钻孔，穿入直径为 14 mm 的钢筋，然后用螺钉拧紧。模板内部用方木支撑，防止振捣时模板变形，所有模板接缝处包括孔洞必须用海绵填塞。墙身顶部高程应测量，并在模板上标出位置，测量时注意坡度的控制。

(2)底板强度达到设计强度时可以进行侧墙施工，施工前用水将基础上的泥浆及其他杂质冲洗并清扫干净。全站仪放置在墙身位置，并用墨线标出，沿墨线做一宽 2～3 cm、厚 1～2 cm 的砂浆带。砂浆带内边缘紧贴墨线，外边缘朝外，便于支立模板和防止底部漏浆。

(3)模板支撑要具备足够的稳定性、刚度和强度，要保证不胀模、不变形、不走样。内、外模均用盘扣式支架支撑，并采用剪刀撑加以固定。

(4)模板在拆装过程中要保证不变形，尽量少损坏，完善前要刷涂脱模剂，以保证表面光滑。安装时要确保接缝严密不漏浆。

(5)模板支设完毕后，现场施工人员应检查模板宽度、长度、标高，相邻模板偏差等指标是否满足规范要求，自检合格后应及时报请监理工程师抽检，签认同意后方可进入下一道工序施工。

模板安装施工如图 6.10 所示。

图 6.10　模板安装施工

6.4.4　混凝土浇筑及养护

(1)侧墙混凝土浇筑时，泵车由两侧对称进行浇筑，每台泵车按照自外侧向中间的顺序进行分层浇筑。侧墙、隔墙按照 50～60 cm 分层浇筑至顶板，侧墙浇筑完成一层后，则转移至内侧隔墙进行浇筑。

(2)顶板混凝土进行分层浇筑时，每层浇筑厚度按 40 cm 控制，确保混凝土一次连续浇筑。顶板每次浇筑宽度为 4～5 m，分两层浇筑至顶板顶。

(3)侧墙、隔墙与顶板混凝土浇筑完毕后，侧墙、隔墙带模养护时间不应少于 3 d。拆模时，先拆中墙，后拆边墙，前几天利用模板保温、保湿，侧墙内外拆模后，采用养护剂喷洒养护。侧墙、隔墙带模养护期间内外温差较大，应采用棉被进行遮挡，以减少内外热交换，从而提高养护温度。外墙外侧拆除模和脚手架后，应及时做外墙防水。

(4)顶板采用水能量养护膜进行养护，内外温差较大的情况下，顶板上部应加铺棉被增强保温效果。顶板外露部分应喷洒混凝土养护剂。在混凝土浇筑的同时，应按规范要求现场取样制作两组抗压、抗渗试块，其中一组在标准情况下养护，养护期为 28 d，另一组在与现场条件相同的情况下养护。

(5)在混凝土或砂浆抹平压光且表面无水后，即可喷洒混凝土养护剂，用简易喷浆泵即可喷涂，喷 1～3 遍，至混凝土表面均匀为止。喷洒时，喷头距混凝土表面 30 cm 为宜，用量应为 2～3 m^2/kg。喷洒完毕后，应用清水将喷头、喷管等器材冲洗干净，以免所用器材再次使用时堵塞。下雨、下雪时不适合喷洒，但养护剂喷后遇雨雪不影响养护效果。

喷后约 30 min 内成膜,温度低时,成膜时间会相应延长。此膜可长期对混凝土起到养护作用,半年后自行脱落,不留任何污斑和痕迹。

(6)水能量膜必须充分搭接,搭接位置应采用胶带封口,避免水分流失,同时避免浸透毛毡,降低保温效果。

侧墙及顶板混凝土浇筑如图 6.11 所示,顶板混凝土养护如图 6.12 所示。

图 6.11 侧墙及顶板混凝土浇筑

图 6.12 顶板混凝土养护

6.4.5 质量检验标准

主体结构预埋件及预留孔洞安装允许偏差如表 6.5 所示,现浇结构模板安装允许偏差如表 6.6 所示,现浇结构位置、尺寸允许偏差如表 6.7 所示。

表 6.5 预埋件及预留孔洞安装允许偏差

项目		允许偏差/mm
预埋板中心线位置		3
预埋管、预留孔中心线位置		3
插筋	中心线位置	5
	外露长度	+10 0

续表

项目		允许偏差/mm
预埋螺栓	中心线位置	2
	外露长度	+10 0
预留洞	中心线位置	10
	尺寸	+10 0

表 6.6　现浇结构模板安装允许偏差

项目		允许偏差/mm	检验方法
轴线位置		5	用尺量
底模上表面标高		±5	用水准仪或拉线、尺量
模板内部尺寸	基础	±10	用尺量
	柱、墙、梁	±5	用尺量
	楼梯相邻踏步高差	±5	用尺量
垂直度	柱、墙层高≤6 m	8	用经纬仪或吊线、尺量
	柱、墙层高>6 m	10	用经纬仪或吊线、尺量
相邻两块模板表面高差		2	用尺量
表面平整度		5	用 2 m 靠尺和塞尺量

表 6.7　现浇结构位置、尺寸允许偏差

项目			允许偏差/mm	检验方法
轴线位置	整体基础		15	用经纬仪及尺量
	独立基础		10	用经纬仪及尺量
	柱、墙、梁		8	用尺量
垂直度	柱、墙层高	≤6 m	10	用经纬仪或吊线、尺量
		>6 m	12	用经纬仪或吊线、尺量
	全高(H)≤300 m		H/30000+20	用经纬仪及尺量
	全高(H)>300 m		H/10000 且≤80	用经纬仪及尺量
标高	层高		±10	用水准仪或拉线、尺量
	全高		±30	用水准仪或拉线、尺量

续表

项目		允许偏差/mm	检验方法
截面尺寸	基础	+15 −10	用尺量
	柱、梁、板、墙	+10 −5	用尺量
	楼梯相邻踏步高差	±6	用尺量
电梯井洞	中心位置	10	用尺量
	长、宽尺寸	+25 0	用尺量
表面平整度		8	用2 m靠尺和塞尺量
预埋件中心位置	预埋板	10	用尺量
	预埋螺栓	5	用尺量
	预埋管	5	用尺量
	其他	10	用尺量
预留洞、孔中心线位置		15	用尺量

6.5 防水施工

6.5.1 止水带施工

6.5.1.1 一般要求

沉降缝按设计要求的位置设置，缝内设橡胶止水带、泡沫板及聚硫密封膏。在钢筋工程结束后、模板支模前，用铅丝穿过止水带上特设的小孔与附加钢筋绑扎在一起。底板沉降缝上口木丝板在混凝土强度达到0.5 MPa后即可拔除，并用木板盖缝保护。沉降缝两侧木丝板在混凝土强度达到设计强度的70%后即可人工轻轻剔除。橡胶止水带、聚硫密封膏应在厂家专业人员的指导下按作业指导书精心施工。

6.5.1.2 橡胶止水带施工工艺

沉降缝的施工质量会直接影响主体的闭水性，所以要高度重视。橡胶止水带采用低模量双组分聚硫密封材料，缝隙填料为泡沫板。橡胶止水带应为正规厂家制作，订货时要计算好各段的准确尺寸以及接头数量，到货后应按规范要求进行物理性能试验。橡胶止水带不得露天堆放或暴露在阳光下。止水带接头由厂家在施工现场热接，其原理是把生胶片置于两接头间，电热硫化连成一体。橡胶止水带安装时采用上下两块带企口的木

模固定,要特别注意橡胶止水带的成品保护。施工要点如下:

(1)必须对进场的各种材料进行认真检验,确保各项指标符合产品和设计要求,并经监理批准后方可使用。

(2)止水带为埋入式,应置于混凝土厚度的1/2处。

(3)止水带应连续设置,若有T形接头、十字形接头,应在工厂制作成一体,不得冷粘连。

(4)在绑扎钢筋和支模时,为确保止水带位置准确,必须用铅丝穿过止水带尾部特设的小孔与一根通长的附加钢筋绑扎在一起,然后用铅丝固定此附加钢筋,使其与壁板的内外层钢筋或底板的上下层钢筋连接牢固。要防止止水带污染,遇有油污等时要认真清洗。

(5)沉降缝两侧混凝土不能同时浇筑,必须先浇筑一侧混凝土,当混凝土强度达到设计强度的70%时,方可拆除模板再浇筑另一侧混凝土,以保证止水带位置准确和牢固。

(6)泡沫板宜在混凝土浇筑前安装在模板内侧,且要固定牢靠,以免浇捣混凝土时移位。

(7)沉降缝处的混凝土必须振捣密实,且在浇筑过程中必须设专人负责止水带附近的捣实和排气。对于水平设置的止水带,固定时必须将止水带两侧比设计位置抬高2~3 cm。浇筑混凝土时,第一层混凝土的浇铺厚度要稍高于止水带,使止水带下的混凝土能一次捣实,然后剪断上层铅丝,用圆头木棍在止水带上部逐点捣实以利排气。对于竖向设置的止水带,应在止水带的两侧同时分层浇捣混凝土。

(8)密封膏应与两侧与其接触的混凝土有良好的黏结,且不宜与其下部的嵌缝板黏结在一起,其间可用牛皮纸隔离带分开。

6.5.1.3 低模量双组分聚硫密封膏施工工艺

(1)沉降缝拆模后,若发现混凝土表面有缺陷,应采用高标号水泥砂浆或树脂类砂浆进行修复整平。

(2)密封时,应用砂轮或钢丝刷摩擦与密封膏接触的混凝土基层,使混凝土露出新鲜表面。

(3)可用压缩空气或其他方法清除缝内浮灰、杂物,若有油污等物质,则必须用甲苯、丙酮等溶剂清洗干净。

(4)应用喷灯烘干混凝土表面的局部潮湿处,保证其干净无油污。

(5)应将B组分倒入A组分桶中[$m_A : m_B = 10 : (1 \sim 1.2)$]充分搅拌,搅拌时间不得少于5 min,搅拌时应避免带入气泡。

(6)将搅拌好的密封膏用油灰刮刀先刮一道,形成薄层,然后按设计要求,用灌缝机将密封膏灌入缝内填塞严密。对于施工难度大的狭窄沉降缝,应将密封膏装入密封膏专用胶管内,用挤出枪将密封膏挤入缝内,然后用刮刀刮平。

(7)密封膏的适用期为2~6 h,检查发现密封不平、有气泡时,应在2~6 h内立即修补。

(8)施工后在表干时间内应避免雨水直接冲刷,以免起泡。

(9)施工用具应在适用期内采用甲苯、丙酮等清洗。

(10)注意事项：

①橡胶止水带在运输、储存、安装时应严加保护，严禁尖锐物碰撞、强行弯折和挤压。

②剔除木丝板、吹缝时应派责任心强的专人进行。

③混凝土灌注、振捣时应细心，避免橡胶止水带扭曲、移位以及分隔板变形、移动、破损。

6.5.1.4 止水带处钢筋网安装工艺

为保证混凝土的连续性以及合理分段分层，应在底板及墙壁上设止水带，并增加密目钢筋网。钢筋网需在横向钢筋绑扎前安装，临时点焊固定在竖筋上，待横筋绑扎结束后，在后浇混凝土一侧加焊限位钢筋，限位钢筋的竖向间距应为 600 mm，以保证钢筋网的位置正确并增加其刚度。止水带处钢筋网的安装如图 6.13 所示。

图 6.13　止水带处钢筋网的安装

6.5.2 止水钢板施工

在进行底板钢筋施工时，需将止水钢板底板钢筋有效连接，可采用直径为 12 mm 的钢筋制成门形支架固定于底板钢筋上面，门形支架与止水钢板之间采用焊接。具体步骤如下：

①先将两根直径为 12 mm 的钢筋垂直于底板固定，将止水钢板置于两根钢筋中间，通过一根水平钢筋穿透止水钢板，并在水平钢筋上面焊接止水环，将止水环和止水钢板满焊连接。

②止水钢板的宽度不应小于 400 mm，分别埋入底板混凝土中 200 mm，该先浇混凝土应高于底板上表面 200 mm 以上，钢板厚度不应小于 3 mm。为保证钢板施工时具有一定的刚度，最好于钢板长方向两边 50 mm 处折边，约折 30°。

③待止水钢板基本就位后，钢板之间应尽量减少接口。钢板之间的接口可采用搭接焊接，搭接长度宜大于 400 mm，焊缝必须满焊。

止水钢板安装如图 6.14 所示。

图 6.14　止水钢板安装

6.5.3 全包外防水层施工

隧道结构底板、侧墙采用预铺防水卷材 P 类，顶板采用单组分聚氨酯防水涂料防水层。底板垫层平整度应满足 $D/L \leqslant 1/20$(D 为相邻两凸面间凹进去的最大深度,L 为相邻两凸面间的最小距离)。单组分聚氨酯防水涂料的施工工艺如下:

(1)先在阴、阳角和接缝等特殊部位涂刷防水涂膜加强层,加强层厚度应为 2 mm。

(2)加强层涂刷完毕后,开始涂刷大面防水层,防水层采用多道涂刷的方式,上下两道涂层的涂刷方向应互相垂直。

(3)当涂膜表面完全固化后,才可进行下道涂膜施工。

(4)聚氨酯涂膜防水层施工完毕并经过验收合格后,应及时施作防水层的保护层。平面保护层应采用厚度为 7 cm 的细石混凝土,在浇筑细石混凝土前,需在防水层上覆盖一层隔离层。立面防水层应采用厚度为 20 mm 的聚乙烯泡沫塑料进行保护。

底板防水施工如图 6.15 所示,侧墙防水施工如图 6.16 所示。

图 6.15 底板防水施工

图 6.16 侧墙防水施工

6.5.4 预铺防水卷材施工

在标准段结构位置,应在结构的顶板之外敷设一层厚度为 1.5 mm 的自粘聚合物改性沥青防水卷材(Ⅱ型),并采用厚度为 5 cm 的聚苯乙烯泡沫板作为保护层。底板预敷设一层厚度大于 1.2 mm、密度为 200 g/m^2 的聚酯无纺布隔离层,并采用 7 cm 细石混凝土作为保护层。侧墙敷设一层厚度为 1.5 mm 的高分子自粘胶膜(非沥青基)防水卷材,并采用厚度为 5 cm 的细石混凝土作为保护层。防水卷材采用全包的方式进行敷设,全地下道路满铺。

在轨道车站位置，应在结构的顶板之外先敷设一层水泥基渗透结晶型防水涂料，再敷设一层厚度为 1.5 mm 的自粘聚合物改性沥青防水卷材（Ⅱ型）和密度为 200 g/m^2 的聚酯无纺布隔离层；侧墙先敷设一层水泥基渗透结晶型防水涂料，再敷设一层厚度为 1.5 mm 的自粘聚合物改性沥青防水卷材（Ⅰ型），并采用厚度为 5 cm 的聚苯乙烯泡沫板作为保护层；底板预敷设一层厚度大于 12 mm 的高分子自粘胶膜（非沥青基）防水卷材，并采用厚度为 5 cm 的细石混凝土作为保护层。顶板防水施工如图 6.17 所示。

图 6.17　顶板防水施工

6.6　基坑回填

6.6.1　回填准备

地道主体结构完成，经验收合格后即可进行基坑回填。回填前，应将槽底积水、垃圾等杂物都清理干净。

6.6.2　回填厚度

每层回填料的厚度应根据土质、密实度要求和机具性能确定。

6.6.3　标准击实试验

回填料确定后，项目部质检员、抽样员应邀请监理工程师共同在回填料场进行取样，抽取的土样应具有代表性。土样抽取后，送工地试验室进行标准击实试验，确定最优含水率下的最大干密度。

6.6.4　现场碾压试验

标准击实试验完成后，即可在施工现场安排碾压试验。碾压试验的目的如下：

（1）核查集料压实后是否能够达到设计压实度值。

（2）核查压实机具的性能是否满足施工要求。

（3）选定合理的施工压实参数，如层铺厚度、含水率的适宜范围、压实方法和压实遍数。

（4）确定有关质量控制的技术要求和检测方法。

侧墙回填严禁用压路机进行碾压。碾压试验应在标定区域进行，且不同的回填区域应采用不同的压实机具。

集料回填前，由技术部向作业班组质检员进行详细的技术交底，将回填区域的划分，根据碾压试验确定的压实参数、施工方法等问题交代清楚。

6.6.5 回填施工方法

(1)基坑回填应在相对两侧或四周同时进行，基础墙两侧标高不可相差太多。

(2)回填土方每层压实后，应分别取样检测，看压实度是否能达到要求。

(3)填方全部完成后，表面应进行拉线找平。凡超过标准高程的地方，应及时依线铲平；凡低于标准高程的地方，应补土找平夯实。

6.6.6 回填质量控制

在集料回填过程中，应根据试验确定的集料最佳含水率、摊铺厚度、碾压及夯实遍数，对填筑过程进行严格控制。人工夯实按每层 0.2 m 一次性达到要求向前推进，在回填铺土及碾压和夯实时其推进方向应与轴线平行。人工夯实与碾压交接处，其重叠部位宽度不应小于 0.5 m。对于碾压中出现的漏压及欠压部位以及碾压不到位的死角，均应采用人工夯实方法进行补救。分段碾压时，接茬处应做成大于 1∶3 的斜坡，碾压时碾迹应重叠 0.5 m，上下层错缝距离不应小于 1 m。在整个回填过程中，应设置专人保证观测仪器与测量工作的正常进行，并保护所埋设的仪器和测量标志完好。

6.7 质量检验标准

基坑回填碾压密实度应符合现行行业标准《城镇道路工程施工与质量验收规范》(CJJ 1—2008)的规定。机械碾压时，每层填土按基坑长度为 50 m 或基坑面积为 1000 m^2(不足 50 m 或小于 1000 m^2按 1 组计)为 1 组进行检测；机械夯实时，每层填土按基坑长度为 25 m 或基坑面积为 500 m^2(不足 25 m 或小于 500 m^2按 1 组计)为 1 组进行检测。每组取样点不得少于 6 个，其中部和两边各取 2 个。检验方法采用环刀法或灌砂法。压实度检测如图 6.18 所示。

图 6.18 压实度检测

提升篇

第 7 章 大体积混凝土施工技术

7.1 主体结构混凝土技术要求

根据《公路工程混凝土结构耐久性设计规范》(JTG/T 3310—2019)4.2.3 节相关要求，黄河大道一期工程地下通道主体结构工程混凝土环境类别为Ⅱ-D 类。环境作用等级划分如表 7.1 所示。

表 7.1 环境作用等级划分

环境类别		环境作用影响程度					
名称	符号	A 轻微	B 轻度	C 中度	D 严重	E 非常严重	F 极端严重
一般环境	Ⅰ	Ⅰ-A	Ⅰ-B	Ⅰ-C	—	—	—
冻融环境	Ⅱ	—	—	Ⅱ-C	Ⅱ-D	Ⅱ-E	—
近海或海洋氯化物环境	Ⅲ	—	—	Ⅲ-C	Ⅲ-D	Ⅲ-E	Ⅲ-F
除冰盐等其他氯化物环境	Ⅳ	—	—	Ⅳ-C	Ⅳ-D	Ⅳ-E	—
盐结晶环境	Ⅴ	—	—	—	Ⅴ-D	Ⅴ-E	Ⅴ-F
化学腐蚀环境	Ⅵ	—	—	Ⅵ-C	Ⅵ-D	Ⅵ-E	Ⅵ-F
磨蚀环境	Ⅶ	—	—	Ⅶ-C	Ⅶ-D	Ⅶ-E	Ⅶ-F

黄河大道一期工程地下通道主体结构 C40P8 混凝土主要技术参数要求如表 7.2 所示。

表 7.2 C40P8 混凝土主要技术参数要求

序号	主要技术参数	指标要求	依据
1	环境类别	Ⅱ-D	JTG/T 3310—2019
2	最大水胶比	0.45	JTG/T 3310—2019
3	最大胶凝材料用量/(kg/m^3)	450	JTG/T 3310—2019

续表

序号	主要技术参数	指标要求	依据
4	混凝土中粉煤灰用量范围(粉煤灰质量/胶凝材料质量)/%	≤30	JTG/T 3310—2019
5	混凝土中矿渣粉用量范围(矿渣粉质量/胶凝材料质量)/%	≤40	JTG/T 3310—2019
6	混凝土氯离子扩散系数/($\times10^{-12}$ m^2/s)	<8	JTG/T 3310—2019
7	混凝土电通量/C	<1200	JTG/T 3310—2019
8	钢筋混凝土游离氯离子含量(水溶氯离子含量/胶凝材料用量)/%	0.1	JTG/T 3310—2019
9	预应力混凝土游离氯离子含量(水溶氯离子含量/胶凝材料用量)/%	0.06	JTG/T 3310—2019
10	碱含量/%	1.8	JTG/T 3310—2019

7.2 混凝土原材料选择

7.2.1 原材料种类及要求

混凝土的四大组成成分分别为水泥、碎石、天然砂和水。地下通道主体结构尺寸较大，且需要进行泵送施工，为降低大体积混凝土开裂风险，提高混凝土可泵性，需降低水胶比，增大坍落度，改善混凝土工作性能。在混凝土配合比设计及配制过程中需要加入大掺量的矿物掺合料(粒化高炉矿渣粉、粉煤灰)，以此来解决混凝土的工作性、耐久性等问题。

7.2.1.1 水泥

(1)水泥强度等级：黄河大道一期工程地下通道主体结构混凝土属于大体积混凝土，控制混凝土的内部温度升高是原材料选择和配合比设计时应当重点考虑的内容。混凝土的组成材料中，水泥的水化放热是导致混凝土内部温度升高的源头，降低水泥的水化放热量和放热速率，在保证混凝土耐久性的前提下尽量减少单方混凝土中的水泥用量是控制混凝土温度升高的根本措施。此外，水泥的用量还会影响到混凝土的收缩和徐变，混凝土中的水泥用量越大，胶凝量越大，水灰比越大，在相同龄期水化越充分，则硬化后收缩和徐变就会越大。

为降低混凝土温度，提高混凝土的体积稳定性，主体结构工程 C40P8 混凝土选择强度等级为 42.5 的水泥。

(2)水泥品种：根据现行国家规范《通用硅酸盐水泥》(GB 175—2023)的规定，水泥可选用普通硅酸盐水泥、硅酸盐水泥。根据济南地区市场水泥的供应情况，本工程选择普通硅酸盐水泥。P·O42.5 水泥的技术指标如表 7.3 所示。

表 7.3 P·O42.5 水泥的技术指标

水泥品种	强度		比表面积/(m^2/kg)	凝结时间/min	安定性	化学指标	
	抗压强度/MPa	抗折强度/MPa				碱含量/%	氯离子含量/%
P·O42.5	≥17(3 d) ≥42.5(28 d)	≥3.5(3 d) ≥6.5(28 d)	≥300	初凝≥45 终凝≤600	合格	≤0.6	≤0.06

7.2.1.2 矿物掺合料

在混凝土制备中，矿物掺合料的加入可以有效地改善混凝土的和易性(流动性、黏聚性、保水性)，其“微集料”效应可以改善水泥石的结构，提高水泥石的抗渗透性能。用矿物掺合料替代一部分水泥可降低混凝土的温度，减少其水化热的释放。在耐久性方面，矿物掺合料的加入不仅可以提高混凝土的抗化学侵蚀能力，提高混凝土的耐久性，还可以延缓混凝土早期水化放热速度，从而起到减少混凝土开裂的作用。因此矿物掺合料已经成为混凝土中不可缺少的组分。

主体结构混凝土中的主要矿物掺合料为粉煤灰和矿粉。矿物掺合料必须质量稳定且来源固定。矿粉应符合《用于水泥、砂浆和混凝土中的粒化高炉矿渣粉》(GB/T 18046—2017)的规定。矿粉的技术指标如表 7.4 所示。

表 7.4 矿粉的技术指标

名称		级别		
		S105	S95	S75
密度/(g/cm^3)		≥2.8		
比表面积/(m^2/kg)		≥500	≥400	≥300
活性指数/%	7 d	≥95	≥70	≥55
	28 d	≥105	≥95	≥75
流动度比/%		≥95		
初凝时间比/%		≤200		
含水率/%		≤1.0		
三氧化硫含量/%		≤4.0		
氯离子含量/%		≤0.06		
烧失量/%		≤1.0		
不溶物含量/%		≤3.0		
玻璃体含量/%		≥85		
放射性		IRa(内照射指数)≤1.0 且 Ir(外照射指数)≤1.0		

粉煤灰应符合《用于水泥和混凝土中的粉煤灰》(GB/T 1596—2017)中Ⅱ级粉煤灰的规定。粉煤灰的技术指标如表7.5所示。

表7.5　粉煤灰的技术指标

项目		理化性能要求		
		Ⅰ级	Ⅱ级	Ⅲ级
细度(45 μm方孔筛筛余)/%	F类粉煤灰	≤12	≤30	≤45
	C类粉煤灰			
需水量比/%	F类粉煤灰	≤95	≤105	≤115
	C类粉煤灰			
烧失量/%	F类粉煤灰	≤5.0	≤8.0	≤10.0
	C类粉煤灰			
含水率/%	F类粉煤灰	≤1.0		
	C类粉煤灰			
三氧化硫含量/%	F类粉煤灰	≤3.0		
	C类粉煤灰			
游离氧化钙含量/%	F类粉煤灰	≤1.0		
	C类粉煤灰	≤4.0		
二氧化硅、氧化铝和氧化铁总含量/%	F类粉煤灰	≥70.0		
	C类粉煤灰	≥50.0		
密度/(g/cm^3)	F类粉煤灰	≤2.6		
	C类粉煤灰			
安定性(雷氏法)/mm	C类粉煤灰	≤5.0		
强度活性指数/%	F类粉煤灰	≥70.0		
	C类粉煤灰			

7.2.1.3　粗集料

粗集料的技术要求主要包括颗粒级配,针、片状颗粒含量,含泥量,泥块含量,强度(岩石抗压强度和压碎值指标),坚固性,有害杂质含量和碱活性等。

颗粒级配不仅对混凝土的力学性能、和易性有影响,对混凝土的抗渗性能、耐久性和强度也有较大的影响。若颗粒级配差,缺少中间颗粒,则会造成混凝土拌和物流动性差、离析严重的现象,并且在混凝土内部会形成蜂窝孔洞等缺陷,进而导致混凝土强度降低。碎石或卵石颗粒级配应符合表7.6的要求。

表 7.6　碎石或卵石颗粒级配

级配情况	公称粒径/mm	累计筛余(按质量计)/%											
		圆孔筛筛孔尺寸/mm											
		2.5	5	10	16	20	25	31.5	40	50	63	80	100
连续级配	5～10	95～100	80～100	0～15	0	—	—	—	—	—	—	—	—
	5～16	95～100	90～100	30～60	0～10	0	—	—	—	—	—	—	—
	5～20	95～100	90～100	40～70	—	0～10	—	—	—	—	—	—	—
	5～25	95～100	90～100	—	30～70	—	0～5	0	—	—	—	—	—
	5～31.5	95～100	90～100	70～90	—	15～45	—	0～5	0	—	—	—	—
	5～40	—	95～100	75～90	—	30～60	—	—	0～5	0	—	—	—
单粒级配	10～20	—	95～100	85～100	—	0～15	0	—	—	—	—	—	—
	16～31.5	—	95～100	—	85～100	—	—	0～10	0	—	—	—	—
	20～40	—	—	95～100	—	80～100	—	—	0～10	0	—	—	—
	31.5～63	—	—	—	95～100	—	—	75～100	45～75	—	0～10	0	—
	40～80	—	—	—	—	95～100	—	—	70～100	—	30～60	0～10	0

粗集料的压碎值,坚固性,针、片状颗粒含量,含泥量,泥块含量,有害杂质含量,碱活性指标应满足《普通混凝土用砂、石质量及检验方法标准》(JGJ 52—2006)的要求。粗集料的技术指标如表 7.7 所示。

表 7.7　粗集料的技术指标

项目		技术要求		
		Ⅰ类	Ⅱ类	Ⅲ类
碎石压碎值指标/%		≤10	≤20	≤30
卵石压碎值指标/%		≤12	≤14	≤16
坚固性/%		≤5	≤8	≤12
针、片状颗粒总含量/%		≤5	≤10	≤15
含泥量/%		≤0.5	≤1.0	≤1.5
泥块含量/%		0	≤0.2	≤0.5
有害物质限量	有机质含量	合格		
	硫化物及硫酸盐含量(按三氧化硫质量计)/%	≤0.5	≤1.0	
岩石抗压强度/MPa		火成岩≥80,变质岩≥60,水成岩≥30		
碱集料反应		经碱集料反应试验后,试件应无裂缝、酥裂、胶体外溢等现象,在规定试验龄期的膨胀率应小于 0.10%		

7.2.1.4 细集料

天然砂应选用质地硬、级配合理、吸水率低、孔隙率小且清洁的天然河砂，细度模数选用 2.6～3.0。0.075 mm 以下的细粉颗粒含量和含泥量应严格控制。对于细度模数不同的沙子，4.75 mm、0.6 mm、0.15 mm 筛累计筛余量分别为 0～5%、40%～70%、≥95%。天然砂中的有害物质含量应符合表 7.8 的要求。

表 7.8 天然砂中的有害物质含量

序号	项目	技术要求			检验方法
		<C30 混凝土	C30～C45 混凝土	≥C50 混凝土	
1	含泥量/%	≤3.0	≤2.5	≤2.0	《普通混凝土用砂、石质量及检验方法标准》(JGJ 52—2006)
2	泥块含量/%	≤1.0	≤0.5	≤0.5	
3	云母含量/%	—	≤1.0	—	
4	轻物质含量/%	—	≤1.0	—	
5	三氧化硫含量/%	—	≤0.5	—	
6	有机质含量(用比色法试验)	—	颜色浅于标准色	—	

7.2.1.5 减水剂

减水剂是配备高性能混凝土所需的一个重要原材料。目前，减水剂在国内已得到了广泛的应用，经过多年在实际工程中的应用发现，萘系和氨基磺酸盐系减水剂会导致混凝土拌和物坍落度损失较大且易泌水。聚羧酸高性能减水剂在性能上优于传统的萘系减水剂，具有低掺量、大减水、高增强、高保坍、低收缩等优势，可充分满足大型构筑物混凝土的要求，有利于提高混凝土寿命，并大幅提升工程质量。因此黄河大道一期工程选用聚羧酸高性能减水剂。

7.2.2 原材料性能检测

7.2.2.1 水泥

黄河大道一期工程地下通道主体结构尺寸较大，为典型的大体积混凝土结构，混凝土抗渗等级要求为 P8，且在保证强度与抗渗要求的同时，还需对早期水化热释放量进行控制。

根据《大体积混凝土施工标准》(GB 50496—2018)4.2.1 节的规定，用于大体积混凝土的水泥应选用水化热低的通用硅酸盐水泥，3 d 水化热不宜大于 250 kJ/kg，7 d 水化热不宜大于 280 kJ/kg。当选用强度等级为 52.5 的水泥时，7 d 水化热宜小于 300 kJ/kg。用于黄河大道一期工程的 P·O42.5 水泥的水化热检测结果如表 7.9 所示。

表 7.9　P·O42.5 水泥的水化热检测结果

检测项目		技术指标	检测结果	结果判定
水化热/(kJ/kg)	3 d	250	245	实测值
	7 d	280	271	实测值

本书按照《通用硅酸盐水泥》(GB 175—2023)的规定,结合《水泥标准稠度用水量、凝结时间、安定性检验方法》(GB/T 1346—2011)、《水泥胶砂强度检验方法(ISO 法)》(GB/T 17671—2021)和《水泥密度测定方法》(GB/T 208—2014)等规范要求,对水泥进行力学性能试验。结果显示,各项检测指标均能满足规范要求。水泥的性能指标检测如图 7.1 所示,水泥的性能指标如表 7.10 所示。

图 7.1　水泥的性能指标检测

表 7.10　水泥的性能指标

密度/(kg/m³)	细度/(m²/kg)	安定性	标准稠度/%	凝结时间/min		抗弯强度/MPa		抗压强度/MPa	
				初凝	终凝	3 d	28 d	3 d	28 d
3150	360	合格	29.4	156	216	5.8	9.0	23.8	56

本书根据《通用硅酸盐水泥》(GB 175—2023)的要求,按照《水泥化学分析方法》(GB/T 176—2017),对水泥中的碱含量、烧失量、氧化镁含量、三氧化硫含量、氯离子含量等指标进行了试验检测。结果显示,各项检测指标均能满足规范要求。水泥的化学成分分析如表 7.11 所示。

表 7.11　水泥的化学成分分析

试验项目	烧失量/%	碱含量/%	三氧化硫含量/%	氧化镁含量/%	氯离子含量/%
规定值	≤5.0	≤0.60	≤3.5	≤5.0	≤0.06
实测值	3.42	0.53	1.81	3.82	0.030

7.2.2.2　粉煤灰

本书按照《用于水泥和混凝土中的粉煤灰》(GB/T 1596—2017)的要求,对粉煤灰细度、需水量比、烧失量、含水率指标进行了试验检测。结果显示,各项检测指标均能满足规范要求。粉煤灰的性能指标如表 7.12 所示,粉煤灰的性能指标检测如图 7.2 所示。

表 7.12 粉煤灰的性能指标

项目	细度/%	需水量比/%	烧失量/%	含水率/%
Ⅱ级标准要求	≤30	≤105	≤8.0	≤1.0
实测值	12.5	96	5.2	0.5

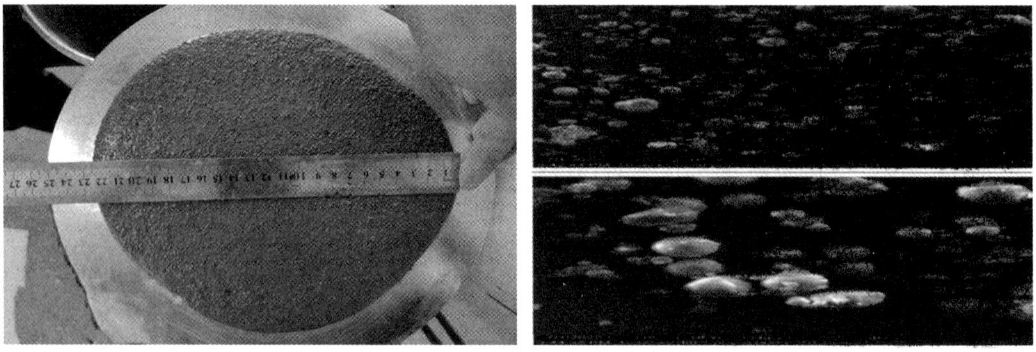

图 7.2 粉煤灰的性能指标检测

7.2.2.3 粒化高炉矿渣粉

本书按照《用于水泥、砂浆和混凝土中的粒化高炉矿渣粉》(GB/T 18046—2017)的要求，对矿粉密度、比表面积、活性指数、流动度比、初凝时间比、含水率、三氧化硫含量等指标进行了试验检测。结果显示，各项检测指标均能满足规范要求。矿渣粉的性能指标如表 7.13 所示，矿渣粉的性能指标检测如图 7.3 所示。

表 7.13 矿渣粉的性能指标

项目	密度/(kg/m³)	比表面积/(m²/kg)	活性指数/%		流动度比/%	初凝时间比/%	含水率/%	三氧化硫含量/%
			7 d	28 d				
S95 级标准要求	≥2800	≥400	≥70	≥95	≥95	≤200	≤1.0	≤4.0
实测值	2950	430	75	97	98	180	0.43	0.11

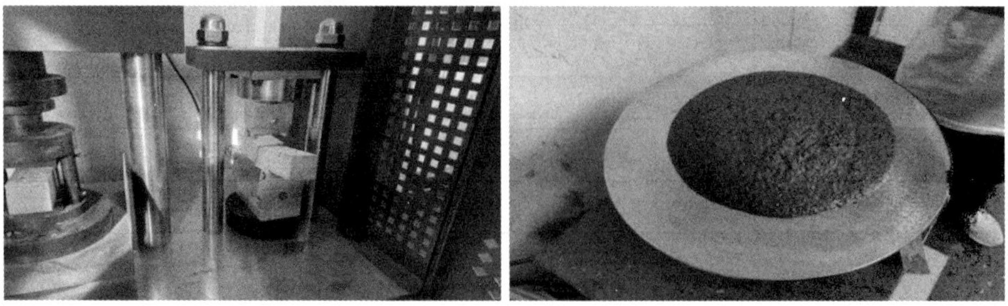

图 7.3 矿渣粉的性能指标检测

7.2.2.4 粗集料

黄河大道一期工程主体结构混凝土选取双级配碎石，碎石粒径分别为5～10 mm、10～20 mm。本书按照2∶8、3∶7和4∶6的比例搭配筛分，根据《普通混凝土用砂、石质量及检验方法标准》(JGJ 52—2006)的要求，确定最佳级配比例为3∶7。碎石颗粒级配曲线如图7.4所示。

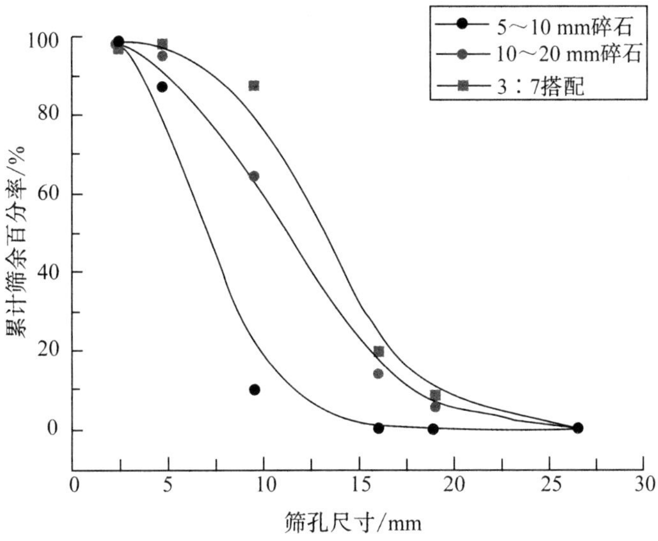

图7.4 碎石颗粒级配曲线

本书按照《普通混凝土用砂、石质量及检验方法标准》(JGJ 52—2006)的要求，对碎石的表观密度，坚固性，针、片状颗粒含量，含泥量等指标进行了试验检测。结果显示，各项检测指标均能满足规范要求。碎石的性能指标如表7.14所示。

表7.14 碎石的性能指标

检测指标	表观密度/(kg/m³)	堆积密度/(kg/m³)	硫化物及硫酸盐含量/%	坚固性/%	针、片状颗粒含量/%	吸水率/%	含泥量/%	泥块含量/%	压碎值指标/%	有机质含量
规定值	—	—	≤1.0	≤8	≤15	≤2.0	≤1.0	≤0.5	≤10	合格
实测值	2710	1443	0.1	4	4.9	0.8	0.3	0.3	9.6	合格

碎石碱活性砂浆膨胀率的检测结果如表7.15所示。

表7.15 碎石碱活性砂浆膨胀率的检测结果

检测指标	14 d膨胀率/%	90 d膨胀率/%	180 d膨胀率/%
评定标准	—	≤0.05	≤0.10
实测值	0.010	0.024	0.037

7.2.2.5 细集料

本书按照《普通混凝土用砂、石质量及检验方法标准》(JGJ 52—2006)的要求,对天然砂的颗粒级配、表观密度、堆积密度、细度模数、含泥量、泥块含量、坚固性、云母含量、轻物质含量、三氧化硫含量等指标进行了检测。结果显示,各项检测指标均能满足规范要求。天然砂颗粒级配曲线如图 7.5 所示,天然砂的性能指标如表 7.16 所示,天然砂的性能指标检测如图 7.6 所示。

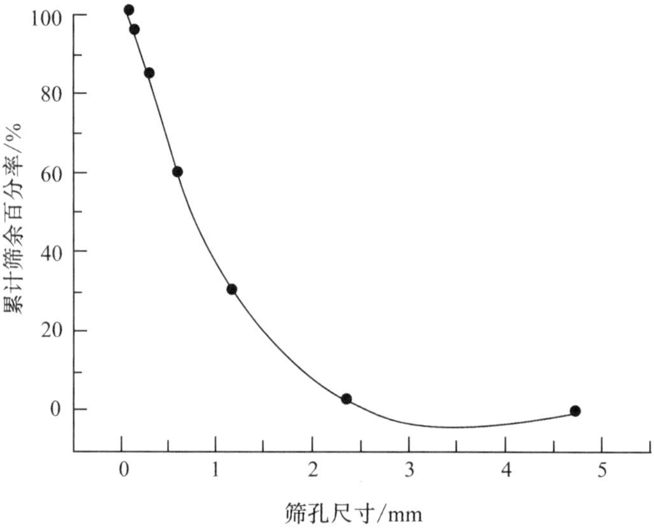

图 7.5 天然砂颗粒级配曲线

表 7.16 天然砂的性能指标

检测指标	表观密度/(kg/m³)	堆积密度/(kg/m³)	细度模数	含泥量/%	泥块含量/%	坚固性/%	云母含量/%	轻物质含量/%	三氧化硫含量/%
规定值	—	—	2.3～3.0	≤1.0	0	≤8	≤1.0	≤1.0	≤0.5
实测值	2697	1570	2.7	0.9	0	6	0.4	0.1	0.03

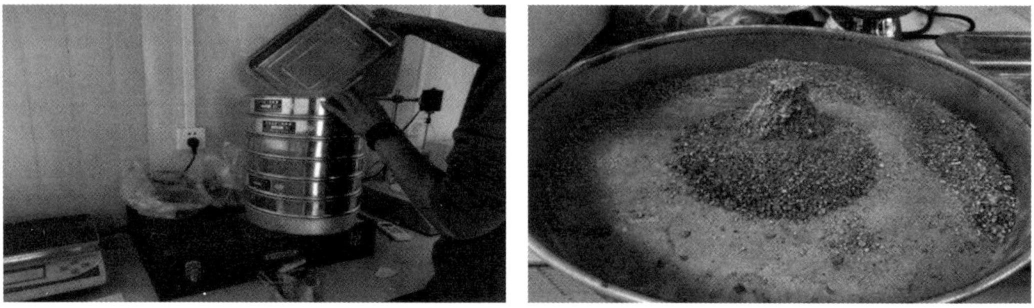

图 7.6 天然砂的性能指标检测

7.2.2.6 减水剂

本书按照《混凝土外加剂》(GB 8076—2008)的要求,对聚羧酸高性能减水剂和萘系减水剂在相同掺量条件下的减水率进行检测。结果显示,在相同掺量条件下,聚羧酸高性能减水剂的减水率明显高于萘系减水剂。黄河大道一期工程选用聚羧酸高性能减水剂。不同种类减水剂的减水率如图 7.7 所示。

对聚羧酸高性能减水剂减水率、固含量进行检测的结果显示,各项检测指标均能满足规范要求。聚羧酸高性能减水剂的性能指标如表 7.17 所示。

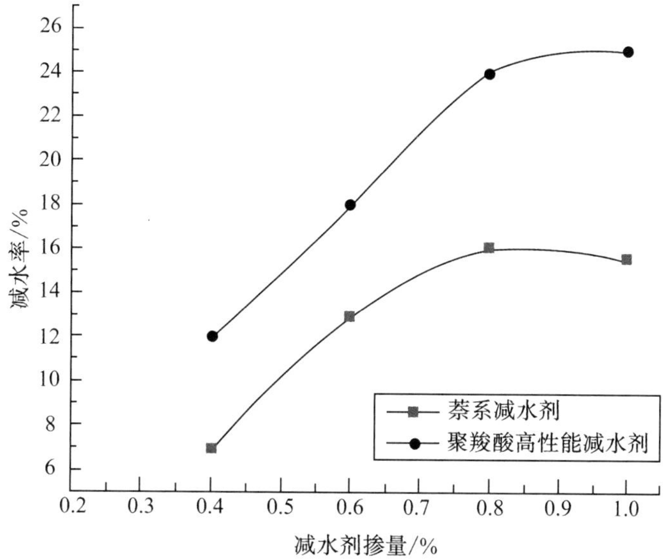

图 7.7 不同种类减水剂的减水率

表 7.17 聚羧酸高性能减水剂的性能指标

生产厂家	减水率/%	固含量/%
江苏苏博特新材料有限公司	28	19.6

7.3 原材料质量控制

7.3.1 水泥

(1)搅拌站一般选用质量稳定的水泥,水泥厂家、品种及等级一般不宜频繁更换。

(2)水泥进场前必须查其出厂合格证,并将水泥运输车停在待检区,待取样检测合格后方可入场卸车。水泥使用前必须进行抽样检测。

(3)入场的水泥应按照品种、标号、出厂日期进行分罐存放,并进行标识,做到先到先用,防止混掺使用。

(4)对于长期稳定、进场时间不超过 10 d 的水泥,以 500 t 为一验收批取样复检,取样应具有代表性。进场时间过长或者季节变化时应增加取样频率。

(5)试验室应建立水泥数据库,记录不同品种水泥的数据特性,并对现用水泥的细度、标准稠度需水量、凝结时间、强度及与减水剂适应性定期总结,及时分析,第一时间掌握水泥质量状况。应根据水泥的性能变化及时调整配合比。

(6)混凝土搅拌站自己复配减水剂时,应与水泥厂家保持技术上的联系,以便随时调整减水剂的成分。例如,春夏或者夏秋换季时,温差大,混凝土的凝结时间难以把握,减水剂中的缓凝成分一般应根据水泥进行调整。如果水泥中的 C_3A(铝钙三硅酸盐)变化大,若不及时调整缓凝成分,将会导致混凝土坍损过大或者几十个小时甚至几天不凝结。

(7)应及时与水泥厂联系,了解水泥中的熟料含量变化,以便及时调整混凝土配合比,保证混凝土质量。

(8)在水泥性能的检验过程中,应严格控制试验误差,严禁出现错误。温度应控制在规范要求的范围内,试验用所有原材料(包括拌和用水)必须密封保存至允许的温度后方可试验。在胶砂试块养护过程中,应确保温度均匀一致;在试块破型过程中,应该选择侧面而不是粗糙面作为承压面。

7.3.2 矿物掺合料

(1)矿物掺合料必须在进行品质、质量、性能及加入后混凝土的性能试验后确定,必须等检验结果符合国家相关规定后方可使用。

(2)尽量选用大型电厂的粉煤灰,其原材料供应充足,煤种、燃烧工艺等相对稳定,质量波动较小。随着粉煤灰被大量应用于混凝土中,优质粉煤灰也出现了供应短缺的现象,搅拌站经常出现质量差的粉煤灰,甚至是“假粉煤灰”。所以,应加强粉煤灰检测工作,增大取样频率。

(3)粉煤灰进场前需进行车检,检测其烧失量、细度、需水量等指标并利用显微镜对粉煤灰的微观形态进行观察(微观形态呈小圆球状时为真粉煤灰),检测指标合格后方可进场。

(4)矿粉的潜在活性比粉煤灰高,相对比较稳定,但是依然存在矿粉细度过粗、以假乱真、违法加入减水激发剂增加水泥强度等现象,因此需严格把控相应检测指标。

(5)只有符合技术要求的矿物掺合料才可以使用。试验室应设定原材料的质量指标范围,当有不符合技术要求的检验结果时,应降级使用或作为不合格品处理。

7.3.3 粗集料

(1)粗集料的堆放布局应科学合理,易于上料。料场布置必须符合有关标准要求。料场的场地应硬化,并有良好的排水体系。料仓加设雨棚,不仅可以减少质量波动,还可以降低粉尘污染。

(2)对于进场的碎石,试验人员应重点对其级配,针、片状颗粒含量,含泥量及最大粒径进行检测。由于碎石作为混凝土的骨架,对混凝土强度的确定尤为关键,因此需对每一辆碎石运输车中的碎石进行检测，需从每一辆车的五个不同部位取样。待上述指标检测合格后，运输车方可进入料仓进行卸车。

7.3.4 细集料

(1)天然砂应重点检查其质地、级配、细度模数、含泥量以及有害物质含量等指标。

(2)天然砂运输车抵达场站后，应停至待检区，并抽取其中的50%进行检测，待检测合格后方可进入料仓进行卸车。卸车完成后，需滤水24 h后使用，使用前应对天然砂的含水率进行检测，从而保证混凝土水胶比不受影响。

7.3.5 减水剂

(1)为保证聚羧酸高性能减水剂的使用效果最佳，其冬季存放时间应控制在3个月以内，夏季存放时间应控制在1个月以内。减水剂储存过久或遇到可能影响其质量的情况时，使用前应复验，并按复验结果使用。

(2)进场的减水剂必须附有生产厂家的质量证明书。减水剂进场时，应检查其生产厂名、品种、包装、质量、出厂日期、质量检验结果等是否符合出厂合格证以及是否与产品说明书一致。

(3)混凝土减水剂在运输和储存过程中不得混杂及混入杂物。减水剂应设专库储存，由专人保管，以防止相互影响或者发生人员中毒现象。

(4)每一批减水剂运输至拌和站后均需在待检区内等待试验人员进行取样检测，首先检测减水剂的减水率和固含量是否与出厂检测报告一致，其次进行混凝土试拌试验，保证本批减水剂与其他原材料相互匹配。检测合格后方可进入场站进行卸车。

7.4 混凝土配合比设计及优化

7.4.1 配合比设计思路

黄河大道一期工程地下通道主体结构应按照大体积混凝土结构物进行配合比设计，并应考虑以下因素：

(1)为降低混凝土的水化热，保证混凝土的强度，设计混凝土配合比时，其胶凝材料总量应小于450 kg/m^3，水泥用量应小于400 kg/m^3，水胶比应小于0.45。

(2)掺入优质的粉煤灰和矿粉，取代量应不小于胶凝材料总量的20%，以进一步降低混凝土的水化热，提高混凝土的工作性能。

(3)为使早期混凝土具有良好的温度传递梯度，同时保证混凝土各浇筑面正常，初凝时间宜为14～18 h。

(4)减水剂应该具有减水、保塑、缓凝、泵送等复合功能。

(5)粗集料应采用5～10 mm和10～20 mm两档级配碎石，以进一步提高混凝土内部密实性。

7.4.2 配合比设计依据

(1)《混凝土结构设计标准》(GB/T 50010—2010)。
(2)《普通混凝土配合比设计规程》(JGJ 55—2011)。
(3)《混凝土结构耐久性设计标准》(GB/T 50476—2019)。
(4)《混凝土物理力学性能试验方法标准》(GB/T 50081—2019)。
(5)《普通混凝土拌合物性能试验方法标准》(GB/T 50080—2016)。
(6)《混凝土强度检验评定标准》(GB/T 50107—2010)。
(7)《混凝土耐久性检验评定标准》(JGJ/T 193—2009)。
(8)《普通混凝土长期性能和耐久性能试验方法标准》(GB/T 50082—2009)。
(9)《预拌混凝土》(GB/T 14902—2012)。
(10)《混凝土结构工程施工质量验收规范》(GB 50204—2015)。
(11)黄河大道一期工程施工图设计。

7.4.3 配合比设计技术条件

(1)使用部位:黄河大道一期工程地下通道主体结构。
(2)环境作用等级:Ⅱ-D。
(3)拌和方法:机械拌和。
(4)要求坍落度:(180±20)mm。
(5)设计强度等级:C40。
(6)抗压强度标准差:5.0 MPa。
(7)试配强度:48.225 MPa。
(8)减水剂掺量:2.0%。
(9)胶凝材料用量:≤450 kg/m^3。
(10)最大水胶比:0.45。
(11)混凝土总碱含量:≤1.8 kg/m^3。
(12)混凝土氯离子总含量:≤0.06%(占胶凝材料比例)。

7.4.4 配合比设计计算书

7.4.4.1 计算初步配合比

(1)确定配制强度:根据《普通混凝土配合比设计规程》(JGJ 55—2011) 4.0.1 节的规定,当混凝土的设计强度等级小于 C60 时,混凝土的配制强度按下式确定:

$$f_{cu,0} \geqslant f_{cu,k} + 1.645\sigma \tag{7.1}$$

式中,$f_{cu,0}$——混凝土的配制强度(MPa);

$f_{cu,k}$——混凝土立方体抗压强度标准值,这里取混凝土的设计强度等级值(MPa);

σ——混凝土强度标准差(MPa)。

于是有

$$f_{cu,0}=40.0+1.645\times5.0=48.225(\text{MPa})$$

(2)计算水胶比(m_w/m_b):根据《普通混凝土配合比设计规程》(JGJ 55—2011)5.1.1节的规定,当混凝土的设计强度等级小于C60时,混凝土水胶比宜按下式计算:

$$\frac{m_w}{m_b}=\frac{a_a f_b}{f_{cu,0}+a_a a_b f_b} \tag{7.2}$$

式中,m_w/m_b——混凝土水胶比;

a_a、a_b——回归系数,按表7.18取值;

f_b——胶凝材料28 d胶砂抗压强度(MPa)。

$$f_b=\gamma_f\gamma_s f_{ce}=0.75\times1\times48.5=36.375(\text{MPa})$$

式中,γ_f、γ_s——分别为粉煤灰影响系数和粒化高炉矿渣粉影响系数,按表7.19选取。本配合比中粉煤灰掺量为30%,粒化高炉矿渣粉掺量为20%。

f_{ce}——水泥28 d胶砂抗压强度(MPa)。经实测,用于黄河大道一期工程的水泥28 d胶砂抗压强度为48.5 MPa。

表7.18 回归系数 a_a、a_b 的选取

系数	碎石	卵石
a_a	0.53	0.49
a_b	0.20	0.13

实际生产中,粗集料为碎石,代入相关数据,由式(7.2)可计算水胶比如下:

$$m_w/m_b=\frac{0.53\times36.375}{48.225+0.53\times0.20\times36.375}\approx0.37$$

表7.19 粉煤灰影响系数(γ_f)和粒化高炉矿渣粉影响系数(γ_s)

掺量/%	种类	
	粉煤灰影响系数(γ_f)	粒化高炉矿渣粉影响系数(γ_s)
0	1.00	1.00
10	0.85~0.95	1.00
20	0.75~0.85	0.95~1.00
30	0.65~0.75	0.90~1.00
40	0.55~0.65	0.80~0.90
50	—	0.70~0.85

(3)按照耐久性要求校核水胶比:根据《混凝土结构耐久性设计标准》(GB/T 50476—

2019)的要求,黄河大道一期工程地下通道主体结构混凝土环境类别为Ⅱ-D类,混凝土最大水胶比为0.45,最大胶凝材料用量为450 kg/m³。综上所述,水胶比选用0.37可满足混凝土的耐久性要求。

(4)确定单位用水量:根据《普通混凝土配合比设计规程》(JGJ 55—2011)5.2.1节的要求,混凝土水胶比为0.40~0.80时,塑性混凝土的用水量应符合表7.20的规定;混凝土水胶比小于0.40时,通过试验确定塑性混凝土的用水量。

表7.20 塑性混凝土的用水量 单位:kg/m³

拌和物稠度		卵石最大公称粒径/mm				碎石最大公称粒径/mm			
项目	指标	10.0	20.0	31.5	40.0	16.0	20.0	31.5	40.0
坍落度/mm	10~30	190	170	160	150	200	185	175	165
	35~50	200	180	170	160	210	195	185	175
	55~70	210	190	180	170	220	205	195	185
	75~90	215	195	185	175	230	215	205	195

注:1.本表用水量系采用中砂时的取值。采用细砂时,每立方米混凝土用水量可增加5~10 kg;采用粗砂时,可减少5~10 kg。

2.掺用矿物掺合料和减水剂时,用水量应相应调整。

结合试验结果,混凝土的用水量取$m_{w0}=160$ kg/m³,减水剂掺量取$\beta_a=2.0\%$。

(5)胶凝材料、矿物掺合料和水泥用量计算:

①根据《普通混凝土配合比设计规程》(JGJ 55—2011)5.3.1节的要求,混凝土的胶凝材料用量(m_{b0})应按下式计算,并应进行试拌调整,在拌和物性能满足的情况下,取经济合理的胶凝材料用量。

$$m_{b0}=\frac{m_{w0}}{m_w/m_b} \tag{7.3}$$

式中,m_{b0}——计算配合比混凝土的胶凝材料用量(kg/m³);

m_{w0}——计算配合比混凝土的用水量(kg/m³)。

于是有

$$m_{b0}=\frac{160}{0.37}\approx 432(\text{kg/m}^3)$$

②根据《普通混凝土配合比设计规程》(JGJ 55—2011)5.3.2节的要求,混凝土的矿物掺合料用量(m_{f0})应按下式计算:

$$m_{f0}=m_{b0}\beta_f \tag{7.4}$$

式中,m_{f0}——计算配合比混凝土的矿物掺合料用量(kg/m³);

β_f——矿物掺合料的掺量(%)。

于是有如下粉煤灰用量和粒化高炉矿渣粉用量:

粉煤灰用量为432×0.3≈129(kg/m³);

粒化高炉矿渣粉用量为432×0.2≈86(kg/m³)。

③根据《普通混凝土配合比设计规程》(JGJ 55—2011)5.3.3 节的要求，混凝土的水泥用量(m_{c0})应按下式计算：

$$m_{c0}=m_{b0}-m_{f0} \tag{7.5}$$

式中，m_{c0}——计算配合比混凝土的水泥用量(kg/m^3)。

于是有

$$m_{c0}=432-129-86=217(kg/m^3)$$

④混凝土的减水剂用量：$m_{a0}=m_{b0}\beta_a=432\times0.02\approx8.6(kg/m^3)$。

(6)砂率计算：根据《普通混凝土配合比设计规程》(JGJ 55—2011)5.4.1 节的要求，砂率(β_s)应根据集料的技术指标、混凝土拌和物的性能和施工要求，参考既有历史资料确定。当缺乏砂率的历史资料时，混凝土砂率的确定应符合下列规定：

①坍落度小于 10 mm 的混凝土，其砂率应经试验确定。

②坍落度为 10～60 mm 的混凝土，其砂率可根据粗集料品种、最大公称粒径及水胶比按表 7.21 选取。

③坍落度大于 60 mm 的混凝土，其砂率可经试验确定，也可在表 7.21 的基础上，按坍落度每增大 20 mm、砂率增大 1%的幅度予以调整。

表 7.21 混凝土的砂率 单位：%

水胶比	卵石最大公称粒径/mm			碎石最大公称粒径/mm		
	10.0	20.0	40.0	16.0	20.0	40.0
0.40	26～32	25～31	24～30	30～35	29～34	27～32
0.50	30～35	29～34	28～33	33～38	32～37	30～35
0.60	33～38	32～37	31～36	36～41	35～40	33～38
0.70	36～41	35～40	34～39	39～44	38～43	36～41

注：1.本表数值系中砂的选用砂率，对细砂或粗砂，可相应地减小或增大砂率。

2.采用人工砂配制混凝土时，砂率可适当增大。

3.只用一个单粒级粗集料配制混凝土时，砂率应适当增大。

参考表 7.21，黄河大道一期工程碎石最大公称粒径为 20.0 mm，0.40 水胶比下砂率宜为 29%～34%；黄河大道一期工程混凝土设计坍落度为 180 mm，则按照坍落度每增大 20 mm、砂率增大 1%的幅度予以调整后，拟采用的砂率为

$$34\%+[(180-60)/20]/100=40\%$$

(7)粗、细集料用量计算：根据《普通混凝土配合比设计规程》(JGJ 55—2011)5.5.1 节的要求，当采用质量法计算混凝土配合比时，粗、细集料用量应按下式计算：

$$m_{f0}+m_{c0}+m_{g0}+m_{s0}+m_{w0}=m_{cp} \tag{7.6}$$

式中，m_{g0}——计算配合比混凝土的粗集料用量(kg/m^3)；

m_{s0}——计算配合比混凝土的细集料用量(kg/m^3)；

m_{cp}——混凝土拌和物的假定用量(kg/m^3)，取 2400 kg/m^3。

砂率应按下式计算：

$$\beta_s = \frac{m_{s0}}{m_{g0} + m_{s0}} \times 100\% \tag{7.7}$$

由

$$m_{g0} + m_{s0} = 2400 - 215 - 217 - 160 = 1808(\mathrm{kg/m^3})$$

$$\frac{m_{s0}}{m_{g0} + m_{s0}} \times 100\% = 40\%$$

可得

$$m_{g0} = 1085\ \mathrm{kg}$$

$$m_{s0} = 723\ \mathrm{kg}$$

(8)确定基准配合比：

①根据前述计算，可确定基准配合比如下：

$$m_{c0} : m_{f0} : m_{s0} : m_{g0} : m_{w0} : m_{a0} = 217 : 215 : 723 : 1085 : 160 : 8.6$$

$$\approx 1 : 1 : 3.34 : 5.00 : 0.74 : 0.04$$

其中，粉煤灰用量为 129 $\mathrm{kg/m^3}$，矿渣粉用量为 86 $\mathrm{kg/m^3}$。

②采用体积法对基准配合比进行校核，结果如下：

$$\frac{m_{c0}}{\rho_c} + \frac{m_{f0}}{\rho_f} + \frac{m_{g0}}{\rho_g} + \frac{m_{s0}}{\rho_s} + \frac{m_{w0}}{\rho_w} + 0.01\alpha = \frac{215}{3150} + \frac{129}{2000} + \frac{86}{2950} + \frac{1085}{2710} + \frac{723}{2697} + \frac{160}{1000} + 0.01 \approx 1.001$$

满足要求。其中，ρ_c、ρ_f、ρ_g、ρ_s、ρ_w 分别为水泥的密度、矿物掺合料的密度、粗集料的表观密度、细集料的表观密度、水的密度；α 为混凝土的含气量百分数，在不使用引气型外加剂时，α 可取为 1。

(9)试配：根据《普通混凝土配合比设计规程》(JGJ 55—2011)6.1 节的要求，混凝土试配应采用强制式搅拌机进行搅拌，在计算配合比的基础上进行试拌。计算水胶比宜保持不变，并应通过调整配合比其他参数的方式使混凝土拌和物的性能符合设计和施工要求，然后修正计算配合比，提出试拌配合比。

应在试拌配合比的基础上进行混凝土立方体抗压强度试验，并应符合下列规定：

①应采用三个不同的配合比，其中一个应为试拌配合比，另外两个配合比的水胶比宜较试拌配合比分别增加和减少 0.05，用水量应与试拌配合比相同，砂率可分别增加和减少 1%。

②进行混凝土强度试验时，拌和物的性能应符合设计和施工要求。

③进行混凝土强度试验时，每个配合比应至少制作一组试件，并应标准养护到28 d或设计规定龄期时试压。

黄河大道一期工程采用的三组配合比及混凝土抗压强度测试结果如表 7.22 所示。

表 7.22 三组配合比及混凝土抗压强度测试结果

配合比类型	水胶比	坍落度/mm	扩展度/mm	容重/($\mathrm{kg/m^3}$)	抗压强度/MPa	
					7 d	28 d
基准	0.37	180	420	2420	34.6	50.2

续表

配合比类型	水胶比	坍落度/mm	扩展度/mm	容重/(kg/m³)	抗压强度/MPa	
					7 d	28 d
试 1	0.35	160	380	2432	37.7	52.3
试 2	0.39	200	450	2420	32.4	49.6

(10)配合比的调整与确定:结合混凝土拌和物的性能、强度试验结果、混凝土长期性及耐久性检测结果,黄河大道一期工程选定的混凝土配合比如表 7.23 所示。

表 7.23　选定的混凝土配合比　　单位:kg/m^3

胶凝材料	细集料	粗集料	水	减水剂
432	723	1085	160	8.6

7.4.5　配合比优化

黄河大道一期工程地下通道主体结构混凝土配合比主要从降低混凝土的水化热角度出发,采用高掺粉煤灰、矿粉、缓凝型高性能减水剂的"多掺技术"进行优化,提高混凝土的和易性、流动性和保水性,有效地减缓混凝土的水化速度,适当延长混凝土的凝结时间,降低混凝土的水化热,提高混凝土的工作性能。表 7.24 所示为采用不同掺量的粉煤灰和矿粉配制的混凝土的力学性能、工作性能以及抗渗等级试验数据;粉煤灰和矿粉的掺量范围分别为 0～30%和 0～40%,固定水胶比为 0.37。

表 7.24　C40P8 混凝土的力学性能、工作性能以及抗渗低等级数据

编号	胶凝材料体系各成分占比/%			抗压强度/MPa			坍落度/mm	倒坍时间/s	抗渗等级
	水泥	粉煤灰	矿渣粉	3 d	7 d	28 d			
YH1	100	0	0	41.3	52.4	66.7	50	—	P12
YH2	70	10	20	32.3	40.8	55.4	120	48	P10
YH3	70	15	15	31.4	39.8	53.7	135	42	P10
YH4	70	20	10	32.0	40.2	53.4	142	40	P10
YH5	70	25	5	30.5	38.8	52.9	145	38	P10
YH6	70	30	0	29.8	38.2	51.0	155	35	P10
YH7	60	10	30	27.8	37.4	49.6	152	28	P10
YH8	60	15	25	28.6	36.8	50.2	155	25	P10
YH9	60	20	20	27.0	37.0	49.7	158	23	P10
YH10	60	25	15	28.0	36.5	50.5	160	20	P10

续表

编号	胶凝材料体系各成分占比/%			抗压强度/MPa			坍落度/mm	倒坍时间/s	抗渗等级
	水泥	粉煤灰	矿渣粉	3 d	7 d	28 d			
YH11	60	30	10	26.8	36.5	49.2	170	16	P10
YH12	50	10	40	23.4	30.2	48.5	180	14	P8
YH13	50	15	35	23.6	30.0	48.6	185	14	P8
YH14	50	20	30	24.1	31.2	49.0	188	13	P8
YH15	50	25	25	22.9	30.9	47.9	190	12	P8
YH16	50	30	20	21.4	30.3	48.7	200	10	P8

各配合比不同龄期抗压强度如图 7.8 所示，坍落度如图 7.9 所示，倒坍时间如图 7.10 所示，抗渗性能如图 7.11 所示。

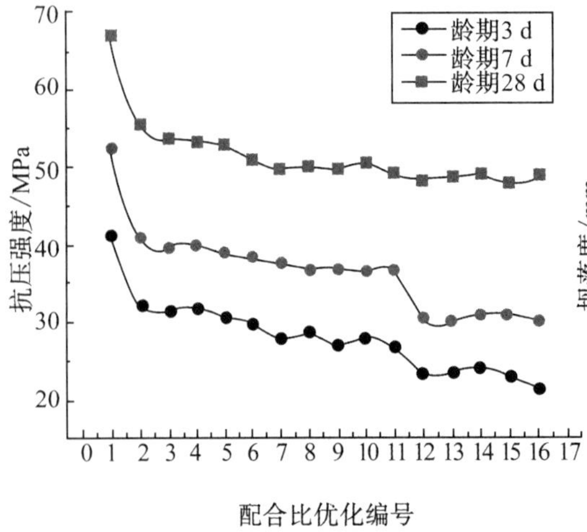

图 7.8　各配合比不同龄期抗压强度

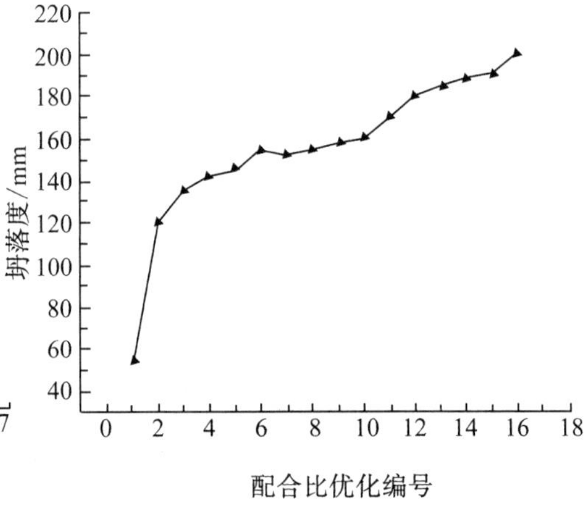

图 7.9　各配合比坍落度

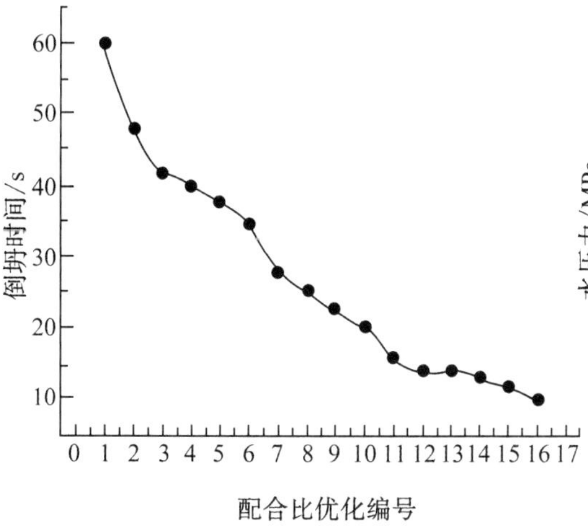

图 7.10 各配合比倒坍时间

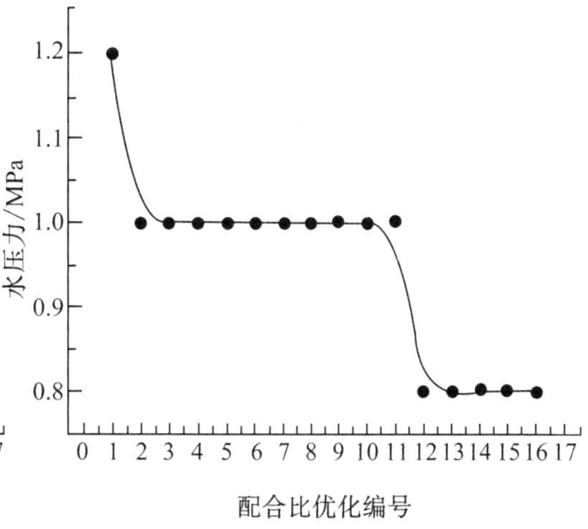

图 7.11 各配合比抗渗性能

通过对混凝土各配合比进行力学性能、工作性能、抗渗等级试验，16 组不同胶凝材料体系的混凝土配合比抗压强度、工作性能以及抗渗等级均满足设计要求。结合对混凝土水化放热总量、绝热温升等的计算，黄河大道一期工程选用编号为 YH16 的配合比，如表 7.25 所示。

表 7.25 C40P8 混凝土配合比　　单位：kg/m^3

材料	用量	材料	用量
水泥	217	粗集料	1085
粉煤灰	129	水	160
矿粉	86	减水剂	8.6
细集料	723		

7.5 大体积混凝土水化热计算分析

7.5.1 水化热分析理论

受到自身水化热状态以及施工环境等内外因素的作用，混凝土存在里表温差。混凝土自身水化热状态以及环境温度、管冷系统水温也会随着施工过程不断改变，这些因素综合导致大体积混凝土结构产生不断随时间变化的不均匀分布的温度场。影响大体积混凝土温度场的内部因素主要有混凝土的配合比、水泥放热量、添加剂类型、粉煤灰掺量、承台结构尺寸等；外部因素主要有保温保湿措施、太阳辐射、施工现场风速、管冷系统的布置形式、环境温度等。此外，大体积混凝土在偶然情况下还可能遇到火灾、风雨、冰雹等恶劣环境条件。混凝土自身导热系数较低，热传递能力较差，这使得其温度场变化较慢，且不同部位呈现出复杂的非线性温度状态。

温度场是指物体内部温度随空间和时间变化的分布状态。大体积混凝土结构在浇筑后其内部温度在各点处不同且随时间不断变化，可用方程 $T=T(x,y,z,t)$ 表示。若某点温度不随时间变化，则该点温度对于时间的导数 $\frac{\partial T}{\partial t}=0$，此时有 $T=T(x,y,z)$，该温度场称为稳定温度场，即不随时间变化。若温度场在某一个方向上保持不变，如在 z 方向保持为定值，此时有 $\frac{\partial T}{\partial t}=0$，$T=T(x,y)$，则该温度场被称为平面温度场。

大体积混凝土浇筑后，其结构内部温度相同的点构成的面称为等温面。等温面切向上的混凝土温度保持不变，即 $\nabla T=0$，沿着该等温面法线方向的温度变化率 $\frac{\partial T}{\partial t}$ 最大，该最大温度变化率称为温度梯度，可表示为

$$\nabla T=\boldsymbol{n}_0\frac{\partial T}{\partial n}=\boldsymbol{i}\frac{\partial T}{\partial x}+\boldsymbol{j}\frac{\partial T}{\partial y}+\boldsymbol{k}\frac{\partial T}{\partial z} \tag{7.8}$$

式中，$\boldsymbol{n}_0$——单位矢量，其方向为等温面法线方向；

$\boldsymbol{i},\boldsymbol{j},\boldsymbol{k}$——$x,y,z$ 方向的单位矢量。

单位时间内通过单位面积混凝土的热量称为热流密度，若通过的热量用 Q 表示，则热流密度可表示为

$$\boldsymbol{q}=-\boldsymbol{n}_0\frac{1}{S}\cdot\frac{\mathrm{d}Q}{\mathrm{d}t} \tag{7.9}$$

式中，$\boldsymbol{q}$——热流密度（$\mathrm{W/m^2}$）；

t——时间（s）；

S——截面面积（$\mathrm{m^2}$）。

某一点的热流密度沿着温度减小的方向且顺着等温面的法线方向将会达到峰值，通过热传导定律则可得到热流密度的微分方程，即

$$\boldsymbol{q}=\lambda\nabla T=-\boldsymbol{n}_0\lambda\frac{\partial T}{\partial n}=-\lambda\boldsymbol{i}\frac{\partial T}{\partial x}-\lambda\boldsymbol{j}\frac{\partial T}{\partial y}-\lambda\boldsymbol{k}\frac{\partial T}{\partial z} \tag{7.10}$$

式中，λ——导热系数[W/(m·K)]。

由式(7.10)可知，z 方向的热流密度分量 q_z 可表示为

$$q_z=-\lambda\frac{\partial T}{\partial n}\cos(n,z)=-\lambda\frac{\partial T}{\partial z} \tag{7.11}$$

由式(7.11)可知，某一方向的热流密度为导热系数与温度在该方向上变化率负值的乘积。

7.5.2 水化热参数计算

(1)水泥的水化热可按下式计算：

$$Q_0=\frac{4}{7/Q_7-3/Q_3} \tag{7.12}$$

式中，Q_3——龄期为 3 d 时的累积水化热(kJ/kg)；

Q_7——龄期为 7 d 时的累积水化热(kJ/kg)；

Q_0——水泥水化热总量(kJ/kg)。

(2)胶凝材料水化热总量应在水泥、掺合料、减水剂用量确定后，根据实际配合比通过试验得出。当无试验数据时，胶凝材料的水化热总量可按下式计算：

$$Q=kQ_0 \tag{7.13}$$

式中，Q——胶凝材料水化热总量(kJ/kg)；

k——不同掺量矿物掺合料的水化热调整系数。

(3)当采用粉煤灰与矿渣粉双掺时，不同掺量掺合料水化热调整系数可按下式计算：

$$k=k_1+k_2-1 \tag{7.14}$$

式中，k_1——粉煤灰掺量对应的水化热调整系数，可按照表 7.26 取值；

k_2——矿渣粉掺量对应的水化热调整系数，可按照表 7.26 取值。

表 7.26　不同掺量掺合料水化热调整系数

掺量	粉煤灰(k_1)	矿渣粉(k_2)	掺量	粉煤灰(k_1)	矿渣粉(k_2)
0	1	1	30%	0.93	0.92
10%	0.96	1	40%	0.82	0.84
20%	0.95	0.93	50%	0.75	0.79

注：表中掺量为掺合料占总胶凝材料用量的百分比。

根据《建筑施工计算手册(第四版)》(江正荣编著)，常用水泥的水化热总量取值如表 7.27 所示。

表 7.27　常用水泥的水化热总量

品种	水化热总量/(kJ/kg)				
	水泥等级				
	22.5	27.5	32.5	42.5	52.5
普通硅酸盐水泥	201	243	289	377	461
矿渣硅酸盐水泥	188	205	247	335	—

(4)混凝土绝热温升值可按现行行业标准《水工混凝土试验规程》(DL/T 5150—2017)中的相关规定通过试验得出。当无试验数据时，混凝土绝热温升值可按下式计算：

$$T(t)=\frac{WQ}{C\rho}(1-e^{-mt}) \tag{7.15}$$

式中，$T(t)$——混凝土龄期为 t 时的绝热温升值(℃)；

W——每立方米混凝土的胶凝材料用量(kg)；

C——混凝土的比热容，可取 0.92～1.00 [kJ/(kg・℃)]；

ρ——混凝土的质量密度，即每立方米混凝土的质量，可取 2400～2500(kg/m^3)；

t——混凝土龄期(d)；

m——与水泥品种、用量和入模温度等有关的单方胶凝材料对应的系数。

(5)单方胶凝材料对应的系数值可按下列公式计算：

$$m=km_0 \tag{7.16}$$

$$m_0=AW+B \tag{7.17}$$

$$W=\lambda W_c \tag{7.18}$$

式中，m_0——等效硅酸盐水泥对应的系数；

W——等效硅酸盐水泥用量(kg)；

A、B——与混凝土施工入模温度相关的系数，按表 7.28 取内插值，当入模温度低于 10 ℃或高于 30 ℃时，按 10 ℃或 30 ℃选取；

W_c——单方其他硅酸盐水泥用量(kg)；

λ——修正系数。

表 7.28　不同入模温度对 m 的影响值

入模温度/℃	A	B
10	0.0023	0.045
20	0.0024	0.5159
30	0.0026	0.9871

当使用不同品种的水泥时，可按表 7.29 中的系数换算成等效硅酸盐水泥的用量。

表 7.29　不同硅酸盐水泥的修正系数

名称	代号	λ
硅酸盐水泥	P・Ⅰ	1
	P・Ⅱ	0.98
普通硅酸盐水泥	P・O	0.88
矿渣硅酸盐水泥	P・S・A	0.65
	P・S・B	0.40
火山灰质硅酸盐水泥	P・P	0.70
粉煤灰硅酸盐水泥	P・F	0.70
复合硅酸盐水泥	P・C	0.65

(6)混凝土的弹性模量可按下式计算：

$$E(t)=\beta E_0(1-e^{-\varphi t}) \tag{7.19}$$

式中，$E(t)$——混凝土龄期为 t 时的弹性模量(N/mm^2)；

E_0——混凝土的弹性模量，可取标准养护条件下 28 d 的弹性模量，按表 7.30 取用；

φ——系数，取 0.09；

β——混凝土中掺合料对弹性模量的修正系数。

表 7.30　混凝土在标准养护条件下龄期为 28 d 时的弹性模量

混凝土的强度等级	混凝土的弹性模量/(N/mm^2)
C25	2.80×10^4
C30	3.00×10^4
C35	3.15×10^4
C40	3.25×10^4
C50	3.45×10^4

混凝土中掺合料对弹性模量的修正系数可按下式计算：

$$\beta=\beta_1\cdot\beta_2 \tag{7.20}$$

式中，β_1——混凝土中粉煤灰掺量对应的弹性模量修正系数，可按表 7.31 取值；

β_2——混凝土中矿渣粉掺量对应的弹性模量修正系数，可按表 7.31 取值。

表 7.31　不同掺量掺合料的修正系数

掺量	粉煤灰(β_1)	矿渣粉(β_2)	掺量	粉煤灰(β_1)	矿渣粉(β_2)
0	1	1	40%	0.96	1.04
20%	0.99	1.02	50%	0.95	1.05
30%	0.98	1.03			

(7)多种保温材料组成的保温层总热阻可按下式计算：

$$R_s=\sum_{i=1}^{n}\frac{\delta_i}{\lambda_i}+\frac{1}{\beta_\mu} \tag{7.21}$$

式中，R_s——保温层总热阻($m^2\cdot K/W$)；

δ_i——第 i 层保温材料的厚度(m)；

λ_i——第 i 层保温材料的导热系数[$W/(m\cdot K)$]；

β_μ——固体在空气中的传热系数[$W/(m^2\cdot K)$]，可按表 7.32 取值。

表 7.32　固体在空气中的传热系数　　单位：W/(m² · K)

风速/(m/s)	β_μ		风速/(m/s)	β_μ	
	光滑表面	粗糙表面		光滑表面	粗糙表面
0	18.4422	21.0350	5.0	90.0360	96.6019
0.5	28.6460	31.3224	6.0	103.1257	110.8622
1.0	35.7134	38.5989	7.0	115.9223	124.7461
2.0	49.3464	52.9429	8.0	128.4261	138.2954
3.0	63.0212	67.4959	9.0	140.5955	151.5521
4.0	76.6124	82.1325	10.0	152.5139	164.9341

混凝土表面向保温介质传热的总传热系数(不考虑保温层的热容量)可按下式计算：

$$\beta_s = \frac{1}{R_s} \tag{7.21}$$

式中，β_s——总传热系数[W/(m² · K)]。

7.6　基于 midas FEA 的大体积混凝土的水化热有限元模拟计算

7.6.1　midas FEA 软件水化热分析简介

目前，大体积混凝土的水化热分析主要采用有限元分析方法，midas FEA 在水化热分析方面具有以下独特优势：

(1)软件以导热问题的数学模型为基础，可有效模拟混凝土浇筑后的水化放热过程及边界条件变化。

(2)针对冷却管通水后与混凝土的对流换热过程较为复杂而难以模拟的问题，软件采用将冷却水以荷载形式作用在混凝土内部节点上这一思路来解决。

(3)软件参数调整快，输出数据与 Excel 交互性强，有利于快速整理数据。

用 midas FEA 软件进行大体积混凝土的水化热分析时，具体流程如图 7.15 所示。

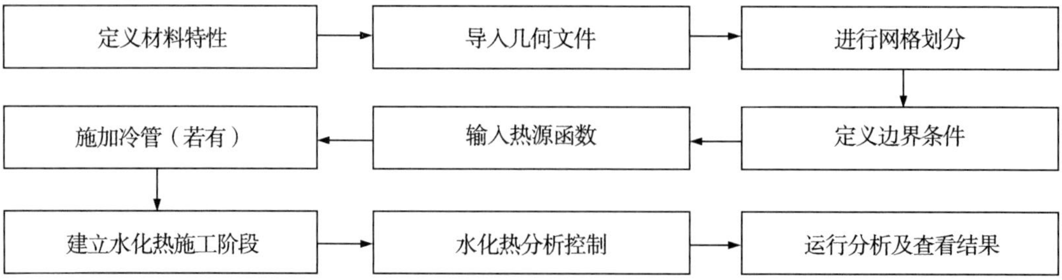

图 7.15　midas FEA 水化热分析流程

7.6.2 依托工程概况

会展中心地道主辅路共仓段箱涵断面是黄河大道一期工程现浇地下通道中最宽的断面。其横断面构造可参考第 3 章图 3.8。

7.6.3 施工条件

7.6.3.1 气温

济南地区年平均气温为 15～17 ℃,4 月份平均气温为 11～22 ℃,5 月份平均气温为 17～27 ℃,6 月份平均气温为 21～32 ℃,极端最高温为 40 ℃左右。

7.6.3.2 降雨与蒸发量

济南地区年平均降雨量为 671 mm 左右,多集中于 7—9 月,年平均蒸发量为 1000～1300 mm,相对湿度为 50%～60%。

7.6.3.3 风

黄河大道一期工程所在地区东南风与西北风交替出现,累计年平均风速为 1 m/s 左右,最大平均风速小于 4 m/s,最大瞬时风速曾出现过 33.8 m/s。

7.6.4 基本设计资料

地下通道主体结构混凝土设计强度为 C40,抗渗等级为 P8,混凝土配合比如表7.25所示。

主体结构 C40P8 混凝土的劈裂抗拉强度参考值如表 7.33 所示。

表 7.33 主体结构 C40P8 混凝土的劈裂抗拉强度参考值

龄期	C40P8 混凝土的劈裂抗拉强度/MPa
3 d	1.40
7 d	2.60
28 d	3.09
半年	3.61

7.6.5 材料特性值计算

(1)混凝土导热系数的计算:混凝土的导热系数为单位体积混凝土在单位时间且两侧介质为单位温差时热量的传导率。该值可根据混凝土配合比按照下式进行计算:

$$\lambda=\frac{1}{\rho}(\rho_1\lambda_1+\rho_2\lambda_2+\rho_3\lambda_3+\rho_4\lambda_4+\rho_5\lambda_5+\rho_6\lambda_6)$$

式中,ρ——含义同前,$\rho=217+215+723+1085+160+186=2408.6(\mathrm{kg/m^3})$;

ρ_1、ρ_2、ρ_3、ρ_4、ρ_5、ρ_6——分别为混凝土中水泥、细集料、粗集料、水、粉煤灰、矿渣粉的用量(kg/m^3)；

λ_1、λ_2、λ_3、λ_4、λ_5、λ_6——分别为混凝土中水泥、细集料、粗集料、水、粉煤灰、矿渣粉的导热系数，可按照表 7.34 进行取值。

表 7.34 混凝土组成材料的导热系数 单位：W/(m·K)

混凝土组成材料	导热系数	混凝土组成材料	导热系数
水泥	2.218	水	0.600
细集料	3.082	粉煤灰	0.230
粗集料	2.908	矿渣粉	0.280

对于黄河大道一期工程，C40P8 混凝土的导热系数计算如下：

$$\lambda = \frac{217}{2408.6}\times 2.218 + \frac{723}{2408.6}\times 3.082 + \frac{1085}{2408.6}\times 2.908 + \frac{160}{2408.6}\times 0.6 + \frac{129}{2408.6}\times 0.23 + \frac{86}{2408.6}\times 0.28 \approx 2.50[\mathrm{W/(m\cdot K)}]$$

混凝土的导热系数也可按《大体积混凝土施工标准》(GB 50496—2018)的附录 C 取值，如表 7.35 所示。

表 7.35 保温材料的导热系数 单位：W/(m·K)

材料名称	导热系数	材料名称	导热系数
木模板	0.23	干砂	0.33
钢模板	58	湿砂	1.31
黏土砖	0.43	空气	0.03
黏土	1.38～1.47	矿棉被	0.05～0.14
炉渣	0.47	胶合板	0.12～5.0
水	0.58	塑料布	0.20
油毡	0.05	麻袋片	0.05～0.12
土工布	0.04～0.06	泡沫塑料制品	0.035～0.047
普通混凝土	1.51～2.33	沥青矿棉毡	0.033～0.052
石棉被	0.16～0.37	挤塑聚苯板(XPS 板)	0.028～0.034

(2)比热容的计算：混凝土的比热容为单位质量的混凝土温度升高 1 ℃所需要的热量，其单位为 kJ/(kg·K)。C40P8 混凝土的比热容可按照下式进行计算：

$$C = \frac{1}{\rho}(\rho_1 C_1 + \rho_2 C_2 + \rho_3 C_3 + \rho_4 C_4 + \rho_5 C_5 + \rho_6 C_6)$$

式中，C_1、C_2、C_3、C_4、C_5、C_6——分别为混凝土中水泥、细集料、粗集料、水、粉煤灰、矿渣粉的比热容[kJ/(kg·K)]，可按照表 7.36 取值。

表 7.36　混凝土组成材料的比热容　　单位：kJ/(kg·K)

混凝土组成材料	比热容	混凝土组成材料	比热容
水泥	0.536	水	4.187
细集料	0.745	粉煤灰	0.920
粗集料	0.708	矿渣粉	0.840

对于黄河大道一期工程，C40P8 混凝土比热容的计算如下：

$$C=\frac{217}{2408.6}\times 0.536+\frac{723}{2408.6}\times 0.745+\frac{1085}{2408.6}\times 0.708+\frac{160}{2408.6}\times 4.187+\frac{129}{2408.6}\times 0.92+\frac{86}{2408.6}\times 0.84\approx 0.95[\text{kJ/(kg}\cdot\text{K)}]$$

(3)弹性模量的计算：黄河大道一期工程 C40P8 混凝土的弹性模量为

$$E=\beta_1\beta_2E_0=0.98\times 1.02\times 3.25\times 10^4=3.2487\times 10^4(\text{N/mm}^2)$$

其中，粉煤灰掺量为 30%，矿渣粉掺量为 20%。

(4)绝热温升的计算：黄河大道一期工程 C40P8 混凝土中的矿物掺合料为粉煤灰和矿渣粉，该混凝土绝热温升的最大值为

$$T_{\max}=\frac{WQ}{C\rho}=\frac{432\times(0.93+0.93-1)\times 377}{0.95\times 2408.6}\approx 61.21(℃)$$

(5)主要材料的物理和热力学参数如表 7.37 所示。

表 7.37　主要材料的物理和热力学参数

项目	弹性模量/(N/mm²)	泊松比	质量密度/(kg/m³)	热膨胀系数(m/K)	阻尼比	导热系数/[W/(m·K)]	比热容/[kJ/(kg·K)]
主体	32487	0.2	2408.6	1×10^{-5}	0.05	2.50	0.95
基础(垫层)	22593	0.2	2400	1×10^{-5}	0.05	2.0	0.92

(6)黄河大道一期工程箱涵主体结构侧墙及顶板底部按照厚度为 1.5 cm 的木模板计算传热系数，风速取值为 1.0 m/s。

$$R_s=\frac{0.015}{0.23}+\frac{1}{35.7134}\approx 0.093(\text{m}^2\cdot\text{K/W})$$

$$\beta_s=\frac{1}{R_s}=\frac{1}{0.093}\approx 10.75[\text{W/(m}^2\cdot\text{K)}]$$

黄河大道一期工程箱涵主体结构底板顶面及顶板顶面按照厚度为 0.01 cm 的塑料布(水能量养护膜)计算传热系数，风速取值为 1.0 m/s。

$$R_s=\frac{0.0001}{0.2}+\frac{1}{35.7134}\approx 0.029(m^2\cdot K/W)$$

$$\beta_s=\frac{1}{R_s}=\frac{1}{0.029}\approx 34.48[W/(m^2\cdot K)]$$

黄河大道一期工程箱涵主体结构侧墙及边墙顶面无保温材料覆盖，风速取值为1.0 m/s。传热系数的计算公式如下：

$$R_s=\frac{1}{35.7134}\approx 0.028(m^2\cdot K/W)$$

7.6.6 有限元模型建立

7.6.6.1 总体模型

会展中心地道主辅路共仓段箱涵 30 m 节段分两次浇筑成型，建立箱涵有限元分析模型时，先利用 midas FEA 有限元软件中的曲线、曲面、界面等命令绘制出箱涵立面轮廓，再通过实体界面中的扩展、旋转、布尔运算等命令初步建立实体模型，然后对初步实体模型进行网格划分。因黄河大道一期工程箱涵主体结构体量很大，在保证计算精度的前提下，应尽量节约计算时间，提高计算效率。经综合考虑后，网格尺寸取 500 mm，共划分为 25199 个单元和 73472 个节点。网格划分完成后，可依次输入计算参数，完善计算模型。

建模过程中可做出如下假定：

(1)假定该节段(30 m)混凝土结构为均匀体，模型中各个节点的发热率相同。

(2)假定该节段混凝土的初始温度相同。

(3)假定该节段混凝土各个侧面的导热系数相同，若顶面保温措施与侧面相同，则顶面导热系数与侧面相同，考虑地基对于混凝土散热的影响。

(4)假定忽略该节段混凝土内部钢筋及其他材料的影响，考虑施工过程中保温保湿措施的影响。

会展中心地道主辅路共仓段隧道 30 m 节段实体模型示意图如图 7.16 所示。

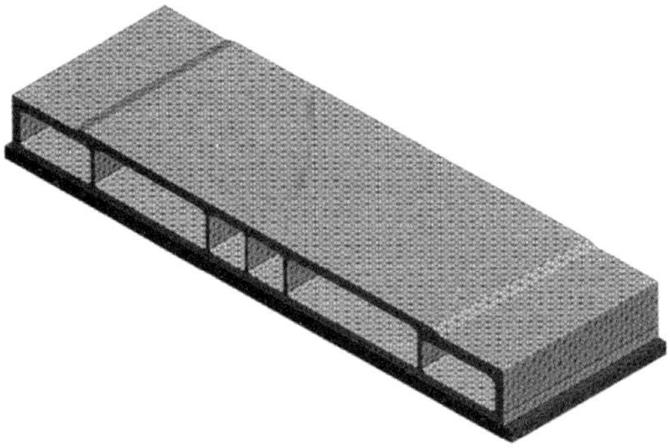

图 7.16 会展中心地道主辅路共仓段隧道 30 m 节段模型示意图

7.6.6.2 边界条件

(1)地基边界固定约束:地基底部及侧面均采用固定约束。基础边界固定约束示意图及界面设置如图 7.17 所示。

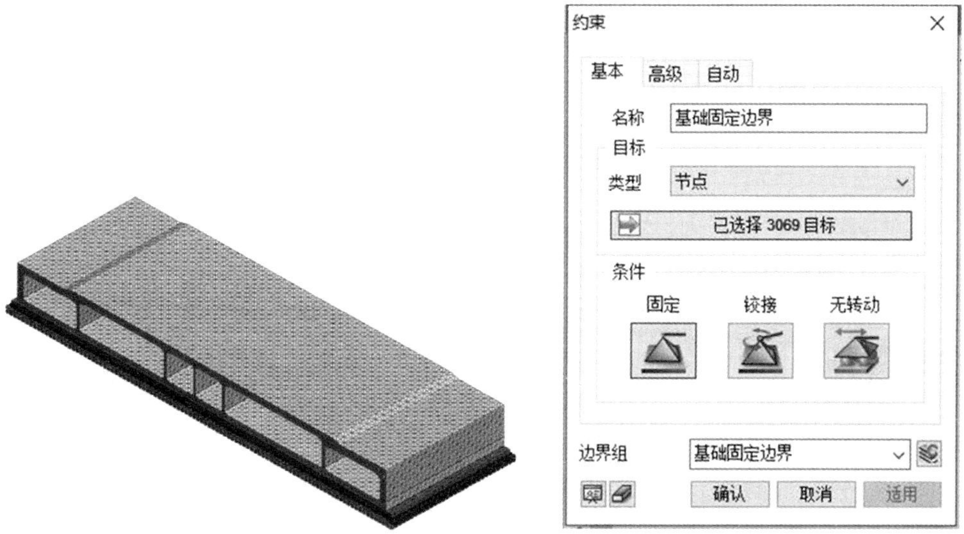

图 7.17　基础边界固定约束示意图及界面设置

(2)固定温度:地基底部及侧面采用固定温度 25 ℃(见图 7.18)。

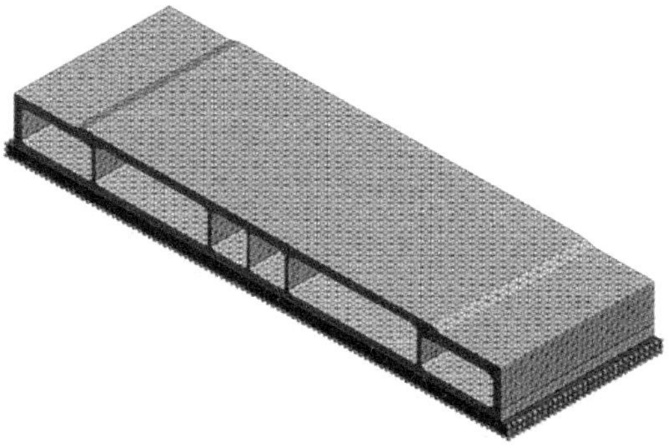

图 7.18　地基固定温度示意图

(3)热源:由前述计算可知,混凝土最大绝热温升值 $T_{max}=61.21$ ℃,与水泥品种、用量和入模温度等有关的单方胶凝材料对应的系数 $m=0.83$。热源示意图及热源函数界面设置如图 7.19 所示。

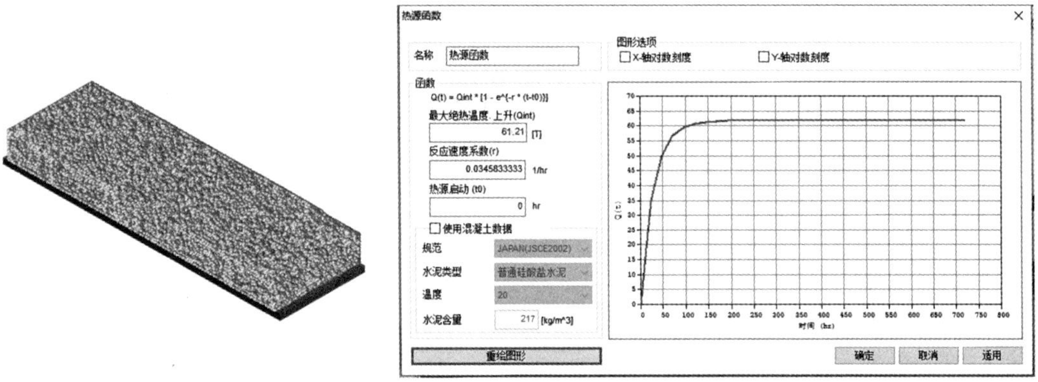

图 7.19　热源示意图及热源函数界面设置

(4)对流边界(一步混凝土施工):

①对流边界 1:底板侧面与中墙、边墙内倒角位置处导热系数采用 10.75 W/(m^2·K)。底板侧面与中墙、边墙内倒角位置处的热传导示意图及界面设置如图 7.20 所示。

②对流边界 2:底板顶面位置处导热系数采用 34.48 W/(m^2·K)。底板顶面位置处的热传导示意图及界面设置如图 7.21 所示。

③对流边界 3:中墙与边墙顶面位置处导热系数采用 35.71 W/(m^2·K)。中墙与边墙顶面位置处的热传导示意图及界面设置如图 7.22 所示。

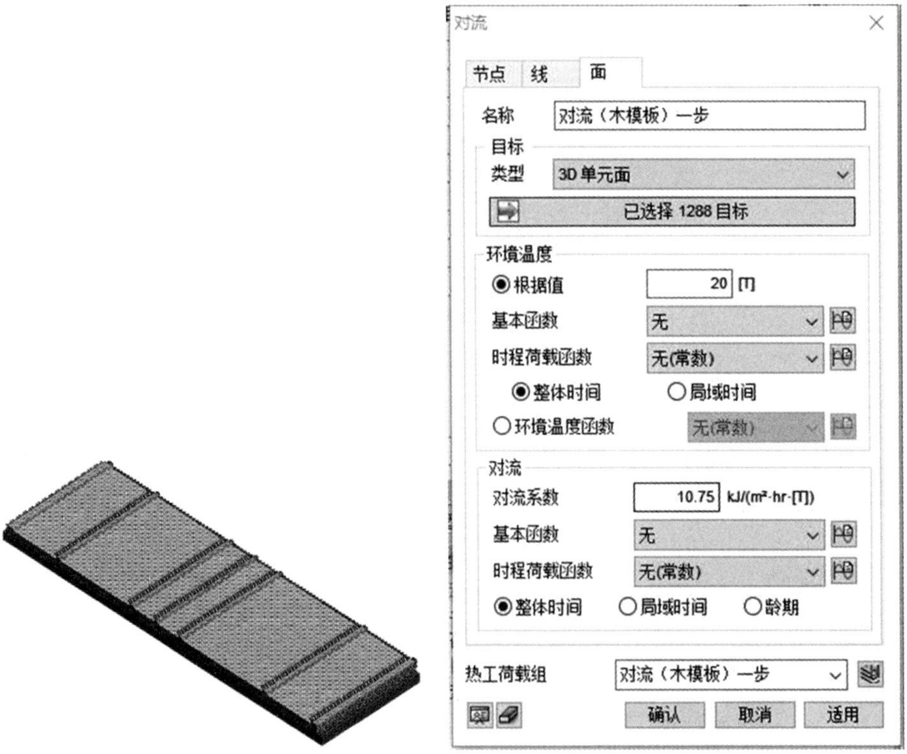

图 7.20　底板侧面与中墙、边墙内倒角位置处的热传导示意图及界面设置

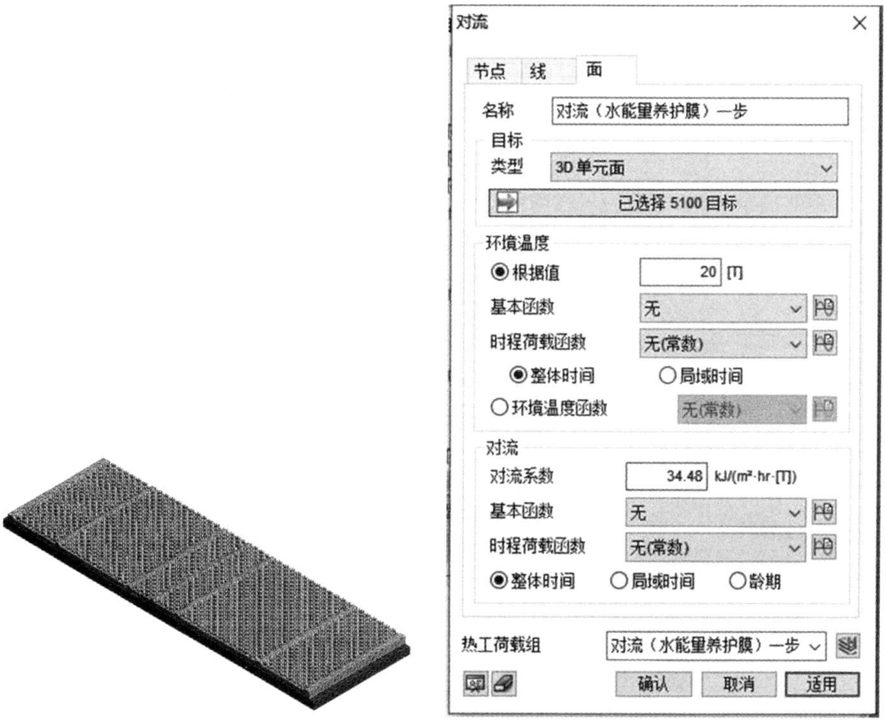

图 7.21 底板顶面位置处的热传导示意图及界面设置

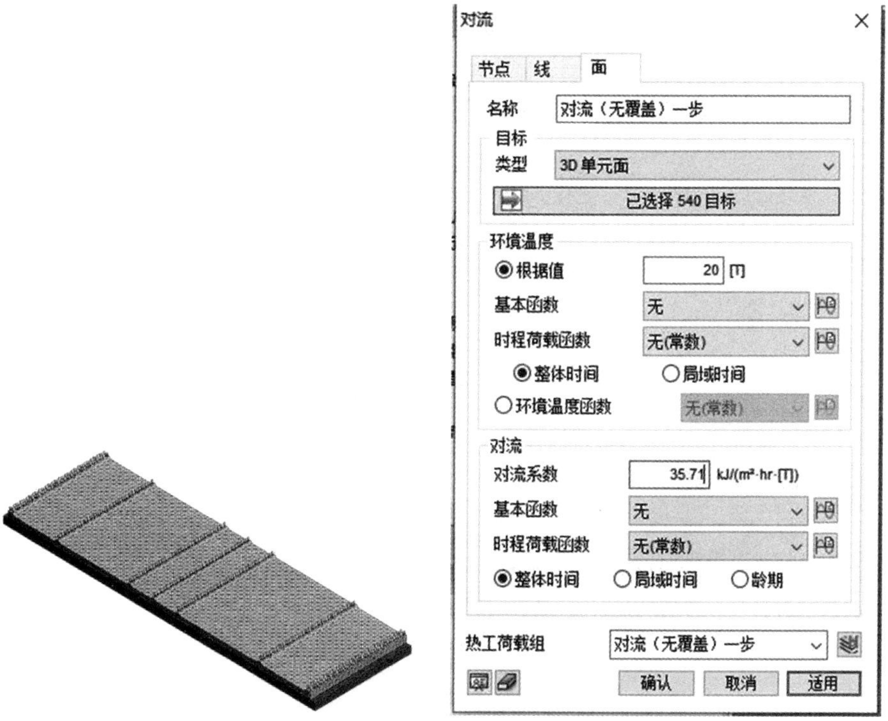

图 7.22 中墙与边墙顶面位置处的热传导示意图及界面设置

(5)对流边界(二步混凝土施工):

①对流边界 4:中墙、边墙内外面与侧面,顶板底面与侧面位置处导热系数采用 10.75 W/(m^2 · K)。中墙、边墙内外面与侧面,顶板底面与侧面位置处的热传导示意图及界面设置如图 7.23 所示。

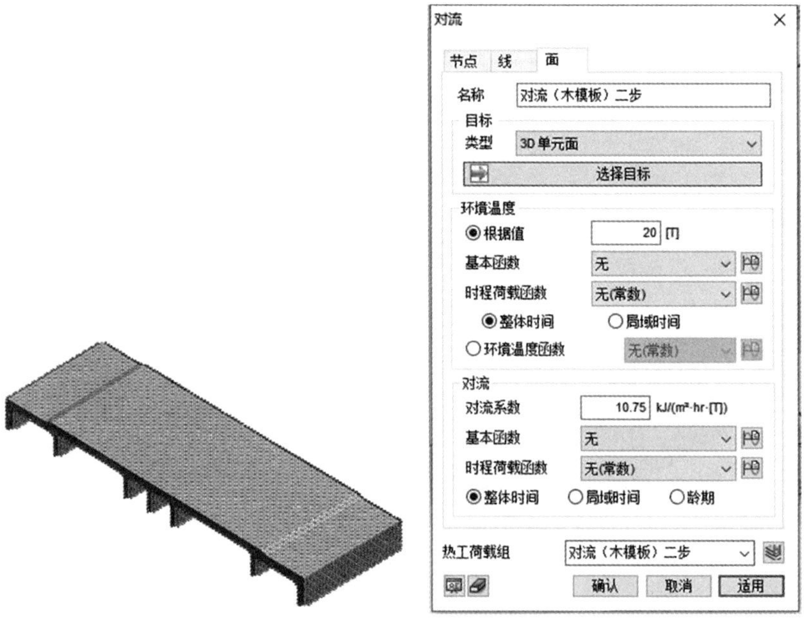

图 7.23　中墙、边墙内外面与侧面,顶板底面与侧面位置处的热传导示意图及界面设置

②对流边界 5:顶板顶面位置处导热系数采用 34.48 W/(m^2 · K)。顶板顶面位置处的热传导示意图及界面设置如图 7.24 所示。

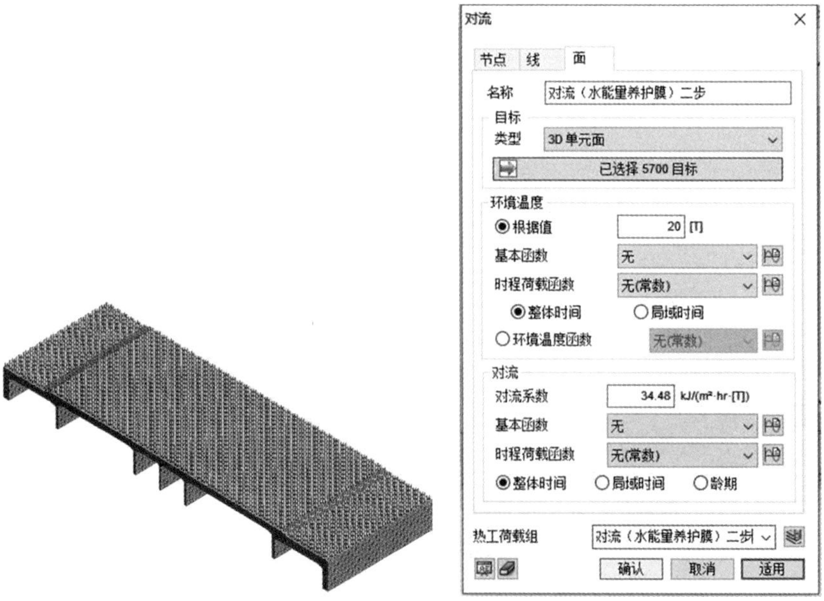

图 7.24　顶板顶面位置处的热传导示意图及界面设置

7.6.7 水化热分析

混凝土的温度场及温度应力分析是大体积混凝土水化热分析中必不可少的内容。通过对大体积混凝土温度场及温度应力进行分析，可以直观了解混凝土的温度变化、应力分布，推测其易开裂区域。在现场温度监测过程中整理和分析实测数据，能及时了解各测点的混凝土温度变化以及混凝土里表温差，若里表温差过大，可适当调整温控措施，保证混凝土的里表温差在合理范围内。

根据 midas FEA 软件的水化热分析计算结果以及现场实测的各测点的温度数据，可分析箱涵主体结构的温度场以及各测点的温度变化情况，并进一步分析此箱涵主体结构的应力分布特征。根据混凝土水化热的主要影响因素，可总结混凝土的温度控制、裂缝防控措施，并分别分析其温控效果。

7.6.7.1 温度场云图分析

隧道一步（底板）计算模型各主要时间点的温度场云图如图 7.25 所示。

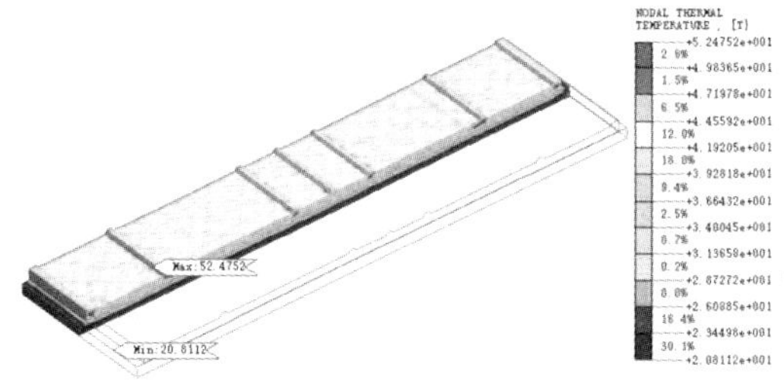

(a)第 24 h 温度场云图

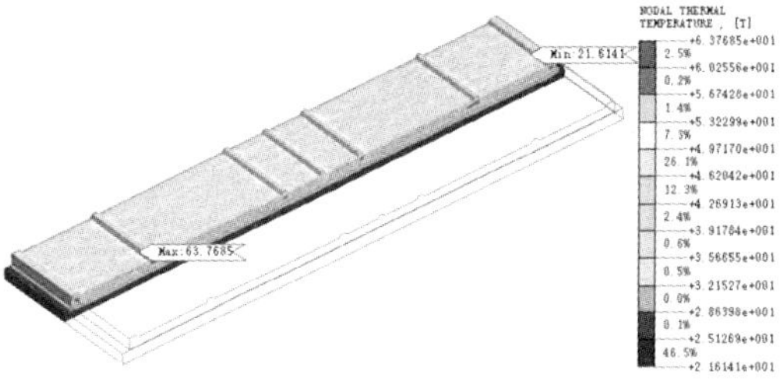

(b)第 48 h 温度场云图

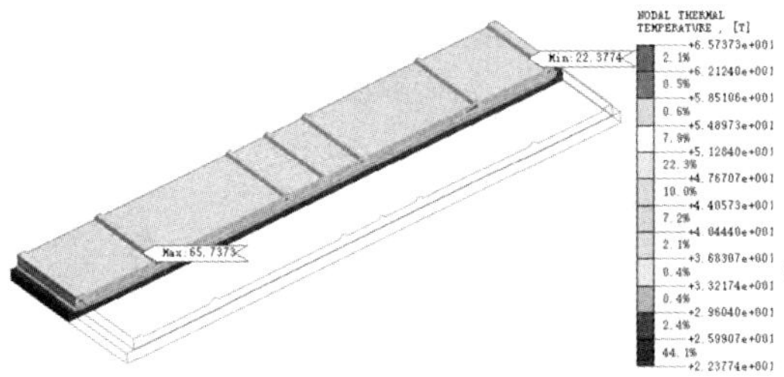

(c)第 72 h 温度场云图

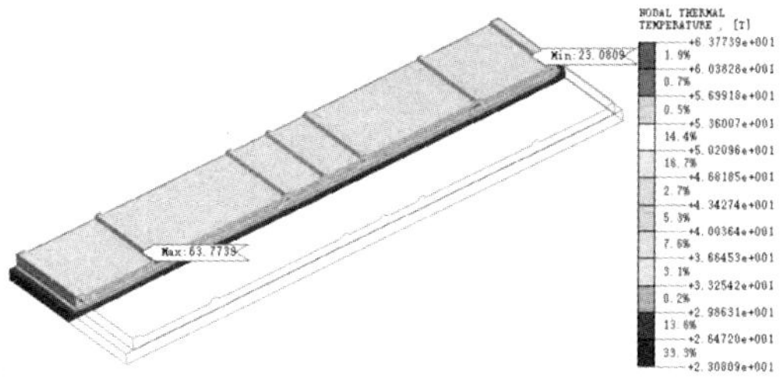

(d)第 96 h 温度场云图

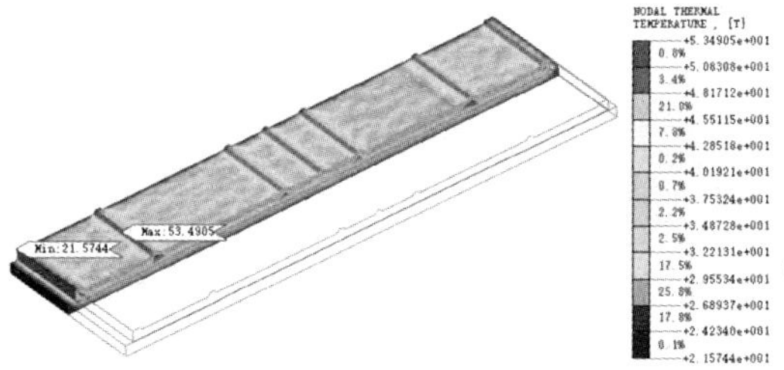

(e)第 168 h 温度场云图

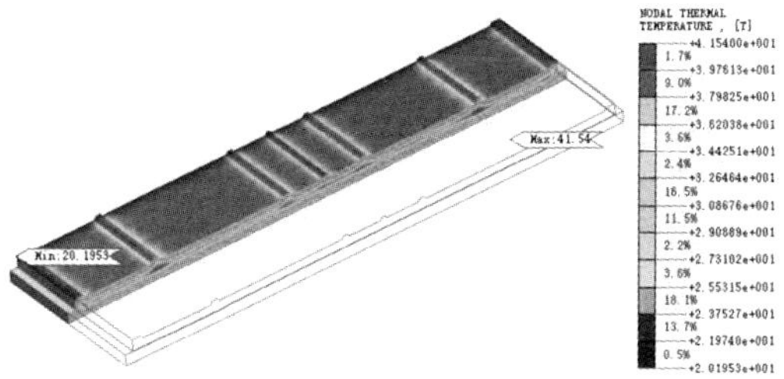

(f)第 336 h 温度场云图

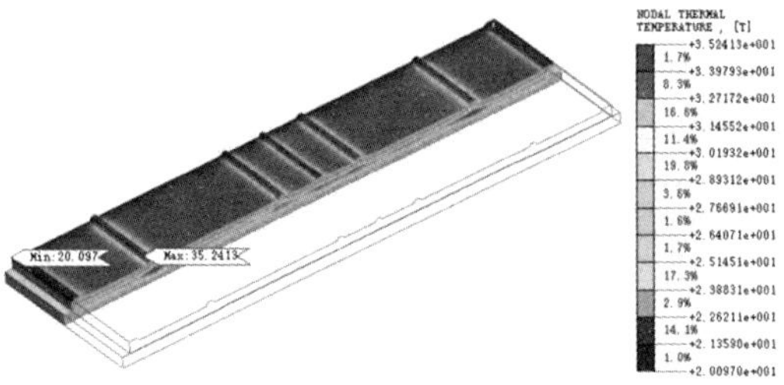

(g)第 504 h 温度场云图

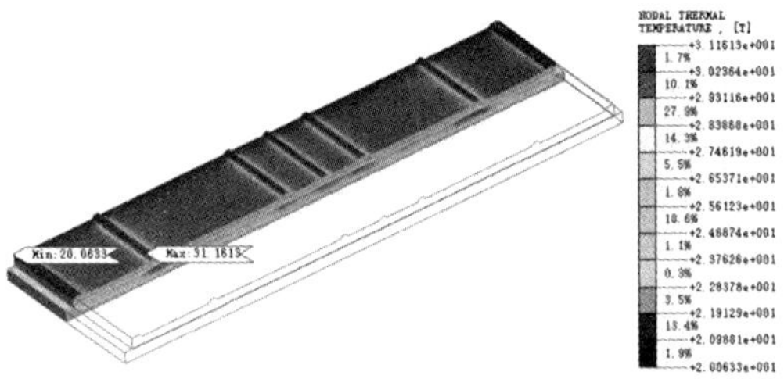

(h)第 672 h 温度场云图

图 7.25　隧道一步(底板)计算模型各主要时间点的温度场云图

由图 7.25 可知,隧道一步(底板)结构内部最高温度出现在次边墙中心位置,即结构厚度最大处。由于墙体与底板相交处混凝土集中,放热量大,因此边墙及其他中墙与顶板相交位置处温度也较高。

隧道二步(侧墙及顶板)计算模型各主要时间点的温度场云图如图 7.26 所示。

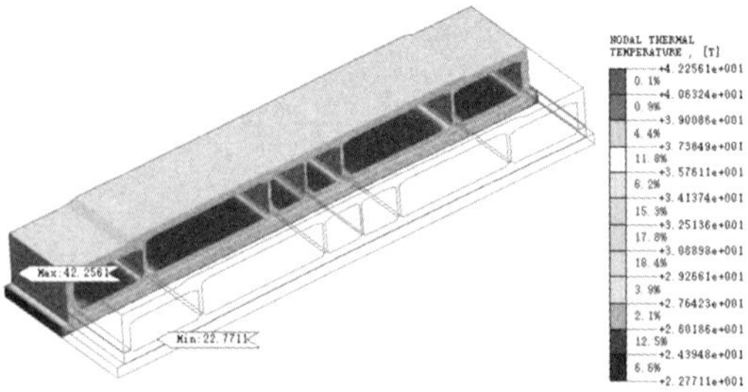

(a)第 24 h 温度场云图

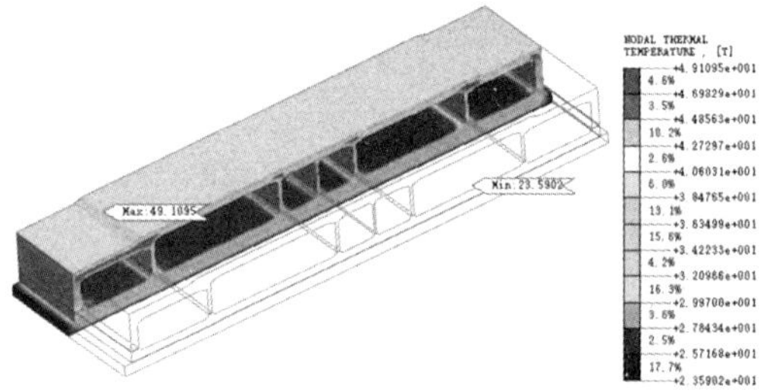

(b)第 48 h 温度场云图

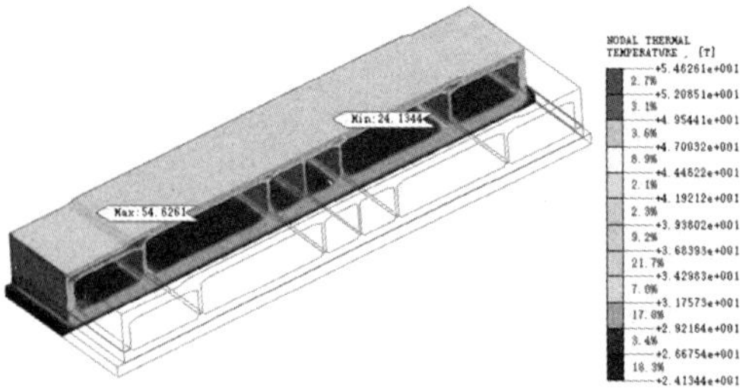

(c)第 72 h 温度场云图

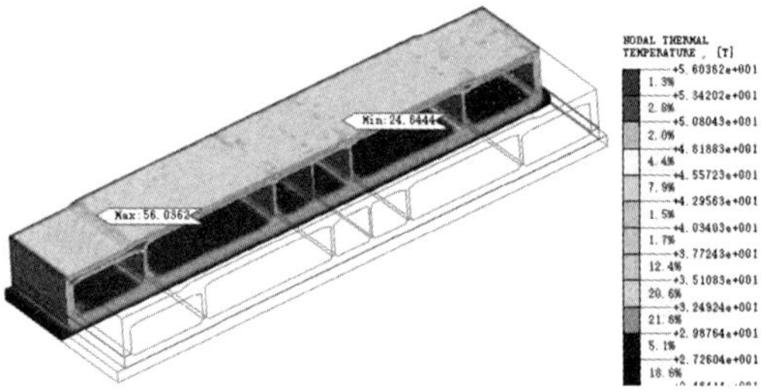

(d)第 96 h 温度场云图

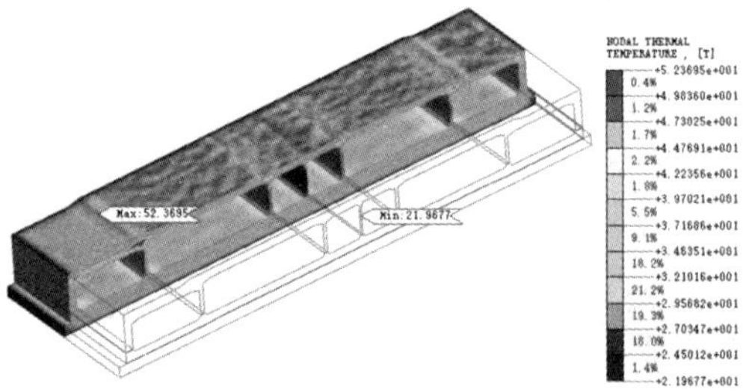

(e)第 168 h 温度场云图

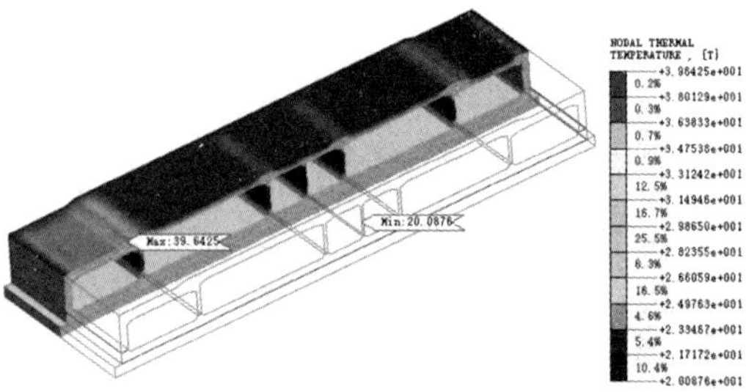

(f)第 336 h 温度场云图

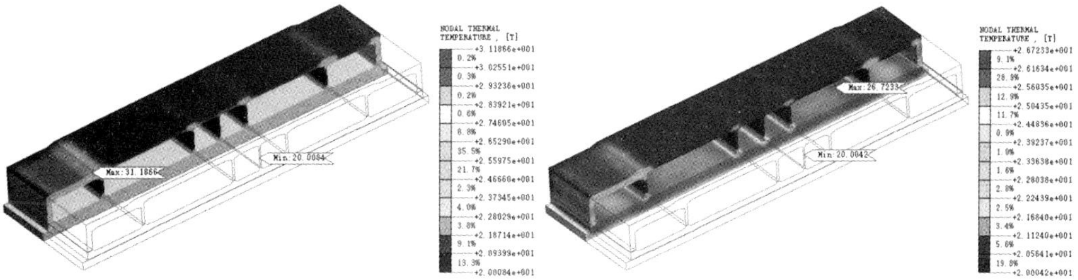

(g)第 504 h 温度场云图　　　　(h)第 672 h 温度场云图

图 7.26　隧道二步(侧墙及顶板)计算模型各主要时间点的温度场云图

由图 7.26 可知,隧道二步(侧墙及顶板)结构内部最高温度出现在次边墙中心位置,即结构厚度最大处。由于墙体与顶板相交处混凝土集中,放热量大,因此边墙及其他中墙与顶板相交位置处温度也较高。但由于二步混凝土放热面多,与一步混凝土相比,最高温度有所降低。

7.6.7.2　应力场云图分析

隧道一步(底板)计算模型各主要时间点的应力场云图如图 7.27 所示。

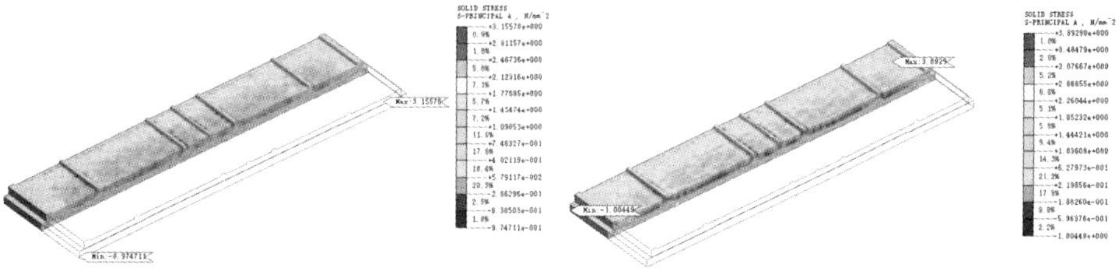

(a)第 24 h 应力场云图　　　　(b)第 48 h 应力场云图

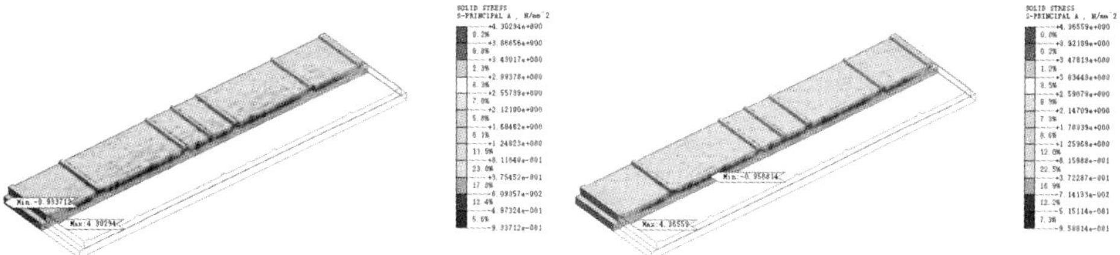

(c)第 72 h 应力场云图　　　　(d)第 96 h 应力场云图

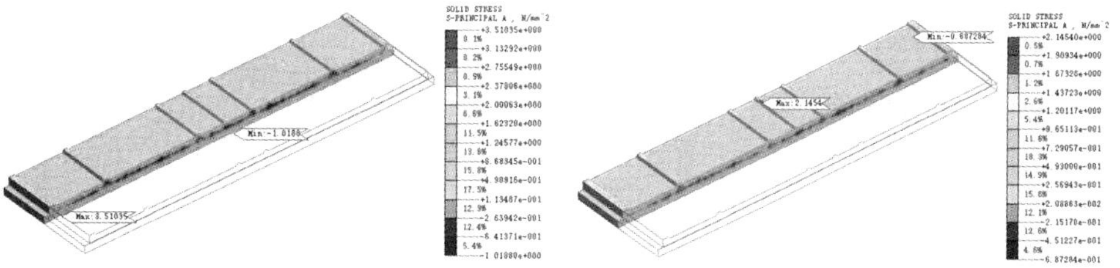

(e)第 168 h 应力场云图　　　　(f)第 336 h 应力场云图

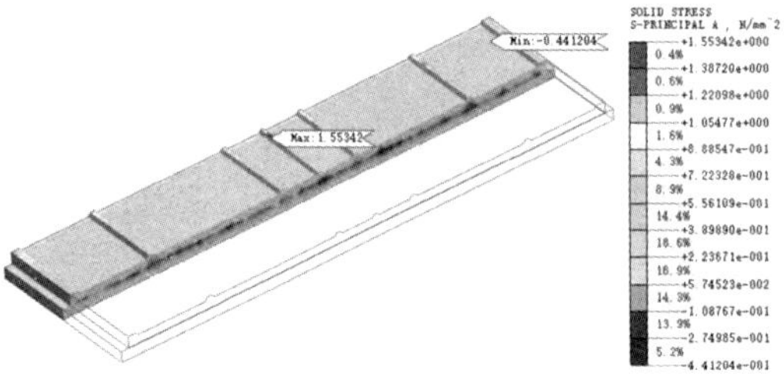

(g)第 504 h 应力场云图

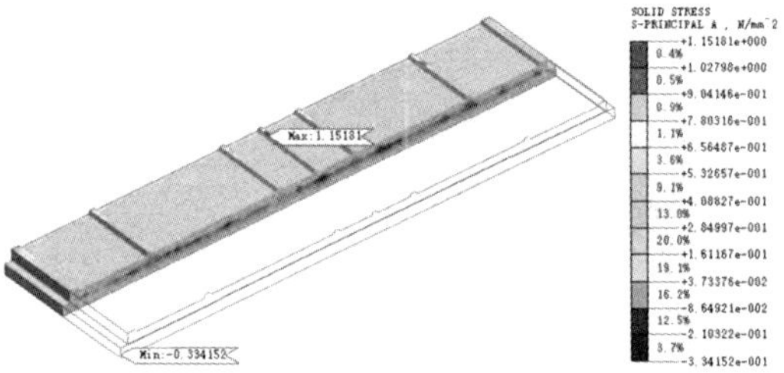

(h)第 672 h 应力场云图

图 7.27　隧道一步(底板)计算模型各主要时间点的应力场云图

由图 7.27 可知,隧道一步(底板)混凝土浇筑 1 天时,拉应力集中在底板外缘、转角处及腋角,后拉应力最大值点逐渐转移至侧墙上边缘,并形成一条狭长的拉应力带;在 4 天时拉应力达到最大值,其后逐渐减小。

隧道二步(侧墙及顶板)计算模型各主要时间点的应力场云图如图 7.28 所示。

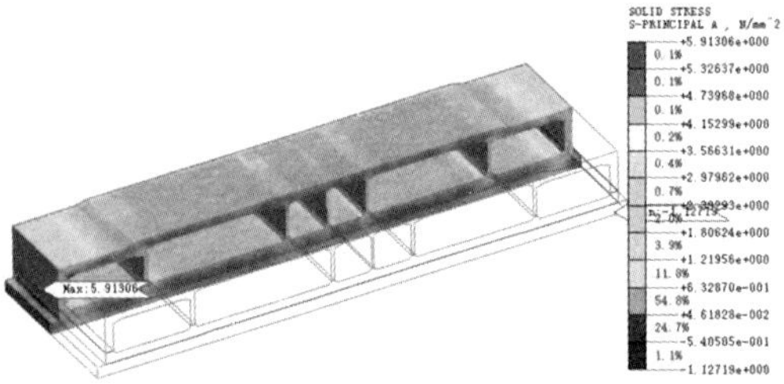

(a)第 24 h 应力场云图

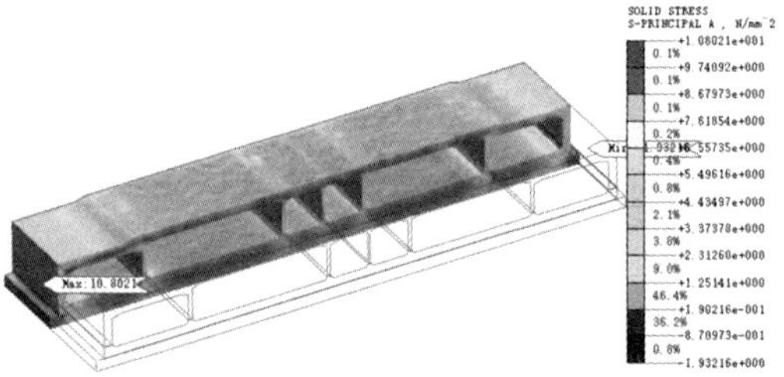

(b)第 48 h 应力场云图

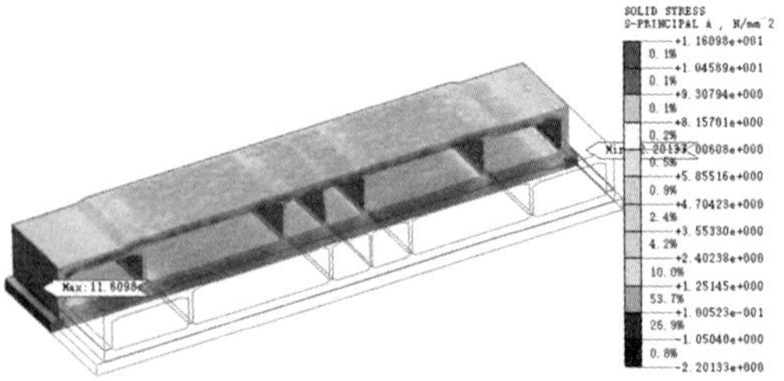

(c)第 72 h 应力场云图

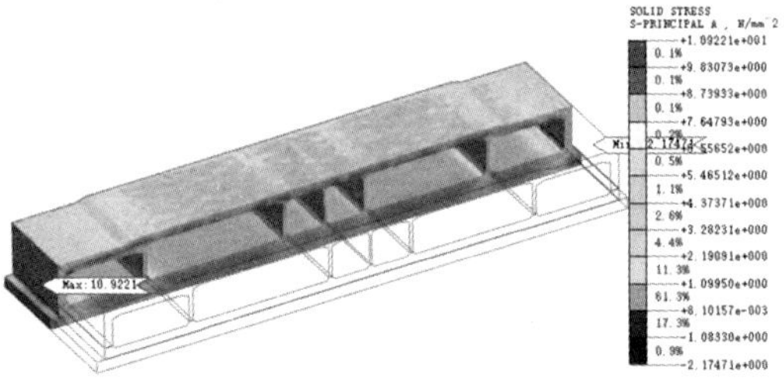

(d)第 96 h 应力场云图

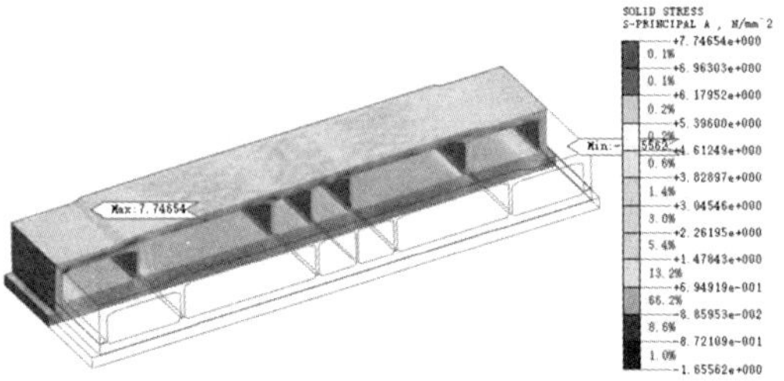

(e)第 168 h 应力场云图

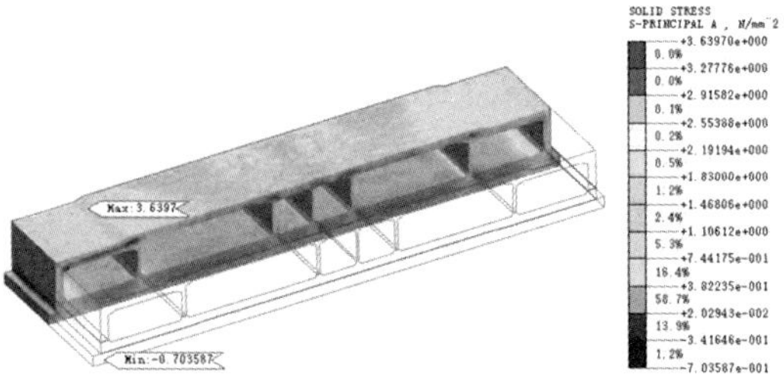

(f)第 336 h 应力场云图

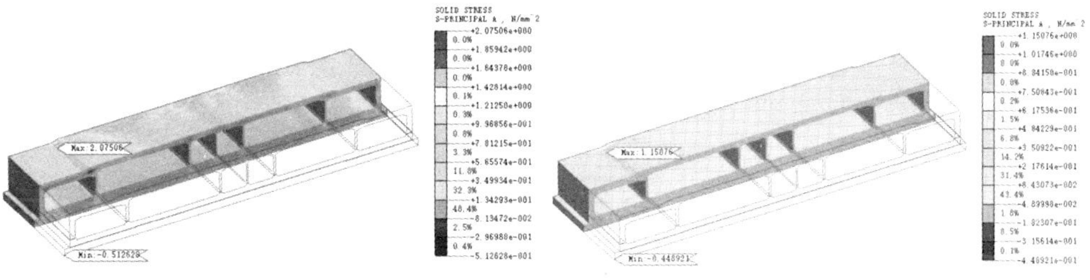

(g)第 504 h 应力场云图　　(h)第 672 h 应力场云图

图 7.28　隧道二步(侧墙及顶板)计算模型各主要时间点的应力场云图

由图 7.28 可知,隧道二步(侧墙及顶板)混凝土浇筑初期,拉应力集中在一、二步混凝土接触位置、转角处及腋角,后拉应力最大值点逐渐转移至边箱室内侧腋角处;在 4 天时拉应力达到最大值,其后逐渐减小。

7.6.8　温度监测

利用 midas FEA 软件得出的混凝土温度变化和温控措施的效果是在理想情况下进行的,而在实际浇筑和后期养护过程中,大体积混凝土结构可能会受到环境变化以及施工操作的影响,导致实际的温度场变化过程与理想效果有差异,因此需制定温度监测方案,实时监测混凝土温度场变化的过程。在实际工程中,常需监测的对象有混凝土的入模温度、气温、混凝土温度场等。

7.6.8.1　温度智能监控系统

本书采用某公司生产的大体积混凝土智能监控系统对大体积混凝土进行温度监控。该系统具有无线传输、实时监控、用户管理等功能,其测温原理如图 7.29 所示。

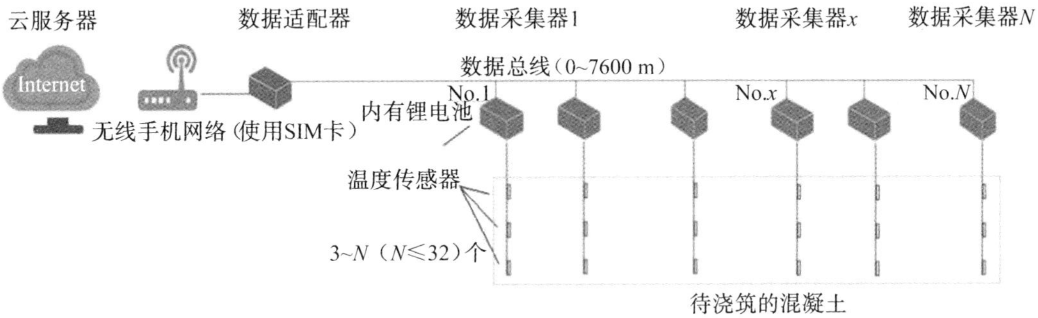

图 7.29　测温系统原理图

温度传感器是温度智能监控系统最重要的设备,它的选择应依据使用可靠和经济的原则,在满足监测要求的前提下,选择操作方便、价格适宜的。

(1)温度传感器为热敏电子传感器,性能稳定、可靠,适应性强,完全能够满足工程需要,其主要技术性能指标如下:

①测温范围:−50～150 ℃。

②工作误差：±0.5 ℃。

③分辨率：0.1 ℃。

④平均灵敏度：−2.1 mV/℃。

(2)温度传感器引线采用高温抗拉护套线，型号为 HYT-AD11XX。

(3)数据采集器的型号为 TG32-B(全网通 4G 版)，共设 32 个接头，其具有以下优点：

①设备可独立工作，一台设备包含了电子硬盘(现场定时采集记录的数据备份)、通用分组无线业务(GPRS，或全网通，实时传输到云)，现场无须配备计算机，用手机、平板电脑、个人计算机(PC)等都可随时随地查看和管理数据。

②具备数据续传、补传功能。

③具有网页自动报表、绘图功能。

④待机时间长，充电一次可持续工作 110 天。

数据采集器如图 7.30 所示。

图 7.30　数据采集器

7.6.8.2　智能监控平台及功能

混凝土智能监控平台实时在线监控主要是在微信公众号及 PC 端网站进行展示。用户可通过微信公众号在线实时接收现场的监控数据。同时，监控平台还设计了温差查询功能，用户可实时查询混凝土里表温差、最高温度的实时数据及变化曲线。

7.6.8.3　现场监测

(1)监控流程：应在混凝土浇筑前完成传感器的选购及铺设工作，并将屏蔽信号线连接到测试棚，各项测试工作在混凝土浇筑完成后应立即进行，且需连续不断。温度监控流程如图 7.31 所示。

(2)监测元件的埋设：应参照《大体积混凝土施工标准》(GB 50496—2018)及《大体积混凝土温度测控技术规范》(GB/T 51028—2015)，并根据黄河大道一期工程箱涵大体积混凝土的构造特点对监测元件进行改进，由具有埋设技术和经验的专业人员操作。

(3)温度测位、测点布置原则及要求：

①测位、测点的布置应能全面准确地反映大体积混凝土温度的变化情况，按照施工进度每昼夜在浇筑作业面布置1～2个测位；在混凝土的边缘、角部、中部及积水坑、电梯井边等部位可布置测位；混凝土浇筑体厚度均匀时，测位间距应为10～15 m，变截面部位可增加测位数量；在墙体的立面上，测位水平间距应为5～10 m，垂直间距应为3～5 m。

②根据混凝土的厚度，每个测位应布置5个测点，分别位于混凝土的表层、中心、底层及中上、中下部位。

③当进行水冷却时，测位应布置在相邻两冷却水管的中间位置，并在冷却水管进出口处分别布置温度测点。

④混凝土表层温度测点宜布置在距混凝土表面50 mm处，底层温度测点宜布置在混凝土浇筑体底面以上50～100 mm处。

⑤温度传感器直接埋入混凝土时，传感器和传输导线应有防护措施，以防止施工过程中损坏传感器和导线。

⑥将温度传感器放入直径为20～30 mm的金属保护管内时，金属管的底端应预先封堵，宜露出混凝土表面300 mm，并应将金属管予以固定。温度传感器安放完毕后，金属管上端口应进行密封保护处理。

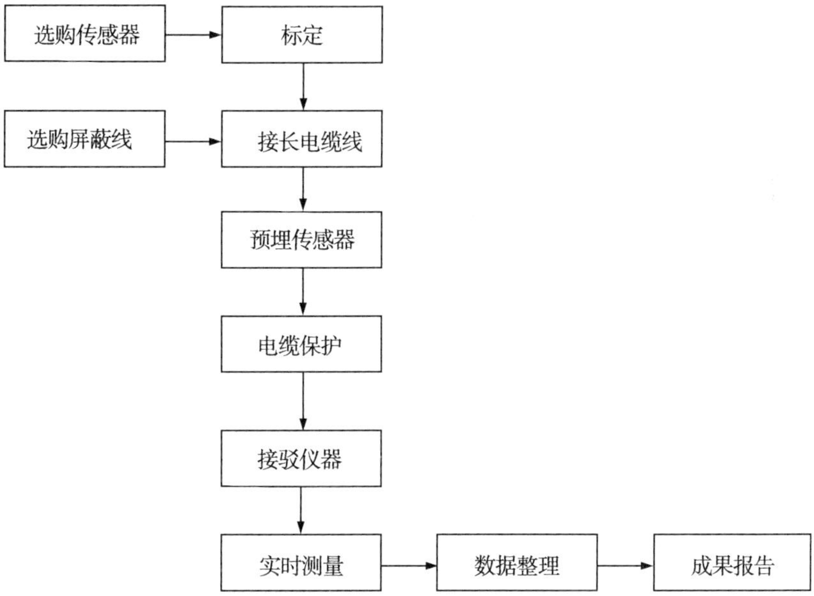

图7.31　温度监控流程

(4)温度测点布置方案：

①选取箱涵30 m标准节段的1/4象限进行测点布置，其中，横向轴线共布置A、B、C、D、E五排测点，测点A位于中墙内，测点D、E位于边墙内；竖向轴线共布置A、L、M、N四排测点，均位于中墙内；边墙内共布置D、F、H、J及E、G、I、K两排测点。

②底板及顶板混凝土中，单排各设置上、中、下三个测点。

③中墙及边墙混凝土中，单排各设置下、中两个测点。

本标准段箱涵测温系统共布置108个测点，选3台32通道和1台16通道的自动测温记录仪、温度传感器以及相应的导线，合理安排导线长度和测温记录仪的安装位置，可满足箱涵一、二步混凝土浇筑温度监测需求。测温传感器的布置如图7.32所示。

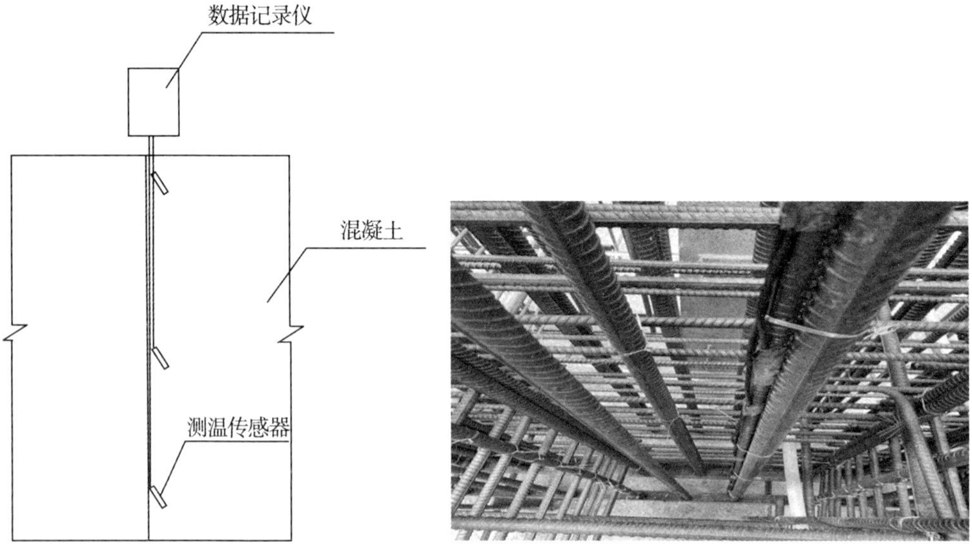

(a)测温传感器现场布置示意图

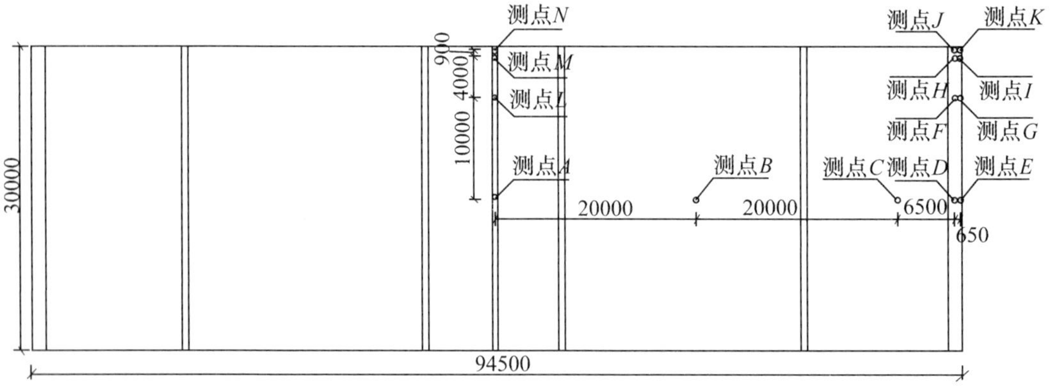

(b)测温传感器布置平面示意图

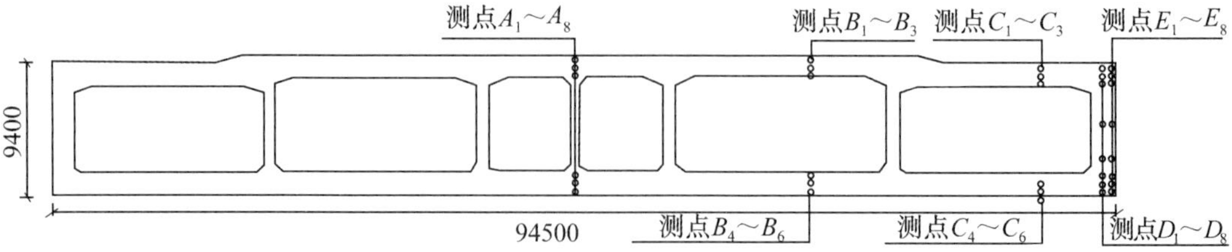

(c)测温传感器布置横断面示意图

图7.32　测温传感器的布置

(5)温度监测:混凝土浇筑初期,水化反应剧烈,温度变化大。混凝土浇筑 3 d 内,应设置自动测温记录仪,每隔 10 min 采集一次数据,温度采集界面如图 7.33 所示;浇筑 3～7 d 时,可调整至每隔 1～3 h 采集一次数据;浇筑 7 d 后,依据温度变化情况调整数据采集间隔时间。混凝土温度采集时间持续 30 d。此外,要同步监测记录环境温度、湿度、风速等情况,遇到大风或气温骤降时,应加强保温并适当增加温度采集次数。混凝土浇筑时,每隔 2 h 测量一次混凝土入模温度,采用电子温度计直接在浇筑现场测量。温度监测期间,应及时分析处理采集的数据,并根据所测数据判断混凝土的实际温度变化是否在规定范围内。

温度历史数据: - Google Chrome

不安全 | iot.0531hyt.net/main_web/DatLlistShow/TG_/tg_list_Wendu.ASP?UserId=JNCJHHDQ&SN=50FF6C067266535452521967&nickName=101%CF%C2%CB%

72 29 30 31 32 33 34 35 36 37 38

历史数据 (SN: 50FF6C067266535452521967,TGID: BF377, 别名: 101下塔柱第一节顺桥向, 通道数: 16)

编号	设备时间	通道数	#01	#02	#03	#04	#05	#06	#07	#08	#09	#10	#11	#12	#13	#14	#15	#16	电压(V)	信号强度
11034	2022-04-28 06:30:27	16	23.27	20.47	20.68	30.68	24.27	23.73	30.69	23.90	23.55	26.41	23.12	22.83	E1	E1	18.70	14.73	8.6	26
11033	2022-04-28 06:20:27	16	23.16	20.47	20.77	30.26	24.20	23.69	30.26	23.84	23.51	26.22	23.01	22.83	E1	E1	18.73	14.73	8.6	20
11032	2022-04-28 06:10:27	16	23.04	20.47	20.87	29.87	24.13	23.68	29.87	23.80	23.48	26.01	22.90	22.83	E1	E1	18.73	14.75	8.6	25
11031	2022-04-28 06:00:27	16	22.93	20.47	20.97	29.52	24.08	23.65	29.50	23.76	23.44	25.83	22.80	22.83	E1	E1	18.76	14.87	8.6	23
11030	2022-04-28 05:50:27	16	22.81	20.48	21.05	29.22	24.02	23.63	29.18	23.73	23.43	25.66	22.70	22.81	E1	E1	18.77	14.87	8.6	25
11029	2022-04-28 05:40:27	16	22.72	20.50	21.16	28.94	23.98	23.63	28.87	23.70	23.44	25.51	22.61	22.80	E1	E1	18.80	14.88	8.6	21
11028	2022-04-28 05:30:27	16	22.62	20.51	21.22	28.66	23.93	23.68	28.59	23.68	23.48	25.34	22.51	22.76	E1	E1	18.81	14.90	8.6	21
11027	2022-04-28 05:20:27	16	22.54	20.54	21.34	28.40	23.88	23.66	28.33	23.66	23.50	25.20	22.44	22.69	E1	E1	18.83	14.97	8.6	23
11026	2022-04-28 05:10:27	16	22.44	20.56	21.50	28.15	23.84	23.62	28.08	23.63	23.48	25.06	22.34	22.44	E1	E1	18.83	14.98	8.6	23
11025	2022-04-28 05:00:27	16	22.37	20.59	21.66	27.91	23.80	23.55	27.86	23.61	23.45	24.94	22.26	17.37	E1	E1	18.84	15.05	8.6	21
11024	2022-04-28 04:50:27	16	22.27	20.62	18.52	27.69	23.76	22.79	27.65	23.58	22.56	24.83	22.18	15.19	E1	E1	18.87	15.08	8.6	22
11023	2022-04-28 04:40:27	16	22.19	20.65	15.19	27.48	23.73	14.25	27.44	23.56	14.72	24.72	22.08	14.87	E1	E1	18.88	15.16	8.6	20
11022	2022-04-28 04:30:27	16	22.12	20.69	15.79	27.27	23.69	13.83	27.23	23.55	14.48	24.62	22.01	14.83	E1	E1	18.91	15.15	8.6	20
11021	2022-04-28 04:20:27	16	22.04	20.73	15.58	27.08	23.66	14.62	27.04	23.52	14.90	24.52	21.91	14.68	E1	E1	18.91	15.12	8.6	21
11020	2022-04-28 04:10:27	16	21.97	20.76	16.00	26.87	23.63	14.63	26.84	23.51	15.08	24.44	21.81	14.51	E1	E1	18.94	15.15	8.6	21
11019	2022-04-28 04:00:28	16	21.91	20.81	16.81	26.68	23.61	15.23	26.65	23.48	16.04	24.37	21.72	14.61	E1	E1	18.95	15.20	8.6	19
11018	2022-04-28 03:50:27	16	21.83	20.87	15.26	26.48	23.56	15.56	26.47	23.45	16.25	24.30	21.61	14.55	E1	E1	18.97	15.23	8.6	20
11017	2022-04-28 03:40:27	16	21.77	20.91	14.01	26.29	23.54	14.40	26.27	23.44	14.29	24.26	21.48	14.54	E1	E1	18.98	15.23	8.6	20

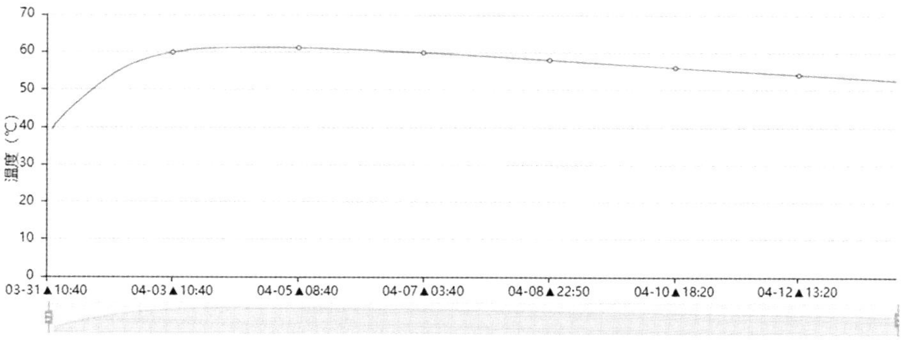

图 7.33　混凝土温度监测数据及曲线图

为研究计算结果和实测结果的拟合程度,本书取 A_2、A_7、B_1、B_4 等 4 个典型测点对比温度计算值和实测值,以此来验证有限元软件计算的准确性。温度对比如图 7.34 所示。

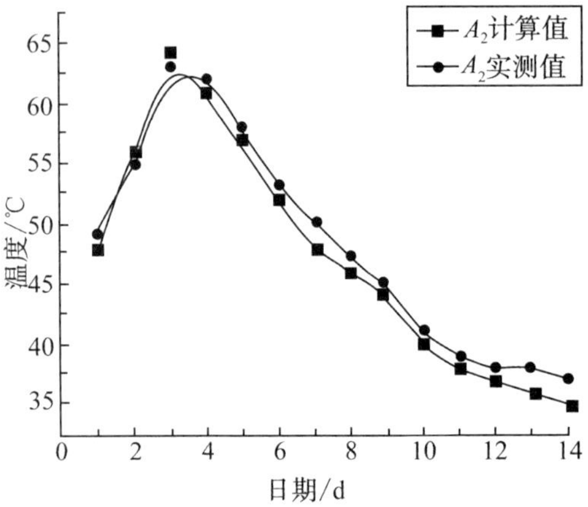

(a)测点 A_2 计算温度与实测温度对比曲线

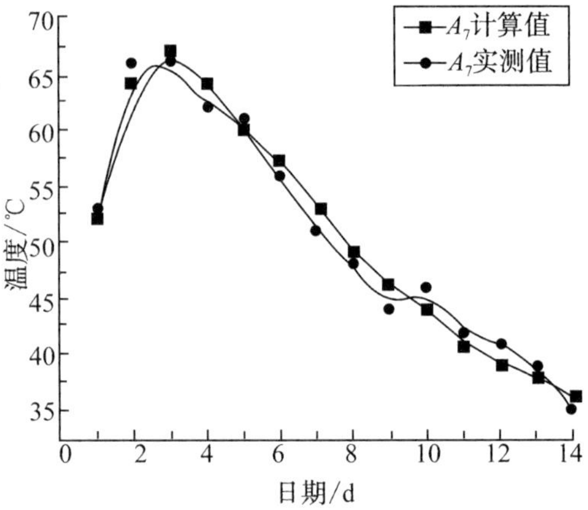

(b)测点 A_7 计算温度与实测温度对比曲线

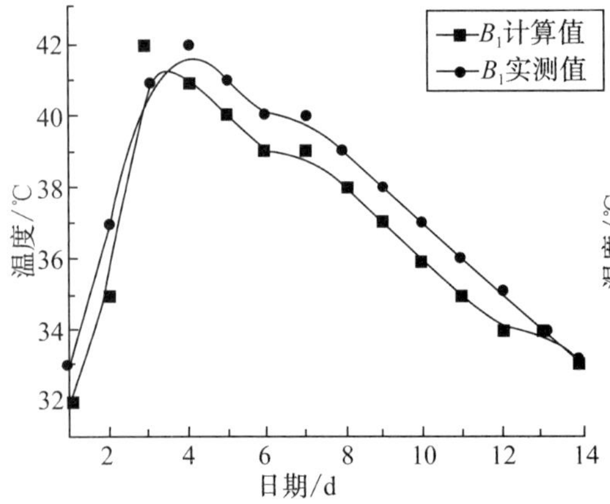

(c)测点 B_1 计算温度与实测温度对比曲线

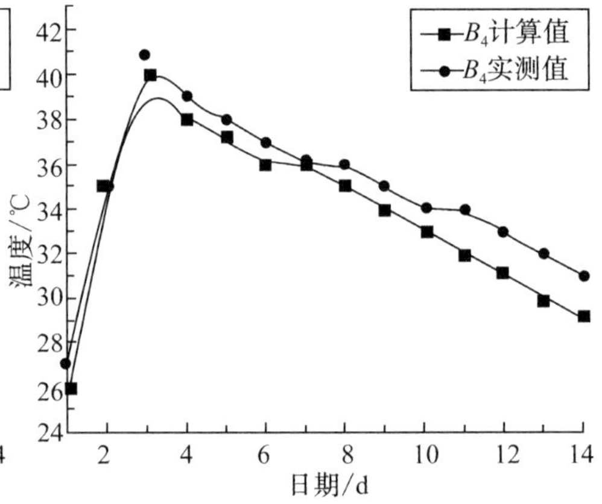

(d)测点 B_4 计算温度与实测温度对比曲线

图 7.34　典型测点温度对比曲线

由图 7.34 可知，计算温度与实测温度的温度场变化趋势基本一致，两者的拟合度较好，虽然在个别时间段内有较大误差，但总体来说有限元软件的计算结果较为可靠。

7.6.8.4　各测点温差分析

根据《大体积混凝土温度测控技术规范》(GB/T 51028—2015)的规定，混凝土里表温差的控制值应符合表 7.38 的规定。

表 7.38　混凝土里表温差的控制值

混凝土厚度/m	里表温差/℃
＜1.5	20
1.5～2.5	25
＞2.5	28

根据现场实测温度，本书绘制了各典型测点混凝土里表温差图，如图 7.35 所示。

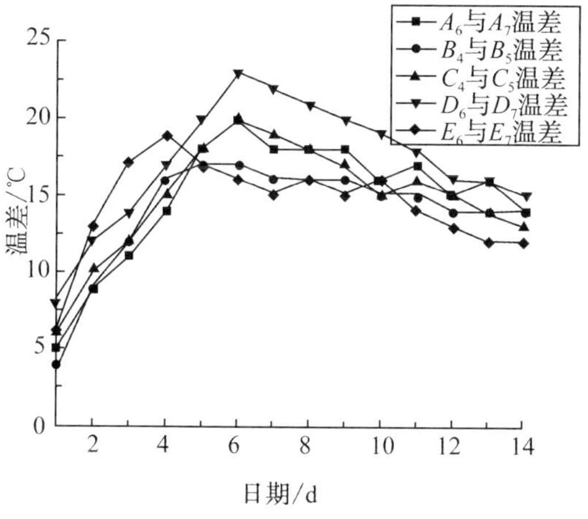

(a)底板测点混凝土里表温差曲线

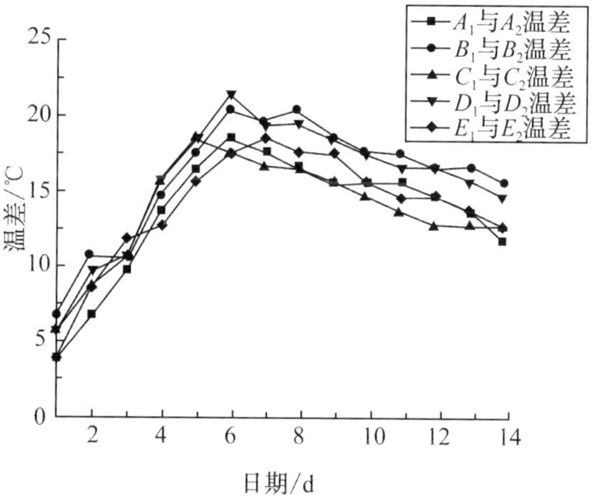

(b)顶板测点混凝土里表温差曲线

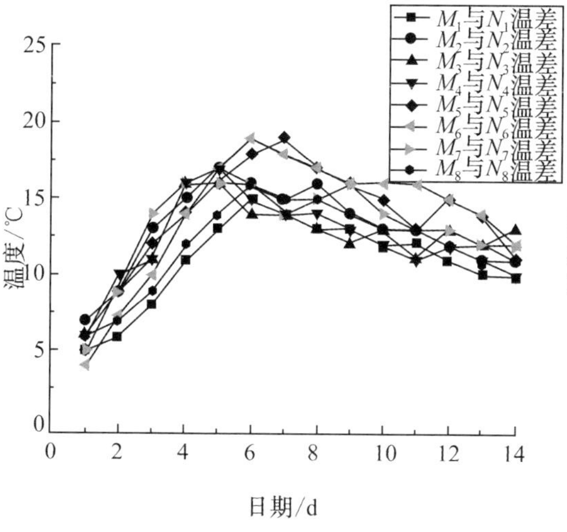

(c)中墙测点混凝土里表温差曲线

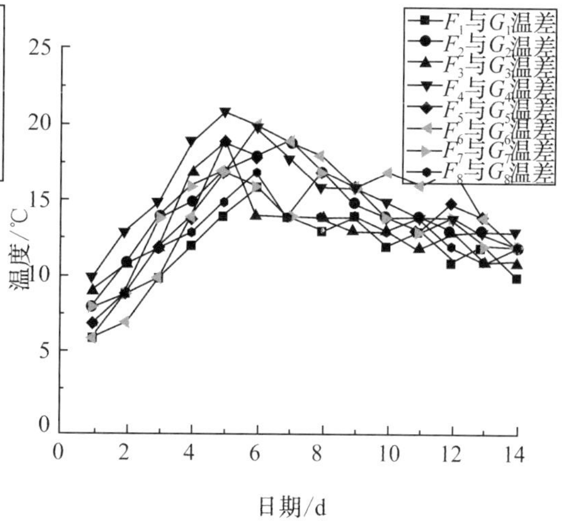

(d)边墙测点混凝土里表温差曲线

图 7.35　典型测点里表温差曲线

由图 7.35 可知，大部分测点的混凝土里表最大温差在 20 ℃以内，个别测点为 20～25 ℃，未超过规定限值。

7.6.8.5　各测点应力分析

对典型截面位置处应力进行计算分析，结果如图 7.36 所示。

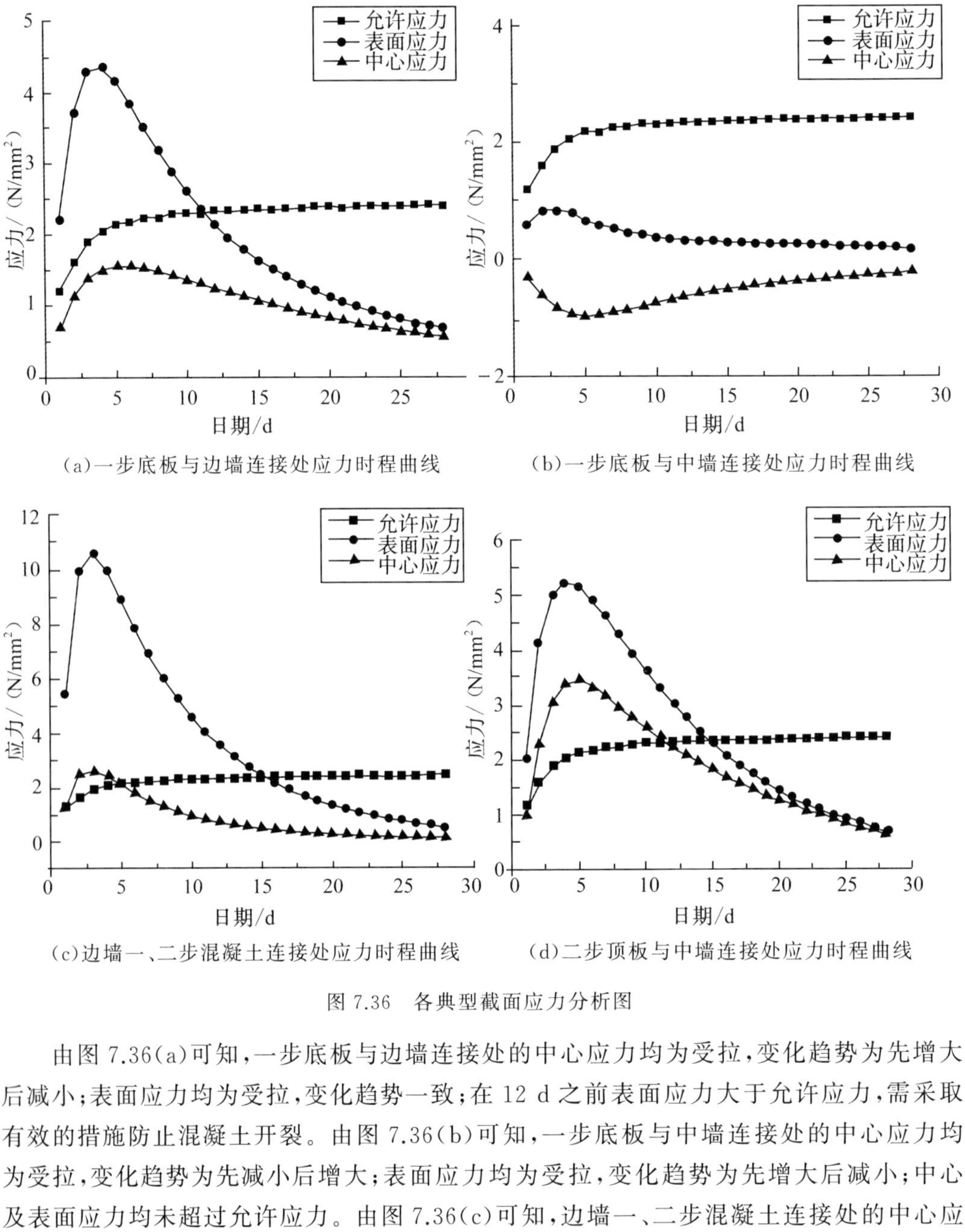

(a)一步底板与边墙连接处应力时程曲线　(b)一步底板与中墙连接处应力时程曲线

(c)边墙一、二步混凝土连接处应力时程曲线　(d)二步顶板与中墙连接处应力时程曲线

图 7.36　各典型截面应力分析图

由图 7.36(a)可知,一步底板与边墙连接处的中心应力均为受拉,变化趋势为先增大后减小;表面应力均为受拉,变化趋势一致;在 12 d 之前表面应力大于允许应力,需采取有效的措施防止混凝土开裂。由图 7.36(b)可知,一步底板与中墙连接处的中心应力均为受拉,变化趋势为先减小后增大;表面应力均为受拉,变化趋势为先增大后减小;中心及表面应力均未超过允许应力。由图 7.36(c)可知,边墙一、二步混凝土连接处的中心应力均为受拉,变化趋势为先增大后减小;表面应力均为受拉,变化趋势一致;在 15 d 之前表面应力大于允许应力,需采取有效的措施防止混凝土开裂。由图 7.36(d)可知,二步顶板与中墙连接处的中心应力均为受拉,变化趋势为先增大后减小;表面应力均为受拉,变化趋势一致;在 12 d 之前中心应力及表面应力均大于允许应力,12～15 d 时表面应力大于允许应力,需采取有效的措施防止混凝土开裂。

7.7 混凝土生产过程质量管控

黄河大桥拌和站试验室应着重从以下几方面做好生产过程中的混凝土质量控制工作，以保证黄河大道混凝土外观均匀一致、泵压稳定、混凝土强度的离散性低等。

(1)在每次进行混凝土浇筑前，都应用自购砝码专门校正减水剂秤的准确度。每浇筑 5 次混凝土后，即应对胶凝材料秤、集料秤、水秤进行校验。

(2)混凝土拌和物的搅拌时间夏天按 120 s 控制，冬天按 150 s 控制，减水剂采用滞水掺入法加入，滞水时间 20 s，以减少水泥中的 C_3A 对减水剂的消耗，提高混凝土工作度保持能力。

(3)加强混凝土搅拌时的质量控制。在每次浇筑混凝土时，试验室应派专人定岗到搅拌楼，在混凝土搅拌时随时打开搅拌机观察孔目测混凝土质量偏差。该值班人员应随时和黄河大道施工现场值班技术员就混凝土状态、质量进行沟通，保证用于黄河大道主体结构工程施工的混凝土拌和物状态、质量优异。

(4)浇筑混凝土时，应配备专门测定细集料含水率和拌和物坍落度的试验人员。对浇筑过程中的集料含水率和混凝土坍落度，应随时测定，并适当增加每班测定的频率，同时应对所测数字详细记录。含水率出现波动时，应及时对混凝土配合比作出调整。

(5)严格控制砂的细度模数。应保证黄砂的各项指标参数均满足黄河大道一期工程主体结构混凝土黄砂质量标准要求。

(6)严格按照黄河大道主体结构工程混凝土特有的粗集料曲线控制验收粗集料。加强对碎石运输车表面、底部等不同部位的碎石进行抽检，保证粗集料的匀质性。

(7)严格控制细集料(河砂)卸车时间。在黄河大道主体结构混凝土浇筑前 24 h，必须将运输车里的集料卸到储料舱内，其目的是使细集料在专门的集料舱内“滤水”24 h，稳定细集料的含水率。

(8)每批新进场的减水剂，都要抽样进行水泥净浆流动度试验。品质稳定的减水剂是混凝土离散性低的重要保证。

(9)水泥进场时间至少应提前半个月，以此来降低水泥温度，杜绝混凝土假凝或速凝的情况发生。

(10)黄河大道主体结构浇筑时，应根据气温的高低，对入泵前和入泵后混凝土的坍落度、扩展度进行检测，并根据现场实际情况以及混凝土泵送前、后的工作性能变化情况，确定是否适量调整减水剂的掺量，以保证混凝土经过泵管泵送后的工作度保持能力。

通过以上现场混凝土质量控制措施，混凝土表面应无蜂窝麻面、水线等外观缺陷产生。所浇筑混凝土应强度稳定，通过对所浇筑混凝土的统计表明，箱涵主体结构混凝土强度均匀，强度均方差和变异系数均很小。

7.8 主体结构检测

7.8.1 主体结构混凝土抗压强度统计分析

在相同制作工艺、标准养护条件、相同龄期下，C40P8混凝土的抗压强度基本符合正态分布。表7.39、表7.40和表7.41分别为黄河大道主体结构底板、侧墙和顶板混凝土抗压强度统计结果。从表中可以看出，不同工区、主体结构不同部位C40P8混凝土的抗压强度、标准差均满足设计及规范要求。

表7.39 底板混凝土抗压强度统计结果

标段	设计强度等级	统计平均强度/MPa	强度标准差/MPa	变异系数/%
1工区	C40	52.2	3.4	6.5
2工区		53.4	2.1	3.9
3工区		51.9	1.8	3.5
4工区		49.8	2.3	4.6
5工区		52.8	2.2	4.2

表7.40 侧墙混凝土抗压强度统计结果

标段	设计强度等级	统计平均强度/MPa	强度标准差/MPa	变异系数/%
1工区	C40	51.2	3.1	6.1
2工区		52.6	2.5	4.8
3工区		53.9	1.9	3.5
4工区		51.0	2.7	5.3
5工区		52.5	2.2	4.2

表7.41 顶板混凝土抗压强度统计结果

标段	设计强度等级	统计平均强度/MPa	强度标准差/MPa	变异系数/%
1工区	C40	50.3	3.1	6.2
2工区		51.4	2.0	3.9
3工区		50.9	1.9	3.7
4工区		48.7	2.3	4.7
5工区		52.8	2.2	4.2

7.8.2 主体结构混凝土抗压强度发展规律

对隧道主体结构 C40P8 混凝土标准养护试件抗压强度的发展规律进行统计分析，结果如图 7.38 所示。由图 7.38 可以看出，其抗压强度早期增长较快，后期变慢。

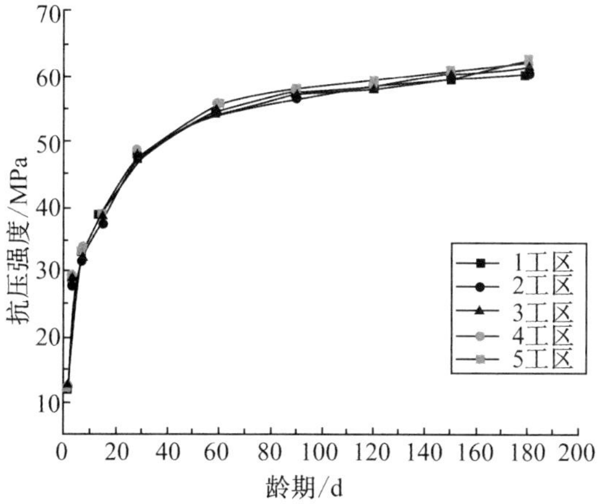

图 7.38 C40P8 混凝土标准养护试件的抗压强度发展规律

7.8.3 主体结构保护层厚度统计分析

混凝土保护层厚度是保证混凝土耐久性的重要指标之一。当仅考虑氯离子扩散时，混凝土保护层厚度与钢筋脱钝时间的延长之间有如下关系：保护层厚度增加 1 倍，钢筋脱钝时间增加 3 倍。尽管如此，混凝土保护层厚度也不能随意增加，因为若没有钢筋的约束，混凝土将成为素混凝土而容易开裂。

随机抽取各个标段主体结构混凝土保护层厚度（共计采样 5000 个点）进行统计分析得出，混凝土保护层厚度的平均值为 43 mm，标准偏差为 8 mm，说明施工控制水平良好。

7.8.4 主体结构混凝土抗渗性分析

混凝土的抗渗性是控制其劣化速率的关键因素。混凝土抗渗性的高低可以直接反映其抵抗地下水渗入的能力。从抗冻层面来讲，越低的抗渗性，越可以提高混凝土的抗冻性，因为混凝土中水的临界饱和度难以达到，所以混凝土难以被破坏。

对施工现场 1355 组 C40P8 混凝土试件的抗渗性能进行检测，结果均满足抗渗要求。

7.9 总 结

本书依托山东省济南地区黄河大道一期工程，采用有限元分析软件 midas FEA 建立了地下道路结构水化热分析模型，针对目前大体积混凝土开裂的原因以及容易开裂的部位进行分析和总结，并得出了一些重要的结论。

影响大体积混凝土结构产生裂缝的因素有很多，比如混凝土本身的热力学特性、混凝土配合比、水泥用量、冷管布置、施工措施、养护措施等，它们会对混凝土的水化热温度产生不同的影响。在实际工程中，应该通过实际条件选取最优措施对大体积混凝土的施工进行控制，减少温度应力，防止裂缝产生。

混凝土的入模温度与原材料和拌和用水温度均呈正相关关系，相同条件下，降低原材料温度效果会更好。

黄河大道主体结构内部高温容易出现在内部散热不良处，浇筑块表面的温度峰值出现的时间最早，温度峰值最小；靠近地基处或者下层混凝土处温度峰值出现的时间最晚，温度峰值与内部最高温度值接近。

通过对比分析实测数据与理论计算值发现，当混凝土配合比、入模温度一定时，考虑大体积混凝土承台内部管冷系统以及施工环境温度后，大体积混凝土承台内部实测绝热温升最大值与理论值基本吻合。采用大掺量矿物掺合料的混凝土配合比以及较低的入模温度能迅速降低结构内部绝热温升最大值。实测内部绝热温升最大值出现的时间与模型计算值存在偏差。结构表面温度实测值波动较大，主要由于环境温度变化较大，现场保温措施不规范；结构里表温差也呈波动状态。

大体积混凝土结构表面自然散热，在结构中不布置管冷系统，入模温度与混凝土内部最高温、表面最高温以及混凝土里表温差呈线性相关。入模温度每提高 1 ℃，结构内部最高温约提高 1 ℃，结构表面最高温约提高 0.2 ℃，结构里表温差最大值约提高 0.9 ℃。混凝土绝热温升的理论计算值越大，入模温度对于结构里部绝热温升最大值、表面温升最大值以及里表温差的影响程度越大。

通过降低环境温度和入模温度以及改变结构与环境的热交换条件等可以达到降低混凝土水化热和构件的里表温差的目的，从而降低梁板墙所承受的拉应力；通过采取合理配筋、在构件约束部位适当释放约束、在养护时加大环境湿度等措施可在一定程度上避免由混凝土收缩带来的裂缝；通过分层分段浇筑，既可以分散混凝土内部温度的聚集，达到降低混凝土水化热的目的，又可以在预留的后浇带和施工缝中减小混凝土的收缩。

在以上导致混凝土产生裂缝的因素中，调整环境温度和分层分段浇筑对混凝土裂缝的影响最大。由于黄河大道一期工程主体结构是在夏季高温情况下浇筑的，因此控制好夏季高温环境下混凝土的温度至关重要。

第8章 现浇地下结构空心顶板设计及施工技术

8.1 空心顶板技术

8.1.1 现浇混凝土空心无梁楼盖技术研究及应用

8.1.1.1 概况

现浇混凝土空心无梁楼盖技术在我国的应用已有20余年的时间，被成功应用于各类建筑工程，收到了良好的效果。空心楼板体系适用于各种跨度和各种荷载的建筑，具有使用功能优良、抗震性能好、综合经济效益高等优点。目前，空心无梁楼盖技术已形成《现浇混凝土空心楼盖技术规程》(JGJ/T 268—2012)、《混凝土结构用成孔芯模》(JG/T 352—2017)、《现浇混凝土空心结构用石膏模盒》(JC/T 2472—2018)、《现浇混凝土空心楼盖标准图集》(05SG343)等一系列技术规范体系，使其从芯模产品生产到空心楼盖设计再到施工应用都具有完备的技术依据。

8.1.1.2 技术原理

在钢筋混凝土受弯构件中，对正截面而言，可以把中性轴区域的混凝土除去一部分，形成"工"字形截面构件，这样可以节约材料和减轻结构自重。由于自重的减小，截面的自重弯矩也会相应减小，从而充分发挥抵抗外荷载弯矩的能力。从施工角度看，做成"工"字形截面工序复杂，模板拆除困难，于是人们便想到用一种空心管代替厚板中部的混凝土，从而达到与"工"字形截面相同的效果。从正截面强度的角度来看，两种截面的承载能力是基本等同的。空心无梁楼盖技术的设计思路如图8.1所示。

现浇混凝土空心无梁楼盖技术的原理是：在现浇楼板中放置GBF高强薄壁管或轻质芯模，形成孔洞。垂直于布管方向的楼板截面变成了多个类"工"字形截面(见图8.2)，顺布管方向的楼板截面变成了平面外有联系的"吕"字形截面(见图8.3)。原来集中受力的梁变成了无数分散空间受力的类"工"字形梁结构体系。

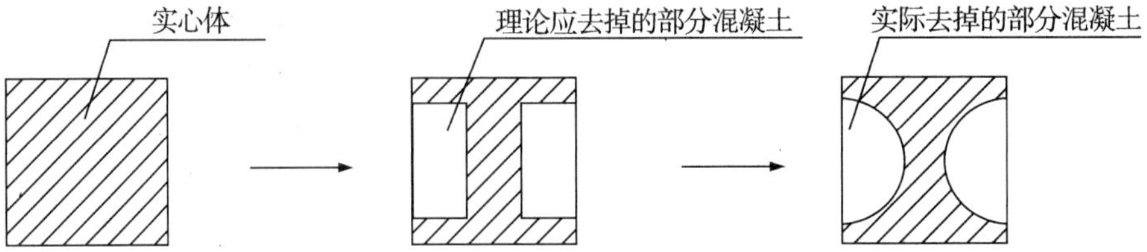

图 8.1　空心无梁楼盖技术的设计思路

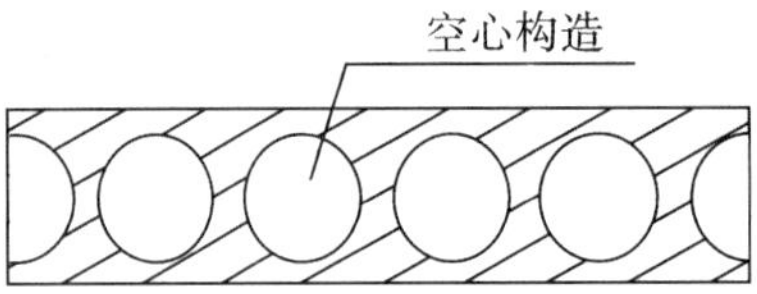

图 8.2　垂直于布管方向的楼板截面

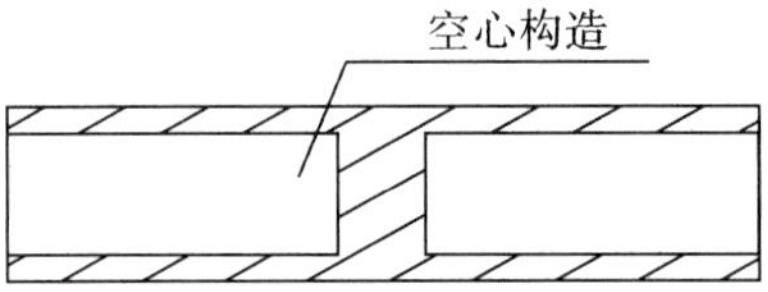

图 8.3　顺布管方向的楼板截面

8.1.1.3　施工控制

(1)模板安装及支撑：

①根据楼板的设计情况，楼板底模一般选用聚氨酯胶合板，支撑采用脚手架钢管。

②模板应按规范要求设置一定的预拱度。

③模板安装完成并验收合格后，应对暗梁、GBF 薄壁管、预埋管、预留孔等进行放线定位，核对无误后转入下一道工序施工。预留孔应在放线检查后提前打好，严禁事后打洞。

(2)钢筋安装：

①暗梁、板底层钢筋绑扎完成后，应立即安装混凝土保护层垫块，并固定牢固。

②板底钢筋绑扎完成后，应进行预埋水管、电线管、电线盒的安装，且安装必须配合土建进度进行。为减少对楼盖端面的削弱，管线盒、预埋管的交叉点应尽可能布置在管间肋位置，与薄壁管相交的管子宜采用钢管，管线盒、预埋管施工完成后再进行薄壁管的铺设施工。

③暗梁楼盖底层钢筋及薄壁管间钢筋安装完毕后，必须进行初验，并确定钢筋的垫块完整可靠后，方可进行薄壁管的铺设施工。

④薄壁管间的钢筋宜先做成网片，再进行现场安装。

(3)薄壁管安装：

①GBF 薄壁管吊至楼面进行安装前，须对其进行外观检查和质量验收，吊至楼层的薄壁管有微小破损时，可采用黏胶带进行封补。

②放线排管时，可将其与最靠近的梁、墙钢筋间距调为 50～70 mm，与预留孔洞的净间距调为不小于 50 mm。

③GBF 薄壁管安装完成后，不允许直接踩踏。

④为防止薄壁管在浇注混凝土时因侧压力不平衡，造成平面位置移动，可采用小木楔在两管间进行临时定位。两根管之间必须设两个木楔子，以保证管间肋宽准确，在混凝土浇筑后初凝前应及时拔出，不得遗漏。木楔子的长宽应同管间肋宽，高宜大于管径

80～100 mm，以便于拔出。

⑤GBF 薄壁管抗浮固定：在每段管距两头 1/4 处各做一点抗浮固定。采用 12 号铁丝与下层钢筋通过模板与支模架连接，以满足 GFB 薄壁管的抗浮锚定要求。GBF 薄壁管抗浮固定如图 8.4 所示。

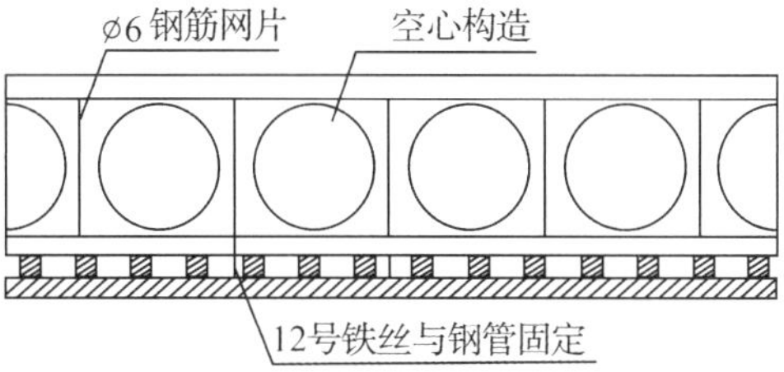

图 8.4　GBF 薄壁管抗浮固定示意图

(4)混凝土浇筑：

①在混凝土浇筑过程中，应将泵送混凝土的管子搭设钢管架安装固定，不能将管子放在薄壁管上，施工人员不得踩踏板筋和薄壁管。

②空心楼板浇筑时，应采用直径为 35 mm 的插入式振动器和平板振动器协同振动。

③浇筑混凝土时，应配备适量的木工和钢筋工，以在浇筑作业进行过程中及时修补、调整薄壁管与钢筋。

④混凝土振捣采用插入式振捣器，除了在肋间插入振捣外，还应加强管端的振捣。混凝土的浇筑方向应沿薄壁管纵管单向进行。

GBF 薄壁管施工如图 8.5 所示。

图 8.5　GBF 薄壁管施工

8.1.2　大跨度预应力现浇空心楼盖技术研究及应用

8.1.2.1　概况

大跨度预应力现浇空心楼盖体系与预应力技术相结合，具有结构跨度大、混凝土用量少、结构自重轻、地震作用小、隔声隔热效果好等优点。该体系结构性能稳定，施工质量便于控制，因此得到了越来越多建设单位、设计单位的认可，工程应用也越来越广泛。

8.1.2.2 技术原理

现浇空心楼盖板中的空腔由填充构件形成，当采用圆管作为填充构件时，空心率低，空心楼盖板在两个方向的受弯性能不同，支撑该楼盖板的结构构件会有荷载分配不均匀的现象，即垂直于板孔的构件分配的荷载大于平行于板孔的构件分配的荷载。如果在现浇楼盖板中按照一定的间距铺设预制薄壁空心箱体作为内模，抽空板截面中部的混凝土来形成空心楼盖，则可以克服圆孔空心楼盖的缺点。这种楼盖与密肋楼盖相比，不需要支肋梁侧模，不需要吊顶；与普通楼盖相比，自重显著减小，综合效益显著。

现浇箱体空心楼盖比一般圆形空心楼盖空心率高，进一步降低了自重，更易满足大跨度结构要求，常用跨度一般为 10～18 m。如果与预应力技术相结合，最大跨度可达到 35 m 以上，拓宽了混凝土结构的适用范围。

现浇箱体空心楼盖板结构平面示意图如图 8.6 所示，横截面示意图如图 8.7 所示。

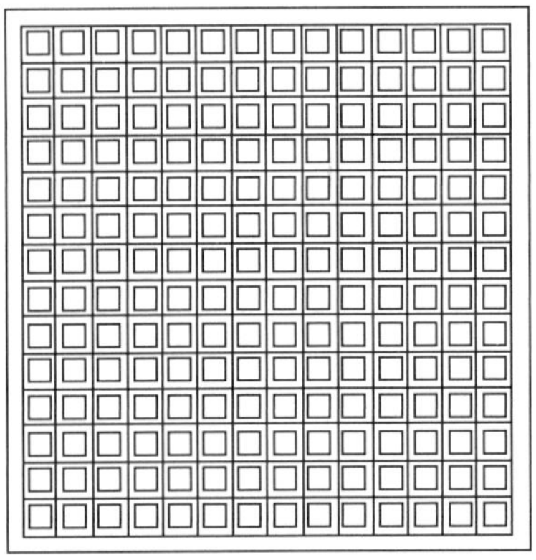

图 8.6　现浇箱体空心楼盖板结构平面示意图

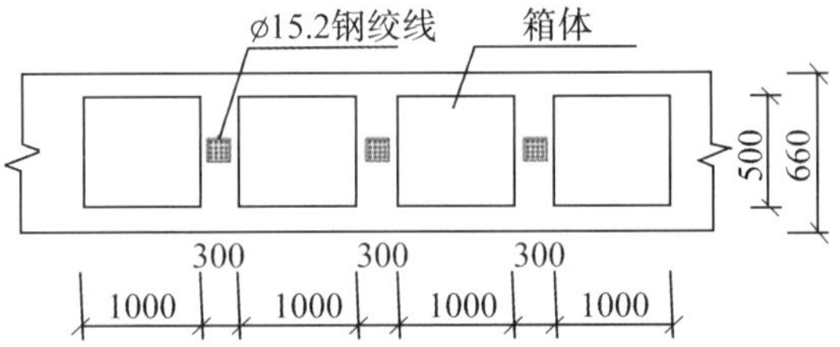

图 8.7　现浇箱体空心楼盖板结构横截面示意图

大跨度预应力现浇空心楼盖体系采用无黏结预应力技术，根据箱体的规格尺寸，以及预应力筋分布的构造要求，在箱体之间设置宽度约为 300 mm 的肋梁，预应力筋集中布置在肋梁内。在空心板周边的框架梁中采用有黏结预应力技术。混凝土强度等级为 C40，非预应力钢筋采用 HRB335 钢筋。现浇空心楼盖板空心箱体安装如图 8.8 所示。

图 8.8　现浇空心楼盖板空心箱体安装

8.1.2.3 施工控制

(1)由于采用正方形的箱体材料作为内模,相对于以往采用单向筒体空心管材料作为内模,现浇空心双向板实现了真正意义上的双向受力,更适合四边支撑的房屋楼盖结构,受力更为合理。与预应力技术结合后,更能满足大跨度、大空间的要求。

(2)由于所采用的箱体本身平面尺寸较大(1000 mm×1000 mm),不利于箱体底部板的混凝土浇筑和振捣,因此,在箱体的中部设置了竖向孔洞。

(3)箱体的固定是施工工艺中很重要的一环。由于箱体为空心密闭箱体,混凝土浇筑时会产生较大浮力,若不采取有效抗浮措施,会影响施工质量甚至结构安全。箱体之间有肋梁和限位钢筋,使其平面位置容易保证。为防止箱体上浮,可在板上层钢筋绑扎完毕后,用钢丝穿过模板和箱体中间的孔洞将箱体、板上层钢筋、肋梁钢筋和支撑模板的钢管绑扎在一起。

大跨度预应力现浇空心楼盖板施工如图 8.9 所示。

图 8.9 大跨度预应力现浇空心楼盖板施工

8.1.3 地铁车站密肋空心顶板技术研究

8.1.3.1 概况

地铁车站密肋空心顶板结构是在地铁车站的顶板上按照相关要求,布置空心轻质的箱体材料,以达到去掉其中性轴附近混凝土的目的。该技术可改善车站的顶板结构,减少混凝土用量,降低结构自重进而提高结构的受力性能以及节约工程材料,适用于空间较大的以及有人防要求的地下空间结构。

兰州交通大学李盛教授团队在 2020 年结合建筑结构中密肋空心板的结构形式及理论方法,提出了在地铁车站主体结构设计中引入密肋空心板结构,取代目前的实体框架构造的方法;通过数值模拟,重点研究密肋空心板的力学性能,并从经济性方面进行分析,为以后推广密肋空心板结构在地铁车站框架的工程应用提供理论依据及应用基础。

8.1.3.2 技术原理

新型的密肋空心板结构主要是去掉中性轴附近的混凝土,然后在现浇混凝土的楼板中按照规范和设计要求有规律地埋入特殊材质的内置芯模,使其内部形成正交的密肋空心板。箱形截面的密肋空心板的计算单元类似于一个完整的"工"字形截面，截面主要由上下翼缘以及腹板构成。同时，密肋空心板也借鉴了航空和机械船舶制造业中常常应用的夹层结构的受力原理，"工"字形截面中上下翼缘部分的力学性能主要是抗弯性能，而结构中部混凝土的主要力学性能是抗剪性能。理论分析和试验研究均表明，若楼板的中部采用实心材料，其抗剪性能只发挥了20%左右，但自重却明显增加。密肋空心板及其计算截面如图8.10所示。

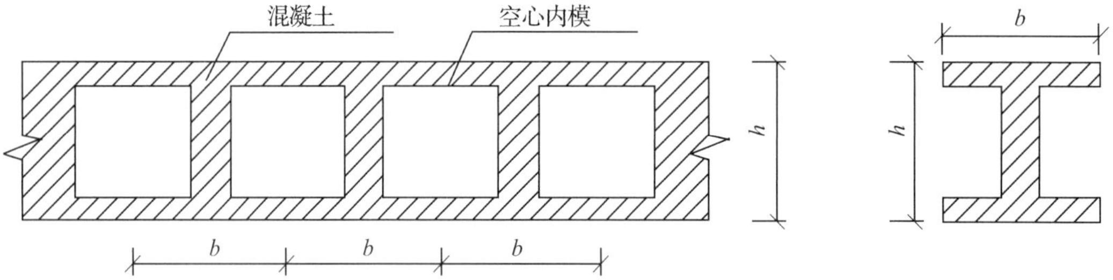

图8.10　密肋空心板及其计算截面

将密肋空心板的模式应用于地铁车站顶板，与实心的混凝土车站顶板相比较，两者的相同点是均为双向受力板，区别在于实心板是矩形受力截面，而密肋空心板是I形受力截面。同时，密肋空心板还具有以下优点：

(1)综合性能良好：密肋空心板的施工简便、受力性能良好、结构跨度大、变形小、自重轻。

(2)隔音效果好：空心板的内置空腔可以减小和消耗噪声，使整体的隔音效果提高5%左右。

(3)具有良好的隔热保温性能：密肋空心板中的空心部分可以减少热量的传递，改善楼板的隔热、保温性能。

(4)节省材料，提高结构的抗震性能：与实心板相比较，空心板可使混凝土材料的用量减少25%左右。结构自重减轻可提高结构的抗震性能。

综上所述，密肋空心板的受力性能良好，抗变形能力强，尤其适用于大柱间距、超大荷载及有人防要求的地下空间结构，且市场应用前景广阔，具有明显的经济效益和社会效益。

8.2　空心顶板构造方案比选分析

8.2.1　结构概况

黄河大道一期工程二标段崔寨北地下通道结构采用矩形箱涵形式，标准节段箱涵为单箱三室结构，其结构横断面参见第3章图3.1。

8.2.2　空心顶板构造方案比选

8.2.2.1　方模点布方案

顶板内芯采用正方体泡沫芯模，芯模的长、宽均为1 m，高0.8 m，纵横向间距为

1.5 m,净距为 0.5 m。为避让倒角处构造钢筋,边箱和中箱横向单排均设置 6 列芯模。该方案顶板芯模沿纵横向呈点状分部,符合结构受力要求。方模点布方案空心顶板构造示意图如图 8.11 所示。

8.2.2.2 圆模纵布方案

空心顶板内芯采用圆柱形泡沫芯模,芯模直径为 0.8 m,间距为 1.2 m,净距为0.4 m。芯模沿箱涵纵向共设置 4 段,单根芯模长度为 6 m,净距为1.35 m。该方案顶板圆柱芯模沿箱涵纵向分段设置,形成顶板主次梁梁格体系,基本符合结构受力要求。圆模纵布方案空心顶板构造示意图如图 8.12 所示。

8.2.2.3 圆模横布方案

空心顶板内芯采用圆柱形泡沫芯模,芯模直径为 0.8 m,间距为 1.2 m,净距为 0.4 m。为避让倒角处构造钢筋,标准节段边箱芯模长度为 8.65 m,中箱芯模长度为 9.65 m。该方案顶板圆柱芯模沿箱涵横向设置,与箱涵结构受力方向一致,符合结构受力要求。圆模横布方案空心顶板构造示意图如图 8.13 所示。

8.2.2.4 空心顶板构造方案比选结果

从结构受力、空心率、施工难度等方面对三种方案进行比选分析,结果如表 8.1 所示。

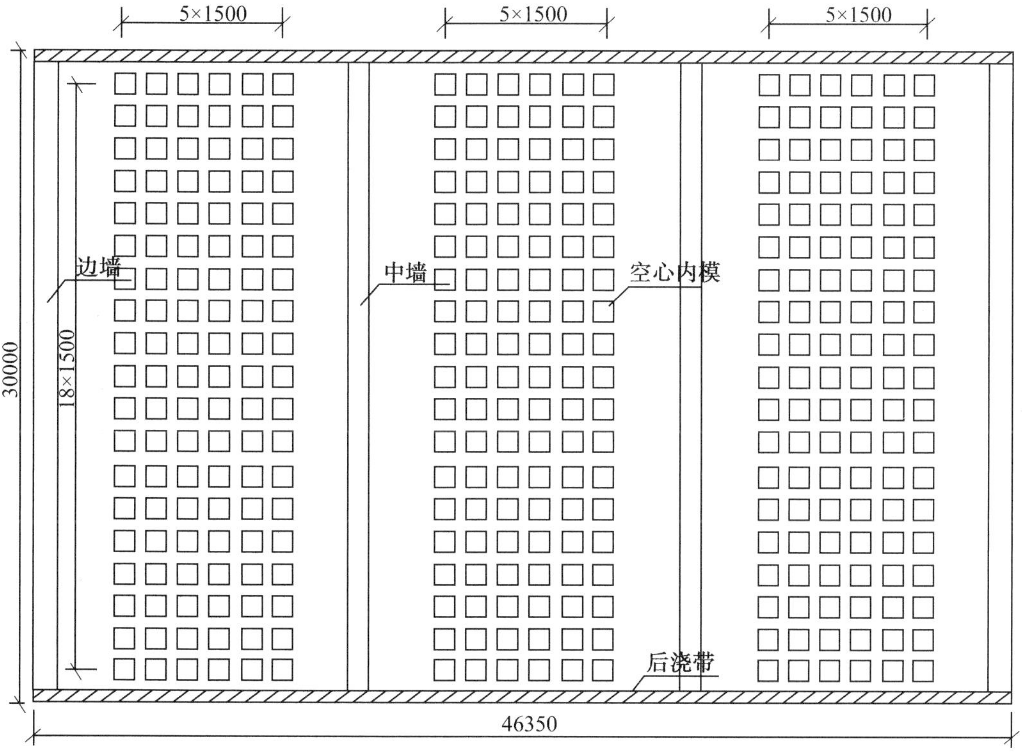

(a)方模点布方案空心顶板平面示意图

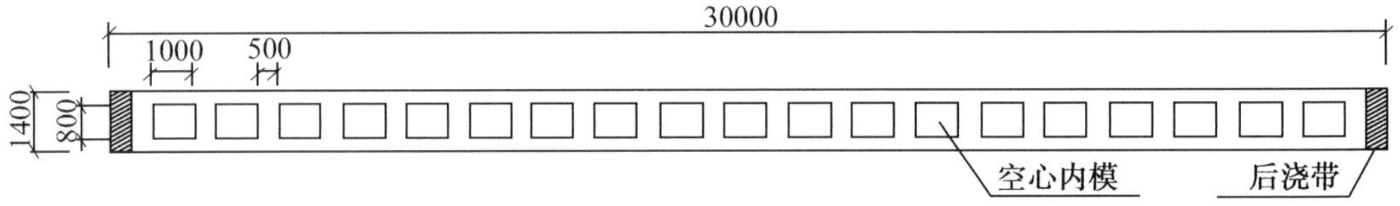

(b)方模点布方案空心顶板纵断面示意图

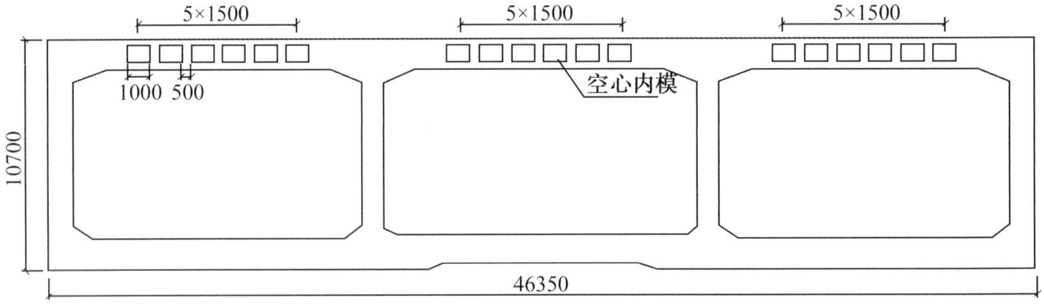

(c)方模点布方案空心顶板横断面示意图

图 8.11　方模点布方案空心顶板构造示意图

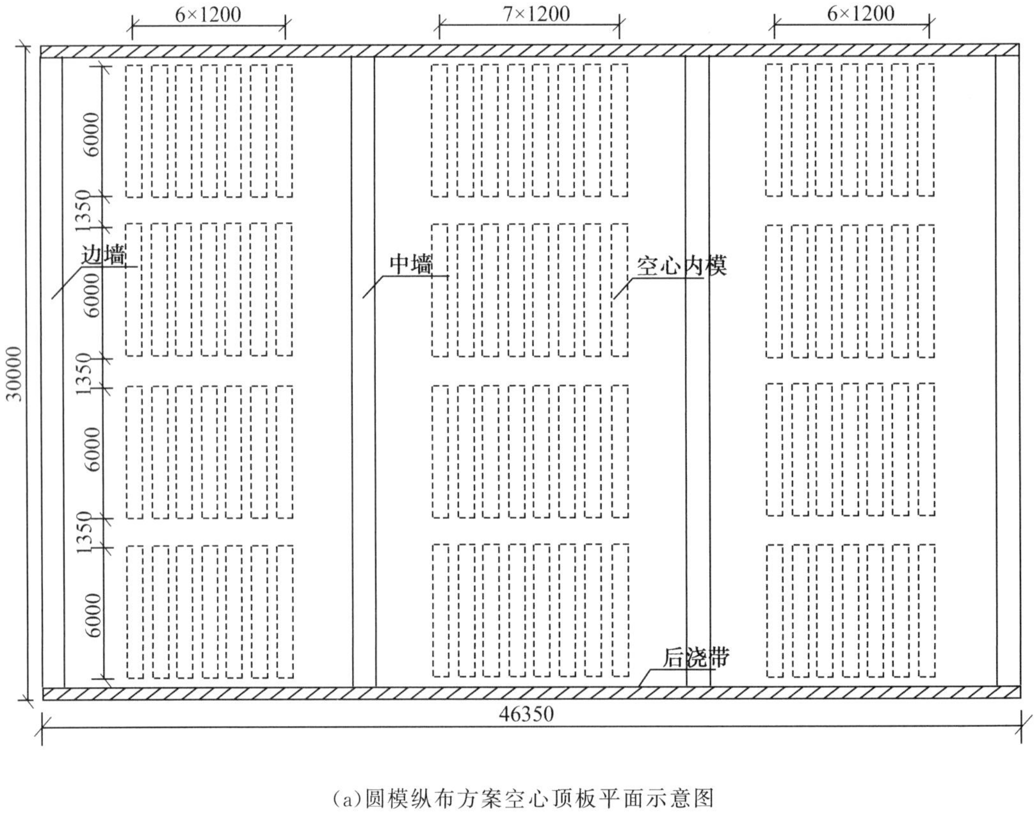

(a)圆模纵布方案空心顶板平面示意图

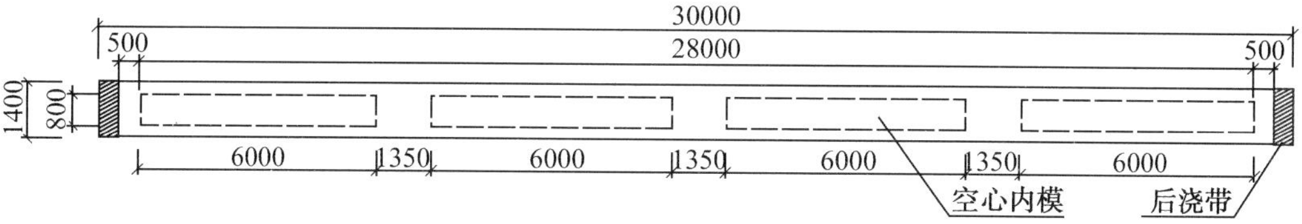

(b)圆模纵布方案空心顶板纵断面示意图

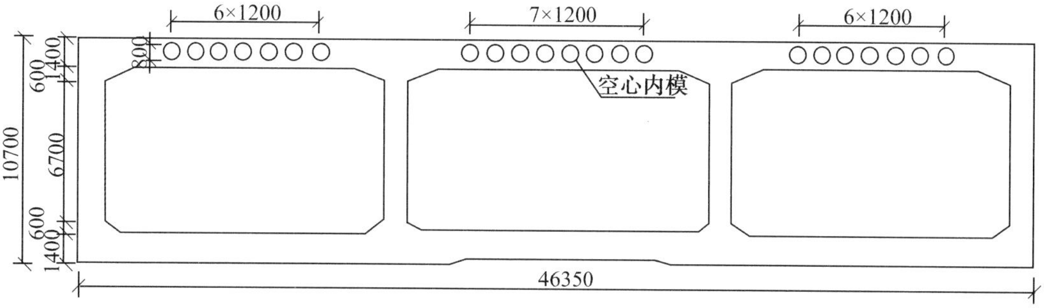

(c)圆模纵布方案空心顶板横断面示意图

图 8.12　圆模纵布方案空心顶板构造示意图

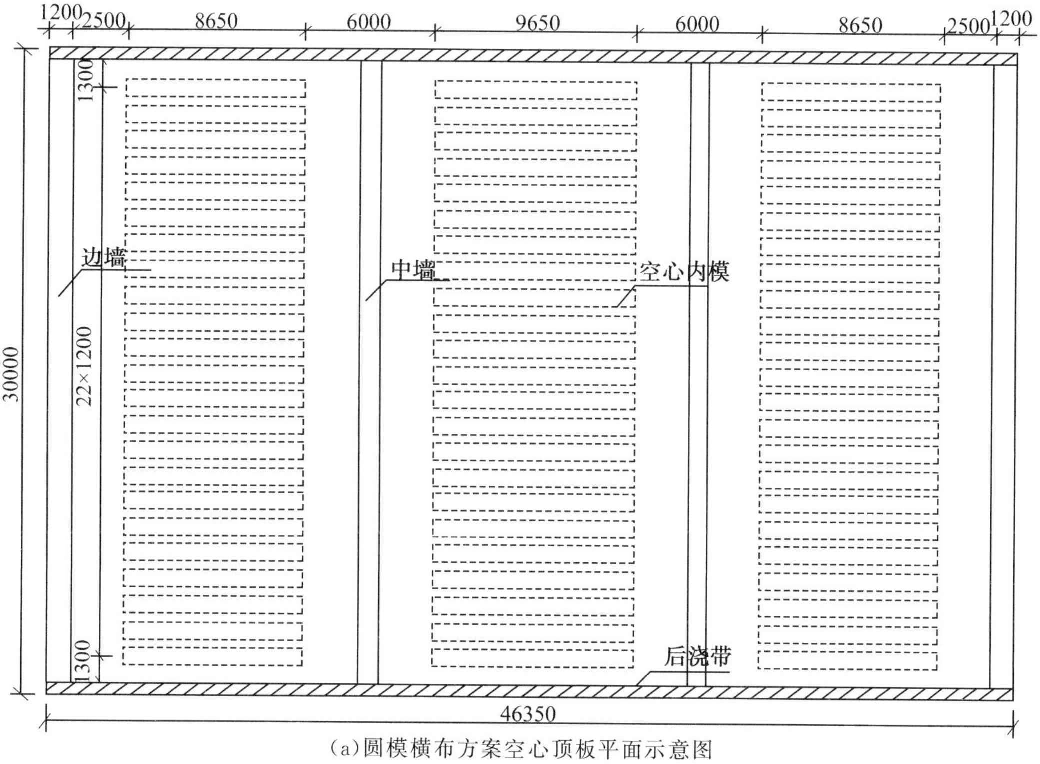

(a)圆模横布方案空心顶板平面示意图

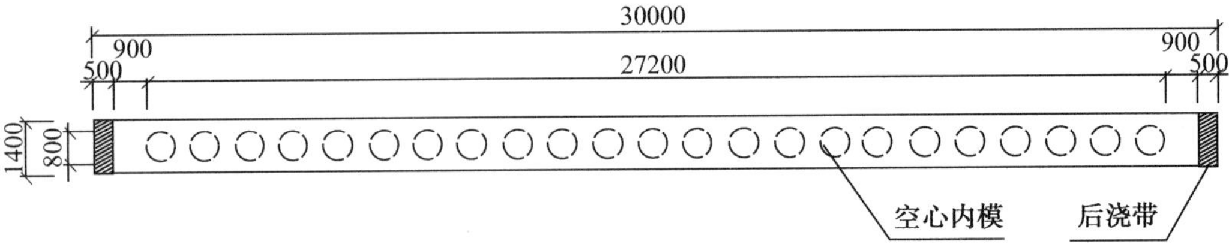

(b)圆模横布方案空心顶板纵断面示意图

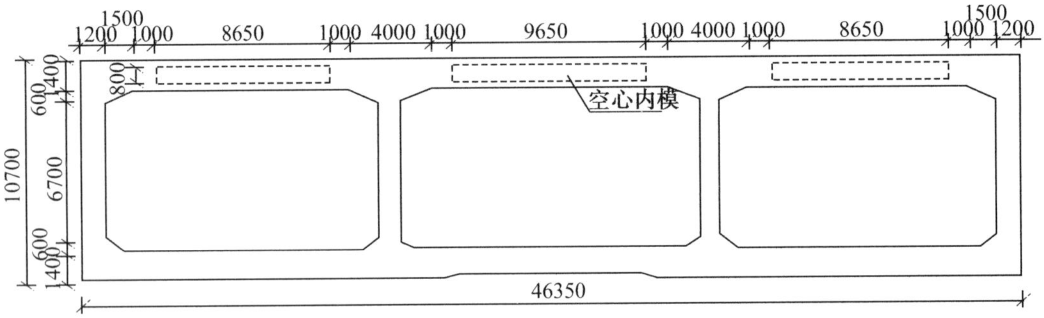

(c)圆模横布方案空心顶板横断面示意图

图 8.13　圆模横布方案空心顶板构造示意图

表 8.1　空心顶板构造方案比选结果

方案名称	结构受力	空心率	施工难度
方模点布方案	结构受力明确,符合结构受力要求	一般	复杂
圆模纵布方案	结构受力明确,基本符合结构受力要求	最小	一般
圆模横布方案	结构受力明确,符合结构受力要求	最大	一般

综合以上分析,选择圆模横布方案作为黄河大道一期工程的实施方案。

8.2.3　芯模结构方案比选

目前常用的芯模结构断面有圆形、正方形、八边形等,在确保相同顶底板厚度及芯模净间距的前提下,正方形截面芯模的空心率最大,八边形次之,圆形最小。芯模常用形状如图 8.14 所示,不同形状芯模的特点如表 8.2 所示。

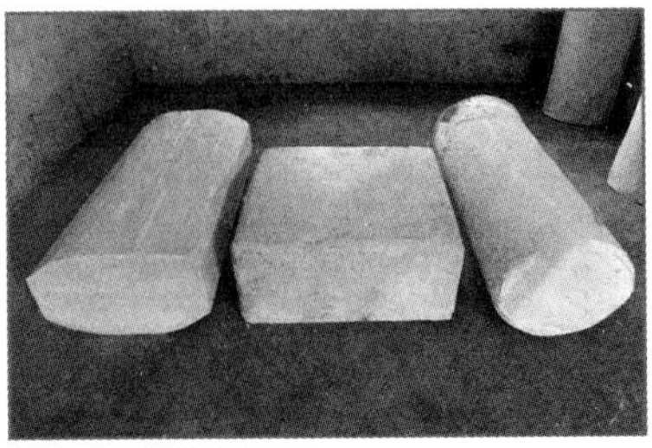

图 8.14　芯模常用形状

表 8.2　不同形状芯模的特点

芯模形状	布置形式	特点
圆形芯模	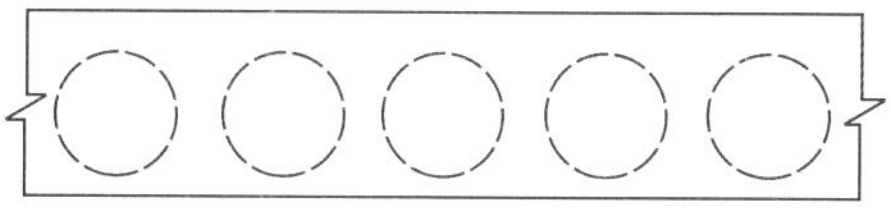	总体平顺，空心率最小
八边形芯模	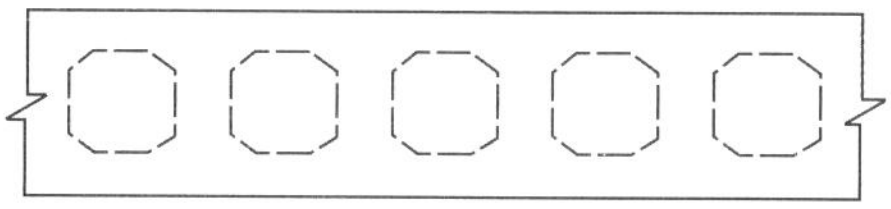	腋角处受力合理，空心率适中
正方形芯模	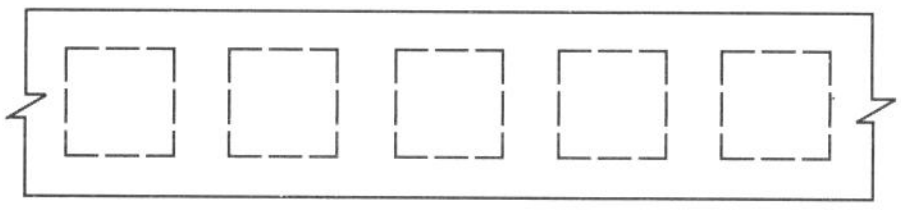	腋角处受力差，空心率最大

芯模按材质划分有充气芯模、一次性聚苯乙烯芯模、GBF 薄壁方箱成孔芯模、PPE 高分子合金组合芯模、一次性无机玻璃钢芯模等。不同材质的芯模如图 8.15 所示。

(a)一次性聚苯乙烯芯模

(b)GBF 薄壁方箱成孔芯模

(c)一次性无机玻璃钢芯模

图 8.15　不同材质的芯模

与八边形、正方形芯模相比，圆形芯模结构受力合理，安装及固定便捷。与其他材质相比，一次性聚苯乙烯材料成本低、变形小。因此，选择圆形一次性聚苯乙烯芯模作为黄河大道一期工程的芯模结构。

8.3 空心顶板模型计算分析

8.3.1 主体结构材料

地下通道主体结构混凝土强度等级为 C40，光圆钢筋为 HPB300 级，带肋钢筋为 HRB400 级。

8.3.2 主体结构荷载计算及荷载工况

8.3.2.1 荷载类型及计算原则

地下通道主体结构中，顶板、侧墙、底板为主要的承重结构，荷载主要有顶板覆土压力、顶板地面堆载、车辆及人群荷载、水压力及浮力等。荷载示意图如图 8.16 所示，荷载分类如表 8.3 所示。

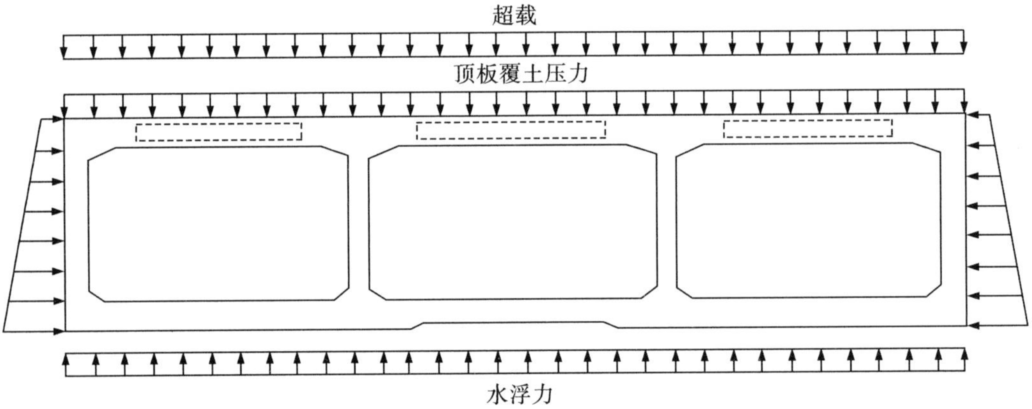

图 8.16　荷载示意图

表 8.3　荷载分类

荷载类别	荷载名称
永久荷载	结构自重
	覆土压力
	水压力及浮力
	混凝土的收缩及徐变
	其他永久附加荷载

续表

荷载类别		荷载名称
可变荷载	基本可变荷载	地面车辆荷载及其冲击力
		地面车辆荷载引起的侧向土压力
		地面非机动车及人群荷载
		箱涵内车辆荷载及其冲击力
		地铁车辆竖向荷载及其冲击力
	其他可变荷载	温度变化影响力
		列车制动力和牵引力
		施工荷载
偶然荷载		地震荷载

8.3.2.2 荷载组合

地下通道主体结构设计要进行结构的抗弯、抗剪、裂缝宽度、抗浮稳定性验算，因此黄河大道一期工程共设计了三种组合验算工况。具体的工况和荷载分项系数如表 8.4 所示。

表 8.4 具体的工况和荷载分项系数

组合验算工况	荷载	
	永久荷载	可变荷载
基本验算工况	1.35	1.4
构件裂缝宽度验算	1.0	1.0
构件抗浮稳定性验算	1.0	0

8.3.3 空心顶板构造设计

本节将分别对空心顶板与实心顶板进行受力计算，并通过对计算结果进行对比，分析空心顶板、实心顶板的受力特点及差异。

空心顶板方案：顶板厚度为 1.4 m，空心直径为 0.8 m，净距为 0.4 m，空心部分上、下顶、底板厚 0.3 m，示意图如图 8.17 所示。

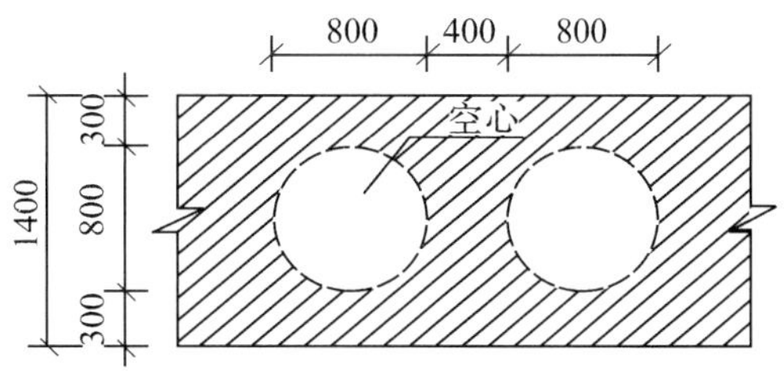

图 8.17 空心顶板构造示意图

实心顶板方案：顶板厚度为1.4 m，采用实心断面，示意图如图8.18所示。

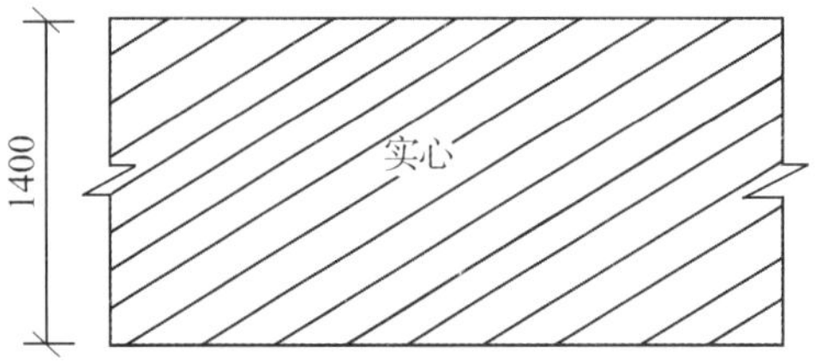

图8.18 实心顶板构造示意图

8.3.4 模型建立

本书采用有限元软件 midas Civil 和 midas FEA 进行有限元计算，由于需要分析不同位置处的弯矩与配筋，因此取局部结构建立有限元模型，如图8.19所示。

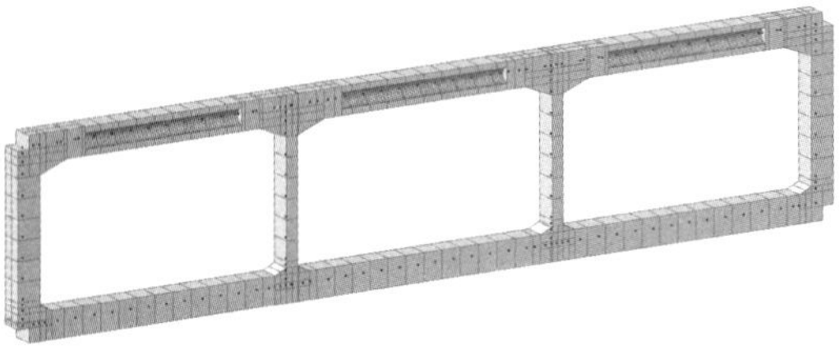

(a)空心顶板单梁模型示意图

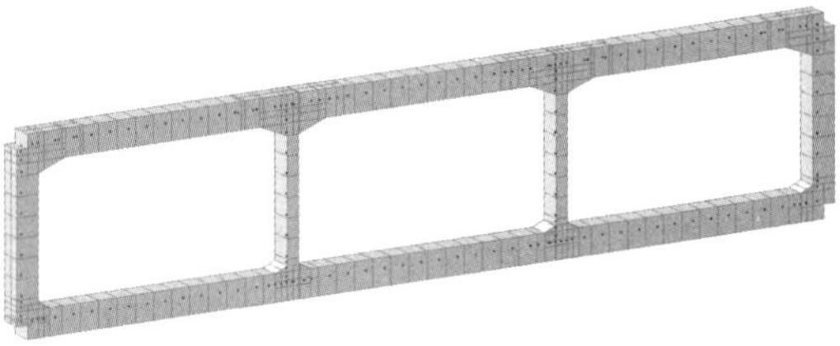

(b)实心顶板单梁模型示意图

图8.19 单梁模型示意图

8.3.5 受力分析

8.3.5.1 梁单元有限元计算

基本组合下两种方案的弯矩如图8.20所示。

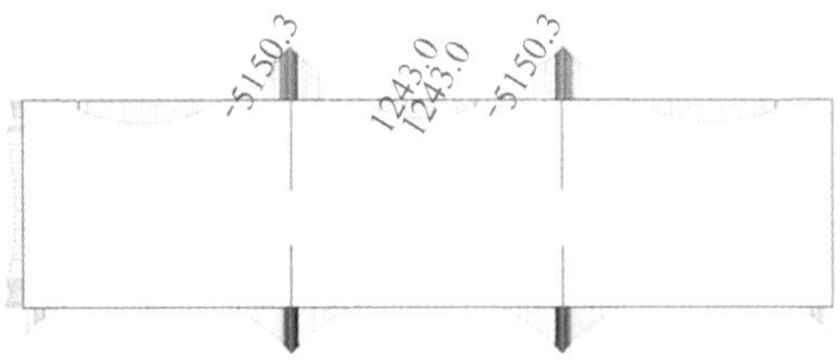

(a)空心顶板弯矩图

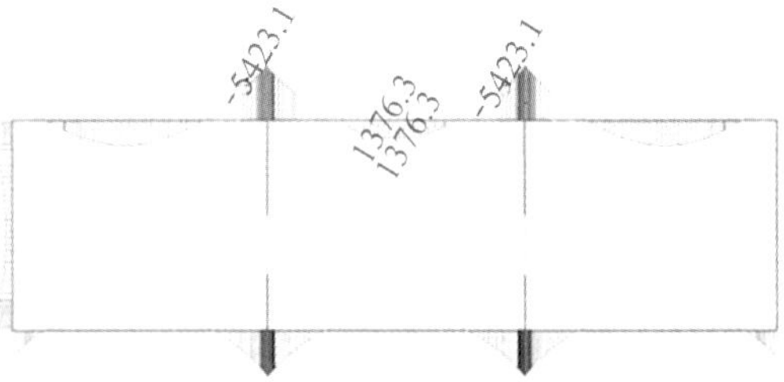

(b)实心顶板弯矩图

图8.20 基本组合下两种方案的弯矩(单位：kN·m)

基本组合下两种方案的剪力如图8.21所示。

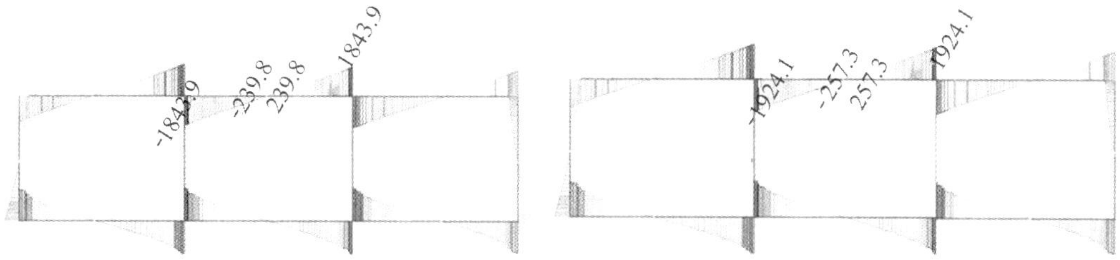

(a)空心顶板的剪力　　　　(b)实心顶板的剪力

图 8.21　基本组合下两种方案的剪力(单位:kN)

标准组合下两种方案的弯矩如图 8.22 所示。

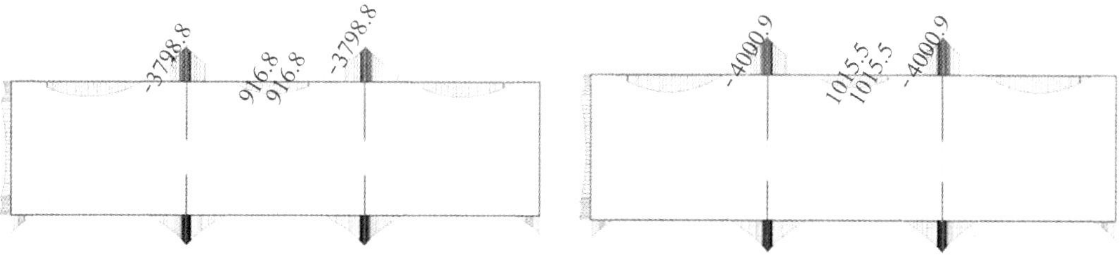

(a)空心顶板的弯矩　　　　(b)实心顶板的弯矩

图 8.22　标准组合下两种方案的弯矩(单位:kN·m)

标准组合下两种方案的剪力如图 8.23 所示。

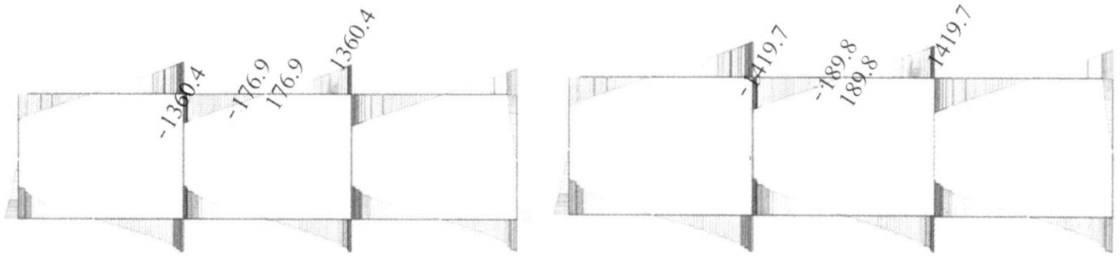

(a)空心顶板的剪力　　　　(b)实心顶板的剪力

图 8.23　标准组合下两种方案的剪力(单位:kN)

基本组合下两种方案转化为单位宽度下的内力对比如表 8.5 所示,标准组合下两种方案转化为单位宽度下的内力对比如表 8.6 所示。

表 8.5　基本组合下两种方案转化为单位宽度下的内力对比

方案	基本组合下最大弯矩/(kN·m)	基本组合下最大剪力/kN	基本组合下空心段弯矩/(kN·m)	基本组合下空心段剪力/kN
空心顶板方案	−5150.3	−1843.9	1243.0	−239.8
实心顶板方案	−5423.1	−1924.1	1376.3	−257.3

表 8.6　标准组合下两种方案转化为单位宽度下的内力对比

方案	标准组合下最大弯矩/(kN·m)	标准组合下最大剪力/kN	标准组合下空心段弯矩/(kN·m)	标准组合下空心段剪力/kN
空心顶板方案	−3798.8	−1360.4	916.8	−176.9
实心顶板方案	−4000.9	−1419.7	1015.5	−189.8

8.3.5.2　实体单元有限元计算

本书采用有限元软件 midas FEA 进行实体单元有限元计算，实体单元有限元计算模型如图 8.24 所示。

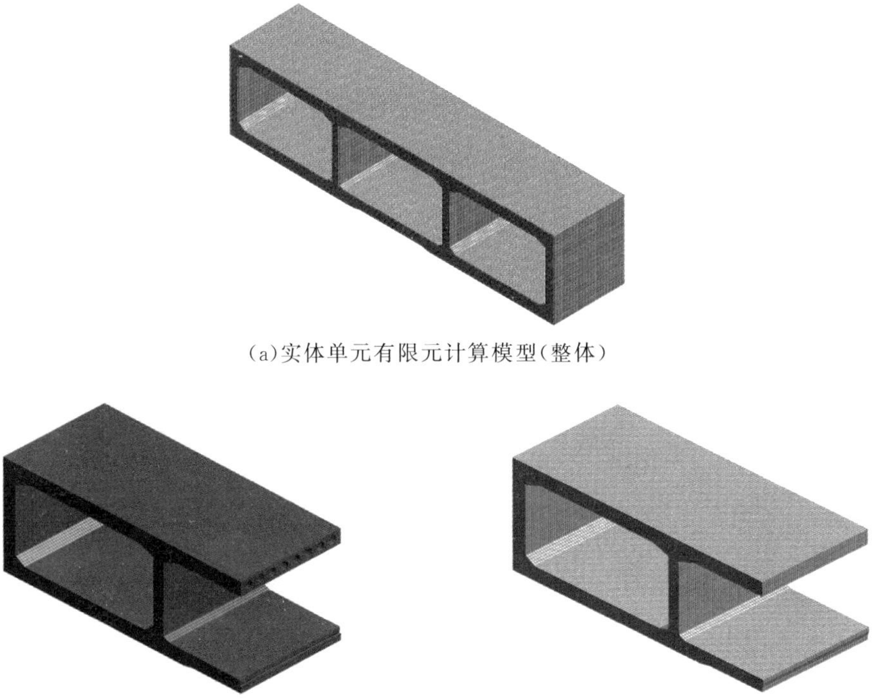

(a)实体单元有限元计算模型(整体)

(b)空心顶板实体模型示意图

(c)实心顶板实体模型示意图

图 8.24　实体单元有限元计算模型

实体有限元分析中，荷载按照单梁模型计算中覆土厚度为 5 m 的最不利情况进行取值计算，以下结果均为箱涵顶板计算结果。

基本组合下两种方案的 X 方向应力如图 8.25 所示。

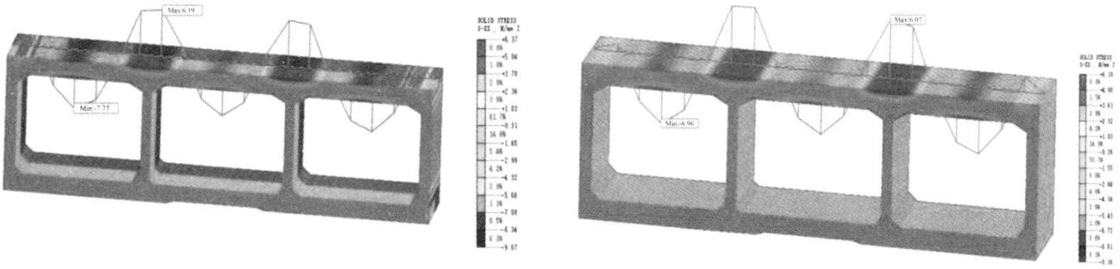

(a)空心顶板的 X 方向应力　　(b)实心顶板的 X 方向应力

图 8.25　基本组合下两种方案的 X 方向应力(单位:MPa)

基本组合下两种方案的 Y 方向应力如图 8.26 所示。

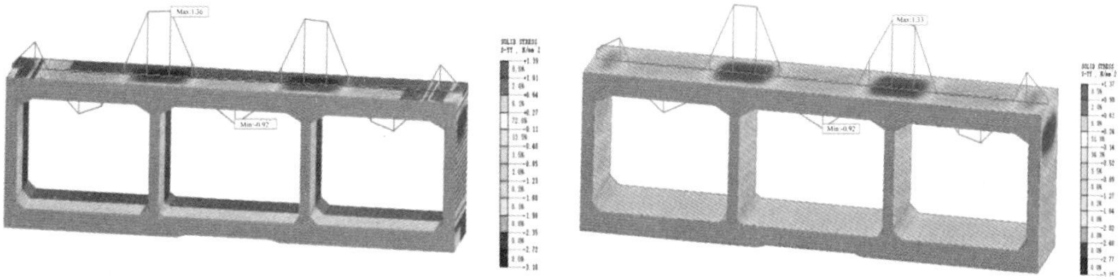

(a)空心顶板的 Y 方向应力　　(b)实心顶板的 Y 方向应力

图 8.26　基本组合下两种方案的 Y 方向应力(单位:MPa)

基本组合下两种方案的主拉应力如图 8.27 所示。

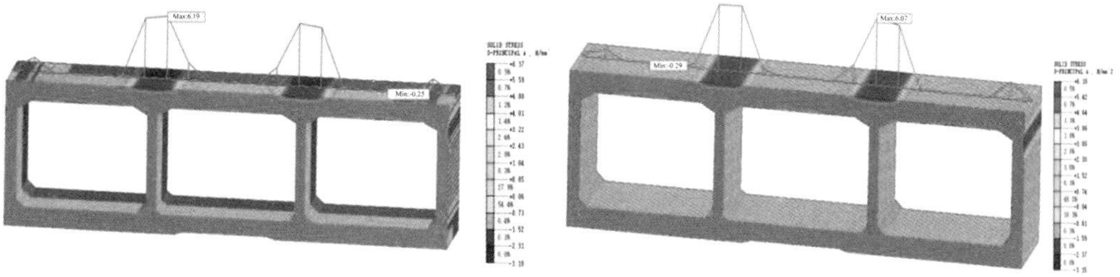

(a)空心顶板的主拉应力　　(b)实心顶板的主拉应力

图 8.27　基本组合下两种方案的主拉应力(单位:MPa)

基本组合下两种方案的主压应力如图 8.28 所示。

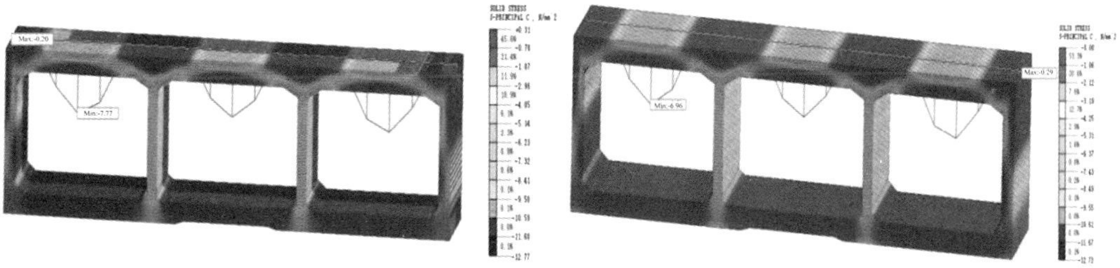

(a)空心顶板的主压应力　　(b)实心顶板的主压应力

图 8.28　基本组合下两种方案的主压应力(单位:MPa)

标准组合下两种方案的 X 方向应力如图 8.29 所示。

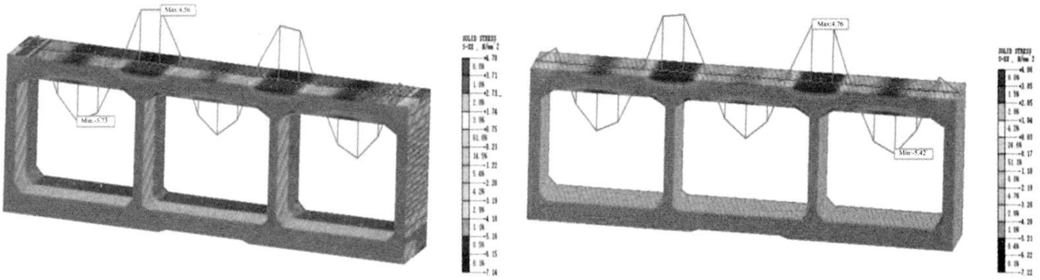

(a)空心顶板的 X 方向应力　　(b)实心顶板的 X 方向应力

图 8.29　标准组合下两种方案的 X 方向应力图(单位:MPa)

标准组合下两种方案的 Y 方向应力如图 8.30 所示。

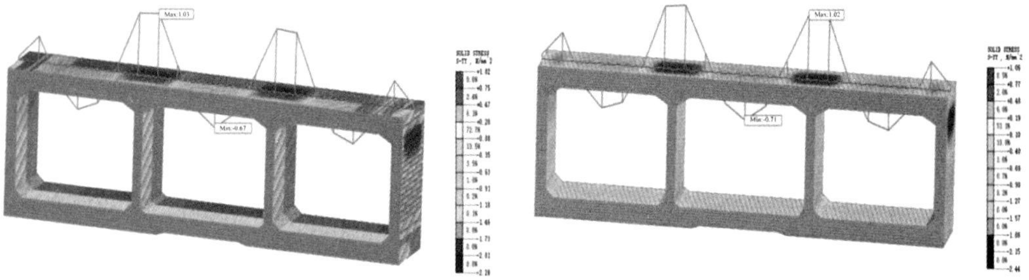

(a)空心顶板的 Y 方向应力　　(b)实心顶板的 Y 方向应力

图 8.30　标准组合下两种方案的 Y 方向应力图

标准组合下两种方案的主拉应力如图 8.31 所示。

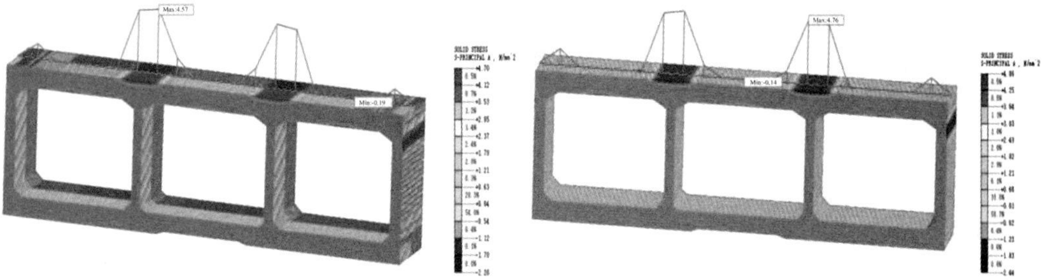

(a)空心顶板的主拉应力　　(b)实心顶板的主拉应力

图 8.31　标准组合下两种方案的主拉应力(单位:MPa)

标准组合下两种方案的主压应力如图 8.32 所示。

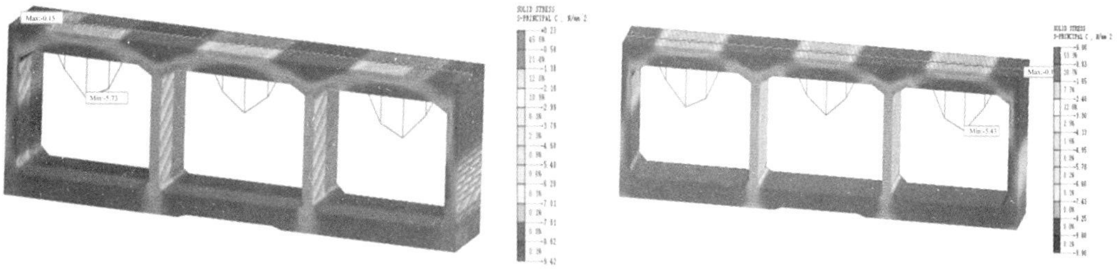

(a)空心顶板的主压应力　　(b)实心顶板的主压应力

图 8.32　标准组合下两种方案的主压应力(单位:MPa)

基本组合、标准组合下两种方案的应力对比分别如表 8.7、表 8.8 所示。

表 8.7　基本组合下两种方案的应力对比

方案	基本组合应力/MPa					
	X 方向应力		Y 方向应力		主拉应力	主压应力
	最大值	最小值	最大值	最小值		
空心顶板方案	6.19	−7.77	1.36	−0.91	6.19	−7.77
实心顶板方案	6.07	−6.96	1.33	−0.92	6.07	−6.96

表 8.8　标准组合下两种方案的应力对比

方案	标准组合应力/MPa					
	X 方向应力		Y 方向应力		主拉应力	主压应力
	最大值	最小值	最大值	最小值		
空心顶板方案	4.56	−5.73	1	−0.67	4.57	−5.73
实心顶板方案	4.76	−5.43	1.02	−0.71	4.76	−5.43

8.3.5.3　裂缝计算

本小节对如图 8.33 所示的典型截面的裂缝宽度进行计算,计算结果如表 8.9 所示。

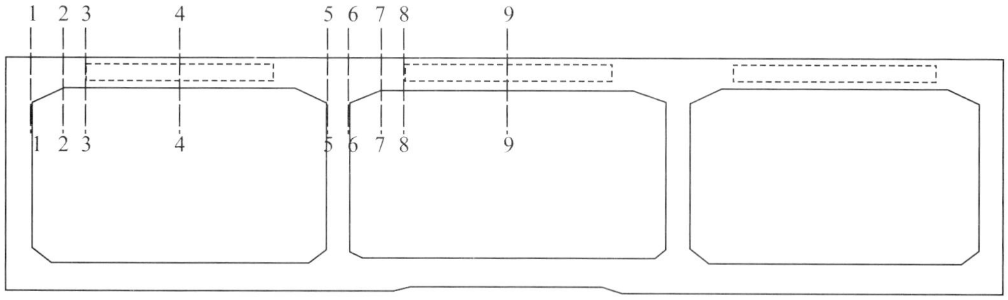

图 8.33　裂缝宽度计算的典型截面

表 8.9　典型截面的裂缝宽度计算结果　　单位:mm

方案	截面编号								
	1-1	2-2	3-3	4-4	5-5	6-6	7-7	8-8	9-9
空心顶板方案	0.291	0.098	0.043	0.073	0.293	0.297	0.100	0.047	0.077
实心顶板方案	0.569	0.281	0.062	0.137	0.570	0.576	0.288	0.068	0.141

由表 8.9 可以看出,两种方案在倒角根部处(截面 1、5、6)裂缝宽度较大,不满足要求,应进行局部补强,其余位置均满足要求。

8.3.6　小结

模型计算分析结果表明,两种方案均能满足结构受力要求,且空心顶板方案受力优于实心顶板方案。

8.4　空心顶板构造设计

依据前述计算结果,综合考虑施工难度、结构耐久性及可靠性、可操作性等要求,黄河大道一期工程最终选择的空心顶板构造具体如下:箱涵标准节段边箱室、中箱室顶部均设置空心,空心直径为 0.8 m,净距为 0.4 m,沿顶板中心布置,边箱室空心长 8.65 m,中箱室空心长 9.65 m,30 m 标准节段纵向共设置 23 个空心室(见图 8.13)。

8.5　空心顶板施工

8.5.1　空心顶板试验

主体工程施工前,项目部进行了模型试验。试验模型尺寸为 15.85 m×4.28 m×1.5 m,模型中泡沫芯模间距为 1.2 m、长度为 8.65 m,芯模直径为 0.8 m。

芯模采用聚苯乙烯泡沫材质,按设计尺寸加工。在底层钢筋上侧及腹板钢筋内侧安装混凝土垫块,安装并固定芯模。为验证不同芯模固定措施的可行性,对三种固定方式进行如下试验:

试验 1:芯模外侧不包裹任何物品,采用直径为 12 mm 的 U 形钢筋将芯模与底板钢筋焊接固定,U 形钢筋间距为 1 m,与顶板钢筋不固定。

试验 2:芯模外侧包裹薄铁皮,采用直径为 12 mm 的 U 形钢筋将芯模与底板钢筋焊接固定,U 形钢筋间距为 0.8 m,与顶板钢筋不固定。

试验 3:芯模外侧包裹竹坯,采用直径为 12 mm 的 U 形钢筋将芯模与底板钢筋焊接固定,U 形钢筋间距为 1 m,与顶板钢筋采用直径为 12 mm 的钢筋焊接固定。

不同芯模的固定方式如图 8.34 所示。

(a)试验 1 的芯模固定

(b)试验 2 的芯模固定

(c)试验 3 的芯模固定

(d)整体试验模型

图 8.34　芯模固定方式示意图

分层进行试验段模型混凝土浇筑，记录不同芯模固定方式下的芯模变形及上浮情况。结果表明，试验 3 的芯模固定方式效果较好，芯模上浮高度可控，满足要求，可推广应用。试验段模型混凝土浇筑及监测如图 8.35 所示。

图 8.35　试验段模型混凝土浇筑及监测

8.5.2 主体结构空心顶板施工

根据试验段数据，结合聚苯乙烯泡沫易燃的特点，主体结构施工时，芯模外侧采用防火布包裹后再用竹坯固定，U形钢筋及顶板固定钢筋与试验段数据一致。主体结构空心顶板芯模施工如图8.36所示。

(a)芯模制作与包裹

(b)芯模安装

(c)顶板钢筋施工

(d)芯模顶端固定

图8.36 主体结构空心顶板芯模施工

顶板混凝土浇筑过程中，沿空芯柱布置间距采用S形浇筑顺序，混凝土浇筑应分层缓慢进行，并随时观测芯模固定情况，若出现由U形固定钢筋开焊等原因导致的芯模上浮，应立即停工并采取应急措施。主体结构空心顶板混凝土浇筑如图8.37所示。

图8.37 主体结构空心顶板混凝土浇筑

第 9 章　绿色施工技术

9.1　绿色施工目标

黄河大道一期工程环境保护目标、节材与材料资源利用目标、节水与水资源利用目标、节电与能源利用目标、节能与能源利用目标、节地与施工用地保护目标、人力资源节约与职业健康安全目标、技术创新与应用目标分别如表 9.1～表 9.8 所示。

表 9.1　环境保护目标

主要指标	目标值
工程垃圾回收利用率	100%
有毒有害废物分类率	100%
噪声控制	昼间≤70 dB,夜间≤55 dB
水污染控制	pH 值达到 6～9
扬尘控制	扬尘目测高度:基础施工≤1.5 m,结构施工、安装、装饰装修≤0.5 m
光污染控制	达到环保部门要求
碳排放目标	达到环保部门要求

表 9.2　节材与材料资源利用目标

主要指标	目标值
施工现场钢筋损耗率	1.5%
模板	平均周转次数为 6 次
围挡等周转设备(料)	重复使用率达 95%
就地取材(不大于 500 km 内)	就地取材(不大于 500 km 内)占总量的 90%
建筑材料包装物回收率	100%
预拌砂浆	预拌砂浆使用量占砂浆总量的 100%

表 9.3　节水与水资源利用目标

主要指标	目标值
办公、生活区	耗水量 87750 m^3
生产作业区	耗水量 128730 m^3
整个施工区	耗水量 216480 m^3
节水设备(设施)配制率	100%
建筑材料包装物回收率	100%
非传统水再利用率	非传统水再利用量占施工用水总量的 40%

表 9.4　节电与能源利用目标

主要指标	目标值
办公、生活区	耗电量 249400 kW·h
生产作业区	耗电量 1234800 kW·h
整个施工区	耗电量 1484200 kW·h
节电设备(设施)配制率	100%
节能灯具使用率	100%

表 9.5　节能与能源利用目标

主要指标	目标值
办公、生活区	耗油量 17958 L
生产作业区	耗油量 228772 L
整个施工区	耗油量 246730 L

表 9.6　节地与施工用地保护目标

主要指标	目标值
办公、生活区面积	9000 m^2
生产作业区面积	79500 m^2
原有建筑物、构筑物、道路和管线的利用情况	利用原有的建筑物作为办公区的场地

表 9.7　人力资源节约与职业健康安全目标

主要指标	目标值
人力资源节约	日节约零工 10%～20%
职业健康安全目标	做到零伤害，100%送医

表 9.8　技术创新与应用目标

项目	目标
节能技术	(1)工人生活区采用 36 V 低压照明； (2)限电器在临时用电中应用； (3)采用节能减排方式进行热水供应； (4)改进冬季施工养护环境； (5)采用分体式太阳能技术； (6)现场临时变压器安装功率补偿装置
节水技术	(1)洗车槽循环水再利用； (2)地下水重复利用； (3)现场雨水收集利用； (4)节约混凝土养护用水； (5)基坑降水利用； (6)采用自动加压供水系统； (7)人行道树池带、机非隔离带、中央绿化带采用海绵城市施工技术
绿色建材	(1)现场产生的废弃混凝土试块及建筑垃圾粉碎后用于施工便道； (2)编制钢筋优化方案，消除钢筋废料； (3)利用废水泥浆解决主体结构预留钢筋的防锈处理问题； (4)建立网络连接，实现信息化办公，减少传统纸质文件的递送，提高工作效率，节约能源和时间； (5)采用竹胶板等面板体系和可周转钢管支撑体系
节地与环境保护	(1)临时道路尽量用既有道路，减少硬化面积和因之产生的建筑垃圾； (2)充分利用现场道路沿线民居作为住宿用房，结合工程办公需要合理增加可周转临建板房
绿色机具、设施	(1)利用废旧材料加工定型防护； (2)可持续周转临边防护结构

9.2 组织机构及岗位职责

9.2.1 组织机构

项目部应建立以项目经理为第一责任人的绿色科技示范项目组织管理体系，建立绿色施工管理制度，制定绿色施工管理目标，成立科技施工小组、环境保护小组、节材与材料控制小组、节水与用水控制小组、节电与用电控制小组、节地与用地控制小组、资料小组。绿色科技示范项目组织管理体系如图 9.1 所示。

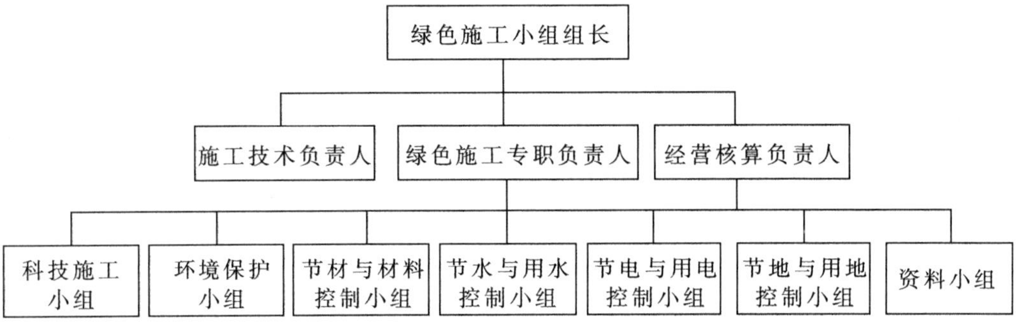

图 9.1　绿色科技示范项目组织管理体系

9.2.2 岗位职责

绿色施工各岗位主要职责如表 9.9 所示。

表 9.9　绿色施工各岗位主要职责

岗位名称	主要职责
组长	第一责任人。负责制定绿色施工目标、奖罚制度，并指定绿色施工管理人员和监督人员，负责落实绿色施工专项经费
绿色施工专职负责人	(1)负责制定绿色施工方案，对全体职工进行绿色施工相关知识培训； (2)负责绿色施工新技术、新设备、新材料与新工艺的研究与应用； (3)负责对绿色施工各阶段工作进行总结，推广成功经验
施工技术负责人	(1)负责对项目管理人员、相关方进行绿色施工技术交底； (2)负责组织落实各项绿色施工措施； (3)组织一线工人参加绿色施工相关活动
经营核算负责人	负责核算绿色施工成本、分析“四节措施”经济效益
科技施工小组	在施工过程中使用住房和城乡建设部、山东省住房和城乡建设厅推广的技术产品和建筑业 10 项新技术，并且应用新技术、新施工工艺、新工法、新设备，积极开展技术创新

续表

岗位名称	主要职责
环境保护小组	(1)负责绿色施工的宣传管理、绿色施工的验收接待工作，对全体职工执行绿色施工相关制度情况进行考核、评比； (2)负责监督项目贯彻落实绿色施工各项规定、绿色施工方案
节材与材料控制小组	(1)负责对工程绿色节能材料(产品)质量、施工质量进行严格控制； (2)推行国家新的施工工艺和验收标准，加强过程质量控制
节水与用水控制小组	(1)确定生活用水与工程用水定额指标，并分别进行计量考核管理； (2)施工现场办公区、生活区的生活用水全部采用节水系统和节水器具； (3)制定措施控制施工现场的非传统水源和循环水的利用
节电与用电控制小组	(1)对施工现场分别设定生产、生活、办公和施工设备的用电控制指标，定期进行计量、核算、对比分析，并制定预防与纠正措施； (2)现场使用节能灯具，合理控制机械耗油量
节地与用地控制小组	合理布置施工平面图，减少土方开挖和回填量，对深基坑施工方案进行优化，利用和保护施工用地范围内原有绿色植被
资料小组	负责资料整理

9.3 绿色施工措施

9.3.1 环境保护措施

9.3.1.1 扬尘控制措施

(1)施工现场设置扬尘 PM_{10}、$PM_{2.5}$ 监控点，以实现实时监测、本地显示、在线传输。对施工现场环境污染情况进行实时监测，以便扬尘超标时能够及时采取相应措施。

(2)建立扬尘污染防治专业化管理队伍，配备专业管理人员和作业人员，对作业现场扬尘污染治理实施专业化管理。

(3)现场内所有交通路面和物料堆放场地根据实际情况进行混凝土硬化，临时堆土场地用密目网覆盖，非施工区地面可种植速生草坪，做到黄土不露天。施工阶段，定时对道路材料周转区进行洒水降尘，控制粉尘污染。

施工现场扬尘控制措施如图 9.2 所示。

(a)施工现场雾炮机降尘

(b)洗车台降尘

(c)现场裸土覆盖

(d)便道洒水清扫

图 9.2 施工现场扬尘控制措施

9.3.1.2 噪声控制

(1)现场噪声管理符合国家标准《建筑施工场界环境噪声排放标准》(GB 12523—2011)的规定。噪声监测区域根据施工阶段布置,对噪声进行实时动态监测控制。

(2)机械设备定期维护保养,优先采用低噪声、低振动的机具进行施工,强噪声设备设置在远离居民区的一侧,对噪声和振动控制要求较高的区域采取隔音与隔振措施。

(3)机电设备及施工机械的噪声监测不达标时,在施工中安装消声器降噪;机械、运输车辆在施工作业现场减速慢行,严禁鸣笛。

施工现场噪声监测记录如图 9.3 所示。

图 9.3 施工现场噪声监测记录

9.3.1.3 建筑垃圾控制

在施工现场生活区设置封闭式垃圾容器，施工场地生活垃圾实行袋装化，及时清运。对建筑垃圾进行分类，并收集到现场封闭式垃圾站，集中运出。建筑垃圾分类及清运如图 9.4 所示。

图 9.4 建筑垃圾分类及清运

9.3.1.4 有害气体排放控制

(1)与运输单位签署环保协议，使用满足本地区尾气排放标准的运输车辆，不达标的车辆不允许进入施工现场。

(2)项目部自用车辆均要为排放达标车辆。

(3)焊接采用电焊烟尘净化器吸收过滤烟尘，使电焊烟尘排放符合现行国家标准《大气污染物综合排放标准》(GB 16297—1996)的规定。

(4)食堂安装油烟净化装置及油水分离装置，且定期维护保养，如图 9.5 所示。

图 9.5 食堂油烟净化器及油水分离器

9.3.2 节材措施

(1)在隧道、电力沟等主体结构施工中，混凝土采用商品混凝土。商品混凝土利用粉煤灰、矿渣粉、减水剂等新材料降低混凝土、砂浆中的水泥用量。新材料的掺量参照项目部委托试验室出具的混凝土检测报告中的推荐掺量、使用要求、施工条件、原材料等因素，通过试验确定。

(2)依据施工预算，实行限额领料，控制材料的消耗。

(3)采取措施降低钢筋的损耗率，使现场加工钢筋的损耗率不大于 1.5%。

(4)推广采用工具式定型模板和新型材料模板，并采取措施提高模板、脚手架等的周转次数。

(5)周转使用材料及时维护保养，按照材料存放要求进行材料装卸和临时保管。

(6)在现场施工中选用合适的材料运输机械，采用适当的装卸方式，防止材料损坏和损失。

(7)现场材料堆放有序，储存环境适宜，措施得当；材料存放区悬挂材料标识牌，注明材料名称、规格、检验状态等信息。建立健全保管制度，落实责任。

(8)隧道明挖基坑喷射混凝土落地灰及时清理、收集和再利用，施工现场做到工完、料净、场地清。

(9)施工过程中对建筑材料包装物进行回收，花砖、立沿石木座、水泥袋、塑料薄膜回收率达到 100%。施工现场采用拆袋的方法进行水泥等袋装材料的使用，禁止将包装袋损坏后再进行袋装类材料的使用等。

(10)工地临房、临时围挡材料的可重复使用率达到 95%及以上。

(11)现场办公用纸分类摆放，纸张两面使用，废纸采取回收措施。

利用钢筋余料制作的马凳筋及拉结筋如图 9.6 所示，施工现场材料存放如图 9.7 所示。

图 9.6　利用钢筋余料制作的马凳筋及拉结筋

图 9.7　施工现场材料存放

9.3.3 节水措施

(1)施工现场路面喷洒、绿化浇灌不使用市政自来水,将降水施工中的水集中收集后再分配使用。

(2)现场搅拌用水、养护用水采取有效的节水措施,混凝土养护采用塑料薄膜覆盖,保持水不被蒸发。

(3)现场机具、设备、车辆等的冲洗采用高压冲洗设备,并设立循环用水装置。施工现场设置废水回收设施,对废水进行回收后循环利用。围挡擦拭采用围挡专用擦拭机械,有效节约水资源。洗车台循环用水系统如图 9.9 所示。

(4)施工现场办公区、生活区采用节水系统和节水器具,节水器具配备比率达到100%。项目临时用水使用感应式冲洗水阀,安装计量装置,采取针对性的节水措施。

(5)施工现场建立可再利用水的收集处理系统,使水资源得到梯级循环利用。

(6)分别对施工现场生活用水与工程用水确定用水定额指标,并分别进行计量管理。

(7)对用水集中的区域和工艺点进行专项计量考核。

图 9.9 洗车台循环用水系统

9.3.4 节能目标

(1)对施工现场制定合理的施工能耗指标,明确节能措施,建立能源节约及使用制度,提高能源利用率。

(2)优先使用国家、行业推荐的节能、高效、环保的施工设备和机具,优先使用新能源设备,优先选用能源利用率高、智能化和低噪声设备,禁止使用国家、行业、地方政府明令淘汰的施工设备、机具和产品。

(3)选用变频技术的节能施工设备等,办公生活区取暖、制冷采用空气能空调,降低能源消耗。

(4)生产、生活、办公区域及主要机械设备分别进行耗能计量,并做好相应记录。

(5)施工现场对电、汽油、柴油等能源的消耗建立统计台账。定期进行计量、核算、对比分析,并采取预防与纠正措施。

(6)现场推广使用太阳能等清洁能源,使用太阳能红绿灯、太阳能交通指示牌、太阳能爆闪灯等,其优点是具有可移动性,无须电网支持,使用方便,安全性能高。浴室采用太阳能热水器。

(7)在施工组织设计中,合理安排施工顺序、工作面,优化作业区机械设备数量,相邻作业区充分利用共有的机具资源,提高设备利用率。安排施工工艺时,优先考虑耗用电能的或其他能耗较小的施工工艺。避免设备额定功率远大于使用功率或超负荷使用设备的现象。

9.3.5 节地措施

(1)根据施工规模及现场条件等合理确定临时设施(临时加工厂、现场作业棚及材料堆场、办公生活设施等)占地面积。临时设施占地面积按用地指标所需最低面积设计。

(2)平面布置合理、紧凑,在满足环境、职业健康安全及文明施工要求的前提下减少废弃地和死角,临时设施占地面积有效利用率大于80%。

(3)施工总平面布置做到科学、合理,充分利用原有建筑物、构筑物、道路、管线为施工服务。

(4)施工现场仓库、加工厂、作业棚、材料堆场等的布置靠近已有交通线路或即将修建的正式或临时交通线路,缩短运输距离。

(5)临时办公和生活用房采用经济、美观、占地面积小、对周边地貌环境影响较小,且适合于施工平面布置动态调整的多层轻钢活动板房等标准化装配式结构。生活区与生产区分开布置,并设置标准的分隔设施。

(6)施工现场道路按照永久道路和临时道路相结合的原则布置。施工现场内形成环形通路,减少道路占用土地。

(7)临时设施布置注意远近结合,努力减少和避免大量临时建筑拆迁和场地搬迁。

9.3.6 人力资源节约与职业健康措施

(1)按工程施工阶段编制劳动力投入计划并绘制柱状图,优化总体劳动力资源配置。

(2)所有人员持证上岗,建立花名册记录台账。

(3)施工人员配备劳动防护用品,同时建立领用台账。

(4)打造温馨"职工之家",营造舒心的工作环境。

9.4 绿色施工技术与创新

9.4.1 山东省建筑业新技术推广应用情况

黄河大道一期工程积极采用列入住房和城乡建设部、山东省住房和城乡建设厅新技术推广应用目录清单中的10项新技术,如表9.10所示。

表 9.10　山东省建筑业新技术应用汇总

序号	应用技术	应用部位
1	工具式钢结构组合内支撑施工技术	地下隧道
2	钢板桩支护技术	地下隧道
3	承插管道接口防渗漏技术	排水工程
4	高强度钢筋应用技术	地下隧道
5	装配式检查井应用技术	排水工程
6	卫星定位测量技术	地下隧道、道路工程、排水工程等
7	企业和项目管理信息化技术	地下隧道、道路工程、排水工程等
8	BIM 技术	地下隧道、道路工程、排水工程等
9	聚合物改性沥青防水卷材	地下隧道
10	自动感应节水装置	地下隧道

9.4.2　建筑业 10 项新技术推广应用情况

黄河大道一期工程积极采用《建筑业 10 项新技术(2017 版)》中描述的新技术及其他新施工工艺、新方法、新设备，提高绿色施工的各项指标，如表 9.11 所示。

表 9.11　建筑业 10 项新技术在黄河大道一期工程中的应用汇总

序号	项目	编号	应用部位
1	地基基础和地下空间工程技术	1.6 装配式支护结构施工技术 1.12 非开挖埋管施工技术	地下隧道
2	钢筋与混凝土技术	2.7 高强钢筋应用技术 2.9 钢筋焊接网应用技术	地下隧道、沟槽边坡喷锚
3	模板脚手架技术	3.10 管廊模板技术	地下隧道
4	装配式混凝土结构技术	4.10 预制构件工厂化生产加工技术	装配式雨、污水检查井
7	绿色施工技术	7.1 封闭降水及水收集综合利用技术 7.2 建筑垃圾减量化与资源化利用技术 7.3 施工现场太阳能、空气能利用技术 7.4 施工扬尘控制技术 7.5 施工噪声控制技术 7.6 绿色施工在线监测评价技术 7.7 工具式定型化临时设施技术	地下隧道、道路

续表

序号	项目	编号	应用部位
8	防水技术与围护结构节能技术	8.2 地下工程预铺反粘防水技术	地下隧道
9	抗震、加固与监测技术	9.6 深基坑施工监测技术	地下隧道
10	信息化技术	10.1 基于 BIM 的现场施工管理信息技术	地下隧道、道路

9.4.3 “四新”技术的应用

(1)“灌无忧”施工技术:“灌无忧”是中海昇物联科技有限公司联合新西兰国家工程院、同济大学、中国地质大学等机构,由建筑设计、岩土、施工、物联、网络通信等领域的专家开发的专注于解决灌注桩施工中超灌管理问题的专业物联云平台,极大地促进了灌注桩施工技术的创新和发展。

(2)大体积混凝土温控技术:对大体积混凝土温度进行全过程实时监测,了解混凝土浇筑体内各部位温度变化情况,以指导大体积混凝土施工、养护。

(3)数控钢筋弯曲机应用技术:数控钢筋弯曲机是由工业计算机精确控制弯曲以替代人工弯曲的机械,主要加工棒材钢筋,可弯曲直径为 50 mm 以内的国标钢筋。该设备可一次加工多根钢筋,具有加工形状标准、加工量大的优点,可替代人工 20～30 人。

(4)高压喷射注浆技术:高压喷射注浆技术改变了岩土体的原有应力状态,提高了土体的黏聚力,增大了原土体原本的软弱结构面、潜在滑移面的抗剪强度,使土体自身抗拉强度有了很大的提升,有效地提高了土体的抗拔承载力。

(5)塔吊远程监控技术:通过将变幅传感器及高度传感器与操作室内的主机显示器连接,可对塔吊变幅和高度进行实时监测,实现对吊钩位置的智能追踪,智能控制高清摄像头自动对焦,360°无死角追踪拍摄,危险状况随时可见,降低了安全隐患。与此同时,通过无线客户端、主机,亦可进行远程的可视化监控,保障了塔吊的安全。

(6)自动喷淋养护技术:该技术解决了竖向结构混凝土的养护问题。同时,使用该技术养护可比传统的洒水养护方法节约 1/2 的劳动力,也可避免由水管洒水不均匀、局部养护不到位等人为因素产生的不利影响,还可节约用水。

第 10 章　BIM 技术应用

10.1　BIM 管理概况

10.1.1　BIM 系统简介

BIM 系统是一种全新的信息化管理系统，目前正越来越多地被应用于建筑行业中，其全称为 building information modeling，即建筑信息模型。它要求参建各方在设计、施工、项目管理、项目运营等各个过程中将所有信息整合在统一的数据库中，通过数字信息仿真模拟建筑物所具有的真实信息，为建筑的全生命周期管理提供平台。

BIM 系统的核心是通过三维设计获得工程信息模型和几乎所有与设计相关的设计数据，可以持续即时地提供项目设计、施工进度以及成本信息，这些信息完整可靠、质量高并且完全协调。工程信息模型可以使项目交付速度加快，协调性加强，成本降低，生产效率提高，工作质量提升。

10.1.2　BIM 系统的优点

10.1.2.1　设计的可视化

CAD 和 BIM 建模技术的出现实现了基于计算机的建筑模型可视化，带阴影的三维视图、照片级真实感的渲染图、动画漫游等设计可视化方式可以非常有效地表现三维设计，重复利用这些数据，可省去在可视化应用中重新创建模型的时间和成本。

10.1.2.2　BIM 的碰撞检测

BIM 中的可视化内容还包含如何合理地完成碰撞检测和管线综合的任务。BIM 带有的数据模型能够使 BIM 系统智能识别项目中任意构件的属性，使软件能够智能地应用一些工程中的规则去检查整个项目的合理性，帮助从业人员在项目施工之前就找到设计图纸中的错、漏、碰、缺之类的错误。

10.1.2.3　成本预算

BIM 系统解决方案中包含可计算的建筑信息，借助这些信息，计算机会将模型作为建筑来对待。以墙体为例，它“知道”自己的属性以及与建筑中其他构件的关系。因此，作为一种由真实材料构成的建筑构件，在制作墙体明细表或计算墙体数量时，它会被包含在可计算的建筑信息中以支持各种建筑设计和施工工作。在建筑流程中，借助可计算的建筑信息，成本预算工作的效率也可提高。设计建筑是建筑师的职责，而评估建筑成本则是预算员的工作。通常情况下，建筑师的工作中不包括材料算量和提供成本信息，这些工作要由预算员来完成。

使用 BIM 来替代图纸，所需材料的名称、数量和尺寸都可以在模型中直接生成。在设计出现变更时，如某构件尺寸缩小，该变更将自动反映到所有相关的施工文档和明细表中，使用的所有材料名称、数量和尺寸也会随之发生变化，预算员可以根据变更后的建筑信息模型套价，并可进行风险评估。

10.1.2.4 数字化施工

BIM 能够支持建筑业中从设计到制造的整个工作流程。在 BIM 的基础上，利用 4D 模拟技术及施工模拟技术，可把传统的甘特图转换为三维的建造模拟过程，可以在施工前作出合理安排，优化施工进度，找出问题并提前协调。

10.1.2.5 交付使用和运维阶段系统维护

使用 BIM 可将运维阶段需要的信息(包括维护计划、检验报告、工作清单、设备参数、故障时间等)列入模型中。

10.1.3 BIM 团队

项目经理部设 BIM 总监，指导并带领 BIM 工作团队完成 BIM 建立、维护及协调等工作，同时负责成立 BIM 中心，确定 BIM 中心人员组织架构和工作职责。工作团队分为设计管理组、进度管理组和协调管理组。项目部在施工合同签订后，将 BIM 中心人员组织架构表提交业主审核及批准。项目部 BIM 中心人员组织架构如图 10.1 所示，岗位职责如表 10.1 所示。

10.1.4 软硬件配置

项目部 BIM 中心硬件配置如表 10.2 所示，软件配置如表 10.3 所示。

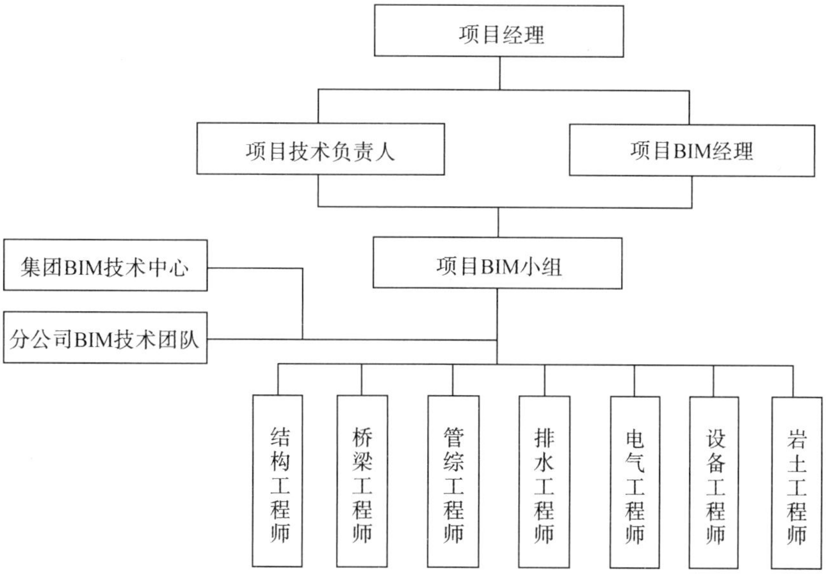

图 10.1 项目部 BIM 中心人员组织架构

表 10.1 项目部 BIM 中心各人员岗位职责

序号	岗位名称	岗位职责
1	项目经理	(1)组织项目部各职能部门严格执行项目部 BIM 工作组所制定的《项目 BIM 实施策划方案》。 (2)在项目进程中，定期召开项目各职能部门与项目管理 BIM 团队之间的协调会，将项目实施过程中所需信息反馈至 BIM 团队，积极配合 BIM 团队的工作，方便 BIM 团队为各职能部门提供技术支持，共同推进项目有效、有序进行。 (3)负责其他有利于 BIM 项目推进实施的工作
2	项目技术负责人	(1)总体负责该项目的 BIM 应用，明确项目各部门在 BIM 实施过程中的职责，对阶段性 BIM 成果进行检查与验收。 (2)负责对 BIM 实施方案、实施计划等进行审核
3	项目 BIM 经理	负责协调项目进程中的 BIM 应用并确保项目团队正确执行 BIM 实施方案，其主要职责为： (1)制定并实施《项目 BIM 实施策划方案》。 (2)在整个项目周期内及时更新《项目 BIM 实施策划方案》；协调、沟通项目各利益相关方（业主、设计方、施工方及 BIM 工作组内部）的工作，确保各方严格执行《项目 BIM 实施策划方案》。 (3)管理 BIM 工作组的工作，确认建模计划、模型设置及维护等
4	结构 BIM 小组	负责本工程本专业 BIM 的创建、修改、深化，并负责对专业内的模型进行整合与协调

续表

序号	岗位名称	岗位职责
5	桥梁 BIM 小组	负责本工程本专业 BIM 的创建、修改、深化，并负责对专业内的模型进行整合与协调
6	管综 BIM 小组	负责本工程本专业 BIM 的创建、修改、深化，并负责对专业内的模型进行整合与协调
7	排水 BIM 小组	负责本工程本专业 BIM 的创建、修改、深化，并负责对专业内的模型进行整合与协调
8	电气 BIM 小组	负责本工程本专业 BIM 的创建、修改、深化，并负责对专业内的模型进行整合与协调
9	设备 BIM 小组	负责本工程本专业 BIM 的创建、修改、深化，并负责对专业内的模型进行整合与协调
10	岩土 BIM 小组	负责本工程本专业 BIM 的创建、修改、深化，并负责对专业内的模型进行整合与协调

表 10.2 项目部 BIM 中心硬件配置

名称	数量	显卡	内存	处理器
Alienware 台式电脑	7 台	VIDIA GeForce GTX1060	32/64 GB	lntelCore(TMi7-6700K 84.00GHz)
Alienware 15 R3	8 台	VIDIA GeForce GTX1060	32/64 GB	Corei7-6700HQs2.60GHz
惠普 zBOOK 15 G3	4 台	VIDIA Quadro K2000M	32/64 GB	Corei7-6700HQs2.60GHz
空间感 VR 系统	2 套	—	64 GB	lntel32
3D 打印机	1 台	—		
五镜头倾斜摄影相机	1 套	—		
大疆精灵 4 RTK	1 套	—		

表 10.3 项目部 BIM 中心软件配置

软件名称	软件功能
Autodesk InfraWorks	三维场地地形建立、场地规划
Autodesk Civil 3D	建立地形、地质、道路、场地、给排水、桥梁、隧道等三维模型

续表

软件名称	软件功能
Autodesk Revit	进行精确的三维模型建立
Autodesk Navisworks	把传统的二维进度转换为基于模型的三维进度，进行施工模拟，并可以进行碰撞检查
midas Civil	对结构进行力学计算并分析
Bentley 系列软件	进行市政道路、公路、隧道、桥梁等领域的三维建模，并渲染输出高品质视频及图片，使虚拟场景可视化
Tekla	钢结构模型创建及加工制作
Autodesk 3DMAX	施工方案推演动画制作、工程效果图展示
Fuzor	可视化漫游，支持虚拟现实（VR）体验，可实现沉浸式体验
BIM 智慧管理平台	基于 BIM 技术进行项目数据分析，实现项目管理的人工智能应用
Lumion	实时的 3D 可视化工具，可制作电影及静帧作品，也可传递现场演示
Twinmotion	可与 Autodesk Revit 一键同步，一键点击即可实现整个 3D 模型、所有建筑物体的 BIM 信息和项目的组织排序即时同步到 Twinmotion，可进行高品质工程渲染、交通疏导展示等
Adobe 系列可视化软件	后期批处理影像合成、单帧图像处理

10.2 BIM 技术应用

10.2.1 倾斜摄影实景模型技术

黄河大道一期工程范围大，征地拆迁情况复杂，实地障碍对工程施工的影响较大。运用倾斜摄影技术搭建项目实景模型，依托地理信息系统（GIS）平台，可实现地形提取、模型数据融合、多功能测量、障碍物信息标绘等功能，为后续项目施工的 BIM 应用提供指导。倾斜摄影实景模型扫描如图 10.2 所示。

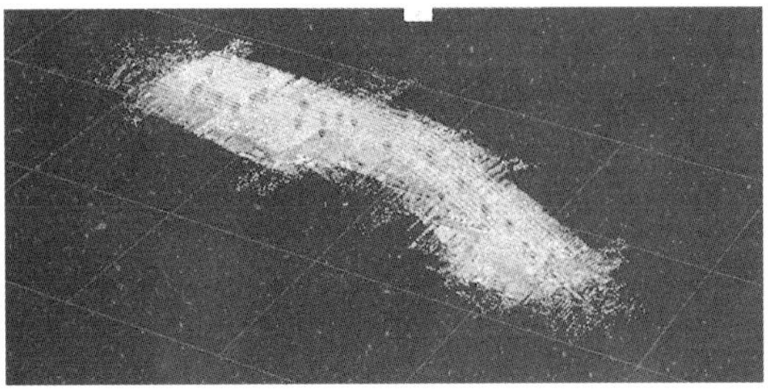

图 10.2　倾斜摄影实景模型扫描

10.2.2　实景模型轻量化

通过计算、建模得到的实景模型网格面过多、模型数据量大，因此不便使用。为保证BIM+实景融合渲染的流畅性，需要对实景模型进行简化。通过实景模型轻量化，可保证应用流畅。可在保证精度的前提下，大幅减少三角网。实景模型轻量化设计如图 10.3 所示。

(a)简化前实景模型

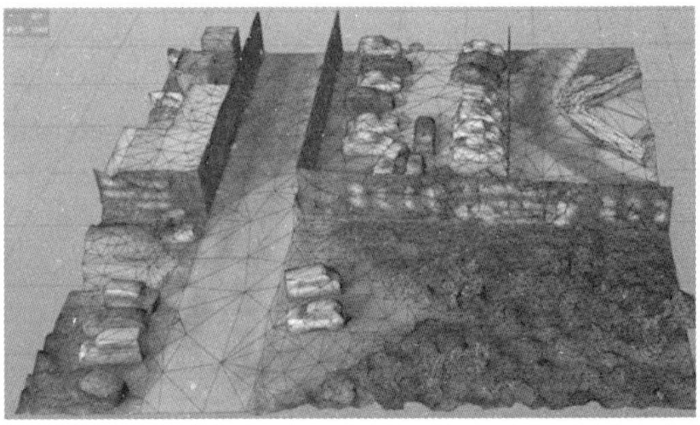

(b)简化后实景模型

图 10.3　实景模型轻量化设计

10.2.3　实景模型地形提取

通过从实景模型中提取点云，剔除地表的楼房、树木等信息，可以得到地形的三角网信息。通过进一步优化地形三角网，可以得到准确的现状地形模型。地形模型用于提取地形等高线、场地模型的搭建情况等信息。实景模型提取的准确地形模型，可用于地形统计、场地布置等。实景模型地形提取如图 10.4 所示。

(a)实景模型提取点云

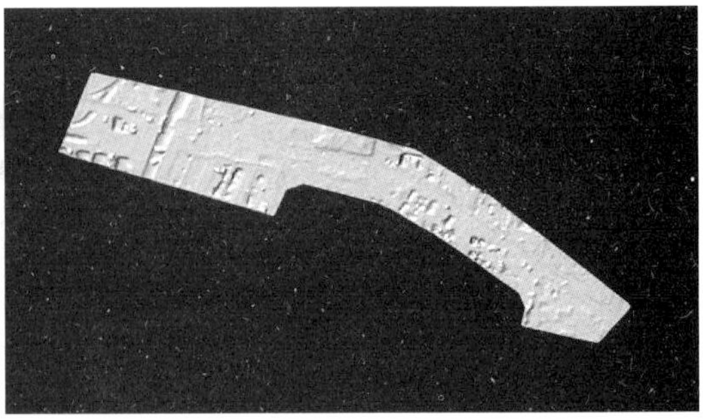

(b)筛选点云生成三角网

图 10.4　实景模型地形提取

10.2.4 BIM+GIS 拆迁物标绘

利用 GIS 平台的信息标绘功能，可直接在场景中标注影响施工进度的拆迁障碍物信息。借助此技术，在进行拆迁工作调度时，可从宏观角度把握整个工程的动态、进度，并快速锁定影响施工的问题。拆迁障碍物统计模型如图 10.5 所示。

10.2.5 BIM+GIS 多源数据融合

将卫星影像图、倾斜摄影实景模型、各专业工程 BIM 模型、CAD 图纸道路中心线及边线等在 GIS 平台中叠加，可得到不同时间轴上虚拟与现实的融合体现，可直观展示出工程范围内的现状和未来样貌，同时可对工程对周边环境的影响进行评价。BIM+GIS 多源数据融合模型如图 10.6 所示。

图 10.5 拆迁障碍物统计模型

图 10.6 BIM+GIS 多源数据融合模型

10.2.6 场地优化布置

黄河大道一期工程呈线性分布，范围大、分区多，场地布置受到周边环境的多种影响，如何生成最优化的场地总体布置，使施工过程更加经济高效，是施工准备阶段需要考虑的重要内容。

结合倾斜摄影技术，可完美解决场地优化布置的难题。通过无人机倾斜摄影形成现场实景模型，在实景模型的基础上，将施工范围、拆迁难点、用地红线、运输线路等进行三维直观标示，将结构模型置入其中，分析项目部、材料与机械存放区、拌和站、加工场、施工便道、施工区等部分的设置合理性，优化布置，策划减少对无关障碍物、树木等的破坏，同时使各区域布局合理、运距最短、功能完善、联络通畅，达到施工便捷、管理高效、节约成本的优化目标。采用倾斜摄影技术进行场地优化布置的效果如图 10.7 所示。

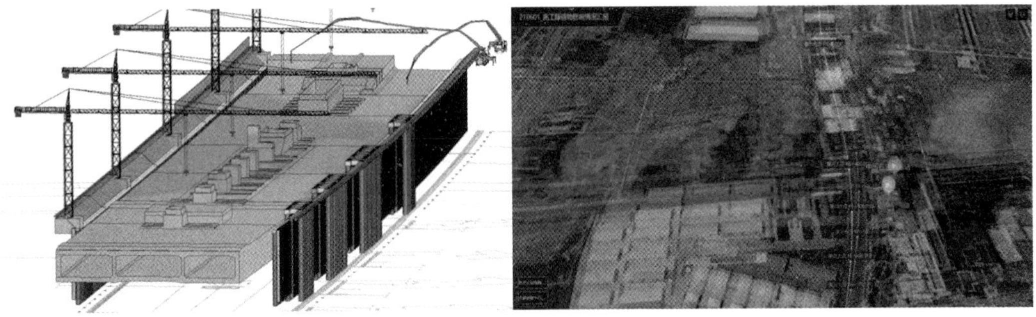

图 10.7　采用倾斜摄影技术进行场地优化布置的效果

BIM 尺寸精确，可优化交通组织、泵车布置等方案。根据模型尺寸精确的特点，可通过模型模拟施工便道，策划每一结构混凝土浇筑的泵车布置方案。采用 BIM 技术优化交通组织的效果如图 10.8 所示。

图 10.8　采用 BIM 技术优化交通组织的效果

10.2.7　图纸校核

黄河大道一期工程包含地面道路及附属设施、地下通道及匝道、地下综合管线、地铁等多种工程类别，工程量大。为保障施工顺利进行，按期高质量完成施工任务，项目部将 BIM 技术应用贯穿始终。为避免图纸错漏造成返工，延误工期，项目部采用 BIM 技术审图，精细核查设计图纸中存在的错、漏、碰、缺问题，精确纠错，完善施工图，采用精确无误的施工图进行施工，控制工期风险。

建立的 BIM 包括基坑支护结构模型、地下通道(含地铁)结构模型、道路模型、地下管线综合模型、附属设施(人行天桥、管理中心等)模型等。主要分部工程 BIM 如图 10.9 所示。

BIM 图纸审查发现并解决图纸问题 69 处，其中审查发现的基坑支护结构及地下通道结构图纸问题的提前解决对保证工期起到了关键作用，保证了地面道路按时竣工通车。通过 BIM 技术审查施工图纸，并将在图纸审查中发现的各类问题及时反馈给设计单位进行勘误或优化，防患于未然，可避免出现真正施工时遇到问题再进行调整或返工重做的现象。这在工期要求极度紧张的情况下，可切实保障施工进度。采用 BIM 技术审查图纸时发现的冲突模型示例如图 10.10 所示。

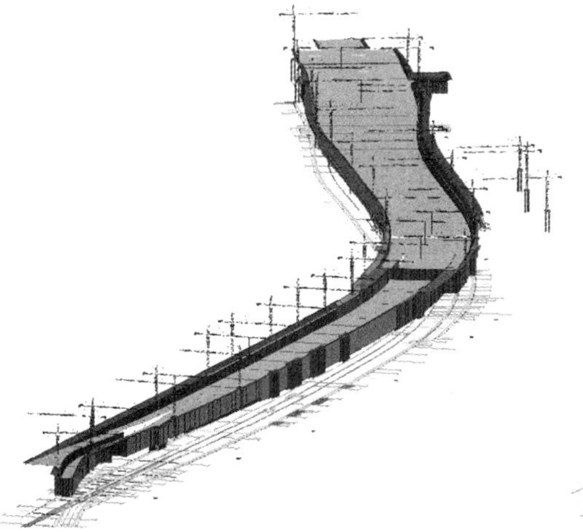

(a)基坑支护结构模型

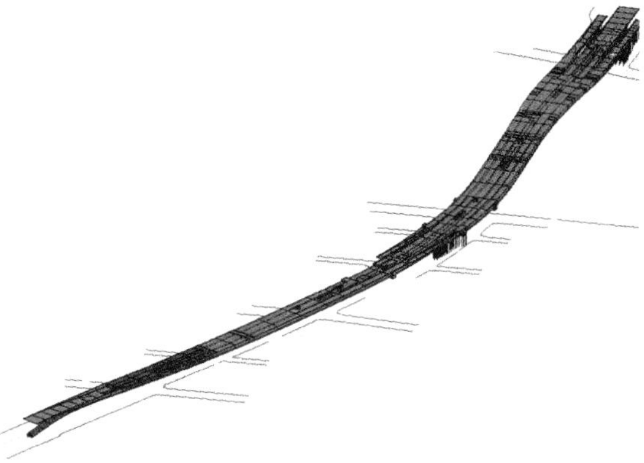

(b)地下通道结构模型

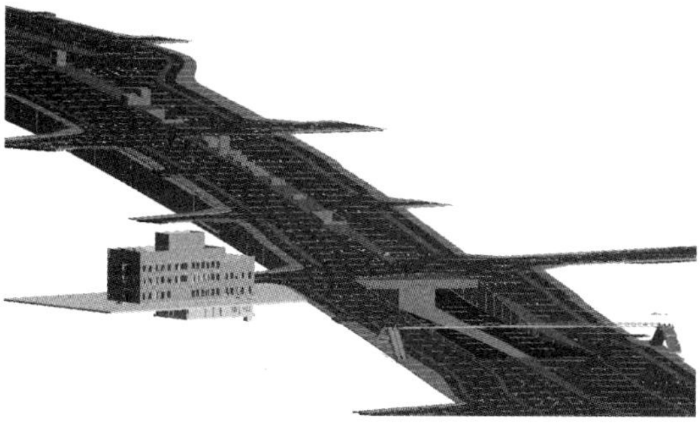

(c)道路及附属设施模型

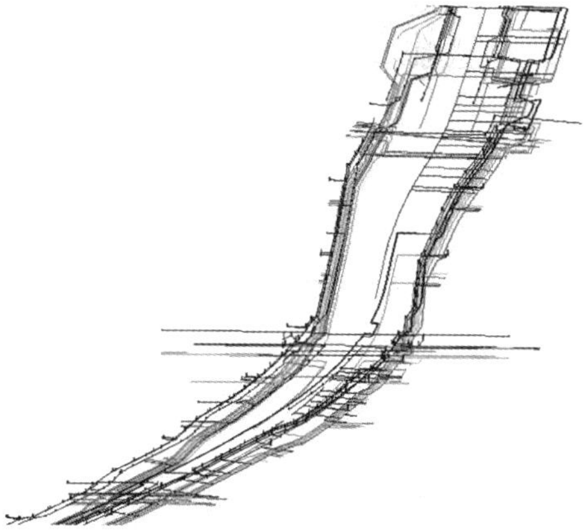

(d)地下管线综合模型

图 10.9 主要分部工程 BIM

图 10.10 右线辅道结构墙与上覆集中设备用房处外墙结构冲突模型

10.2.8 碰撞检测

黄河大道一期工程在实施过程中,建立了排水及管线综合 BIM。在建模过程中,首先通过对各专业管线的模型建立，对本专业管线的图纸问题进行校核，消除图纸错漏；然后整合形成 BIM 管线综合模型，对各管线间的位置关系进行碰撞检查和优化；之后将管线综合模型与地下通道结构、道路结构等模型再次进行整合，检查管线与结构的碰撞冲突并优化。通过 BIM 碰撞检查，管线综合部分图纸中共发现管线冲突 211 处，对以上冲突全部进行了优化并对施工项目部进行了交底，大大节约了后期施工过程中可能产生的管道避改时间和成本，施工效率及精细化管理水平明显提高。

10.2.9 3D 可视化交底

对于复杂节点异形结构部分，二维图纸难于直接描述清楚结构的实际样貌，且现场施工人员理解图纸也耗时费力。利用 BIM 进行三维可视化交底，形象直观，显著提高了交底沟通效率。特殊构造细部施工交底模型如图 10.11 所示。

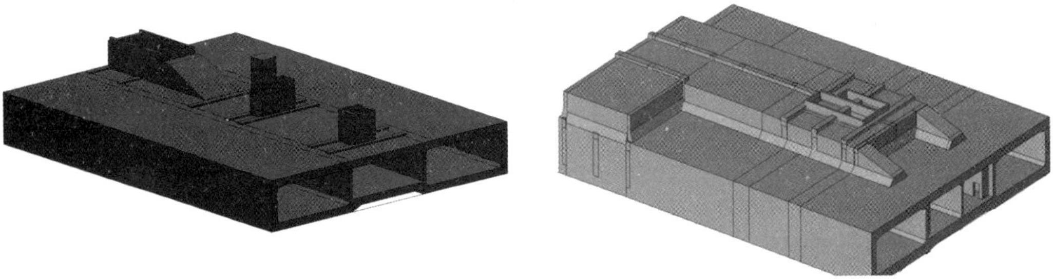

图 10.11 特殊构造细部施工交底模型

充分利用 BIM 的三维可视化优点，辅助现场施工，可解决现场施工工作面多、工作交叉多、管理难的问题，极大提高了施工效率，保证了工程质量。分层浇筑施工交底模型如图 10.12 所示。

图 10.12 分层浇筑施工交底模型

10.2.10 施工测量

传统工程测量计算烦琐、道路工程距离长的特点使叠加计算易产生累积误差，影响位置尺寸等数据的准确性。黄河大道一期工程的地铁轨道部分对测量定位要求较为严格，用传统方法计算定位点的坐标高程较为麻烦，且以此复核定位点会影响测量的精度，进而将影响施工质量。而利用 BIM＋GIS 实景模型，可精确提取现场坐标高程，且取点测量尺寸与现场尺寸相符。实景模型测量如图 10.13 所示。

图 10.13　实景模型测量

10.2.11　工程量统计

工程量统计是 BIM 技术的优势应用，在诸多工程项目中得到了广泛应用，精准的工程量统计也是 BIM 的重要价值之一。黄河大道一期工程对土方开挖、支护结构、地道结构、地面道路及附属设施等进行了基于 BIM 的工程量统计，尤其对部分构件的钢筋进行了精细化建模和计算，对现场钢筋供应和加工起到了指导作用。

应用 BIM 施工管理平台，将实际消耗量录入并挂接构件，通过将模型构件的工程量明细表与录入的实际消耗量进行对比，分析混凝土超耗或节约的原因并采取措施，严格控制成本，可为混凝土的超耗或节约分析提供依据和便利。送风机房混凝土用量统计模型如图 10.14 所示，钢筋用量统计模型如图 10.15 所示。

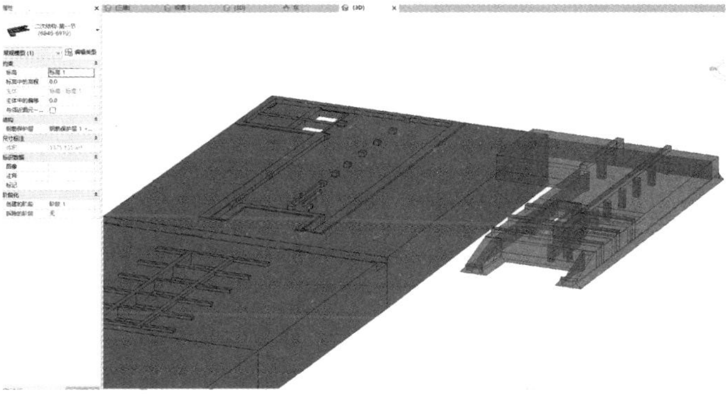

图 10.14　送风机房混凝土用量统计模型

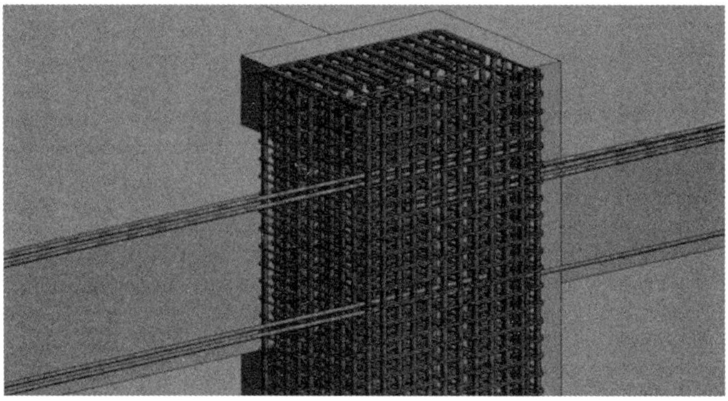

图 10.15　钢筋用量统计模型

10.3　BIM 技术创新与拓展应用

10.3.1　BIM 辅助创新

根据施工难点，运用萃智理论（TRIZ）＋BIM 技术，可创新性地解决哈芬槽预埋质量差、固定时易受到扰动且损坏模板、止水钢板纵向和横向偏移、墙体钢筋保护层难以控制等问题。哈芬槽预埋施工工艺模拟如图 10.16 所示。

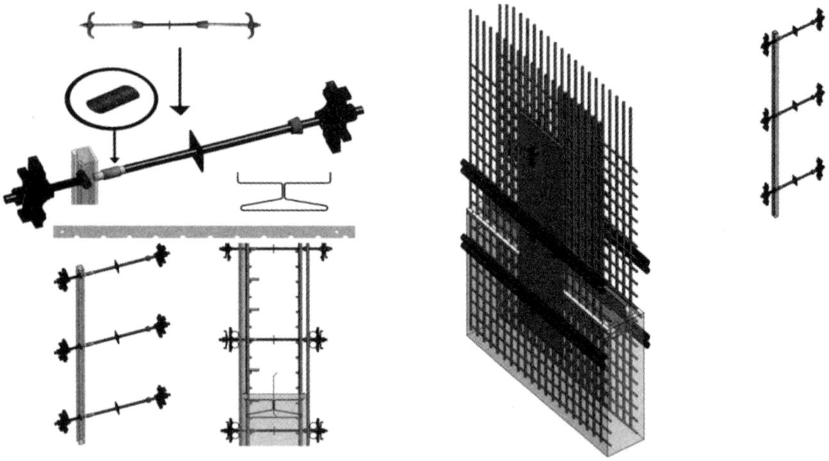

图 10.16　哈芬槽预埋施工工艺模拟

10.3.2　BIM＋VR 应用

将 VR 模型漫游、VR 安全教育、3D 打印模型、模型云平台二维码等用于黄河大道一期工程中，起到了较好的效果。VR 模型漫游及 3D 打印模型不同的体验方式，使施工人员对拟建构筑物的理解更加透彻；VR 安全教育的沉浸式体验，使工人感同身受；利用张贴二维码的方式，对拟建构件进行扫码交底，方便快捷，且三维模型直观明了。VR 模型漫游如图10.17所示,3D打印设备如图10.18所示。

图 10.17 VR模型漫游

图 10.18 3D打印设备

10.3.3 BIM+智慧工地

智慧工地劳务管理系统由智能安全帽、工地宝、手持录入设备、门禁人脸识别闸机等组成。录入设备用于录入工人身份信息,并将信息记录在智能安全帽的芯片中。工人通过不同位置的工地宝时,工人的信息以及位置信息将会被采集并上传到云端。工地宝可精确记录工人的进出场时间,统计现场人数,并可于手机端和电脑端同步展示。

智慧工地集成了现场环境监测与施工监测数据,可实时监测与预警施工现场的天气、空气质量、扬尘控制、传感器等信息。通过监测与预警,可第一时间反馈施工现场情况,保证施工正常进行。此外,智慧工地塔吊管理系统对消除塔吊安全隐患起到了关键作用。

智慧工地采用动态物料验收管理。例如,自动点数机可对进场钢筋自动点数,同时支持人工修正计数结果。管理人员通过照片对批次数量进行匹配查验,可避免进场原材料数量误报、虚报。

智慧工地视频监控以模型为载体,网络摄像头采用海康威视DS-7604N-E1,并建立专用网络对施工现场进行远程监控。按照工程部位调取相应位置的摄像头,可直观了解现场情况,提高效率。

10.3.4 BIM+进度管理

对于大型片区建设,业主方需要对多个建设项目进行宏观把控,并按照功能分区的计划投入时间来倒推该分区的配套附属设施及进出干道等项目计划,把控各项目进展情况。

黄河大道一期工程地处济南市新旧动能转换起步区,业主方同时管理的建设项目最多时达51个,决策者没有精力随时查看工程网络计划图,他们需要随时以最简单快速的方式了解各项目的推进情况,包括一个工程项目在未来的某一个时间节点将进展到什么程度(进度计划模拟)、目前工程推进的实际情况(实际进度与进度计划相比是提前还是滞后)等。业主方在合同中明确要求,要采用BIM技术对施工进度进行管控,项目进度要一目了然,以便于对不同工程项目之间的进度进行匹配验证。

对此，项目部引入 BIM 施工管理平台，切实落实业主方要求，真正做到 BIM 进度管理全落地。根据完善后的进度计划以及各施工阶段的不同特点，将建成的 BIM 重新划分，形成符合施工部署的建筑信息进度模型，保证工程的实时进度能够准确无误地反映到模型上来。

施工计划进度管理界面如图 10.19 所示。

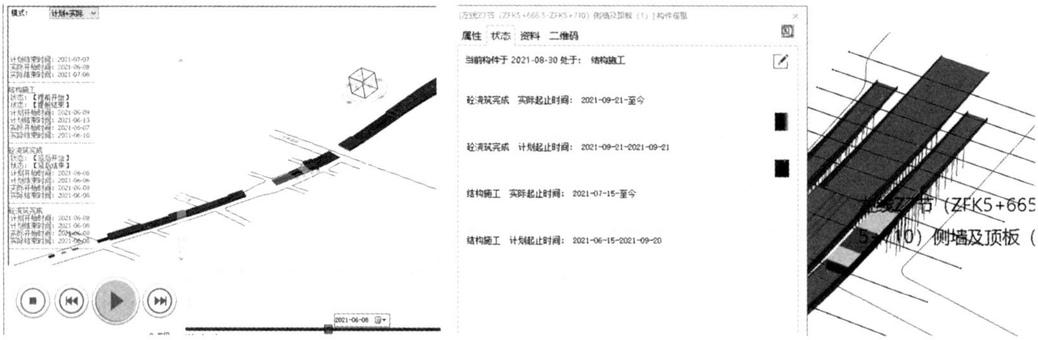

图 10.19　施工计划进度管理界面

在 BIM 平台中将进度计划挂接模型，对工程进行 4D 进度模拟，设置任务到期预警提示，通过将计划进度与实际进度进行对比，可对即将延期的工程提前预警，实现预警功能，从而为后续施工进度计划调整提供参考。施工进度计划挂接模型及预警提醒界面如图 10.20 所示。

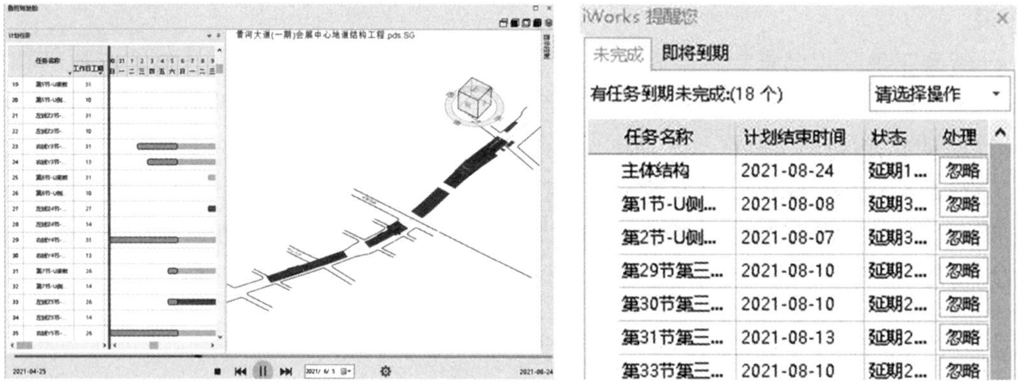

图 10.20　施工进度计划挂接模型及预警提醒界面

在 BIM 施工管理平台中启用沙盘模式后，可对每周录入的进度信息进行直观的展示。可通过自定义状态管理，将不同阶段的状态设置为不同颜色。为了满足宏观把控的需求，应避免因将施工阶段划分得过细、颜色设置得过多而造成观察不直观。应仅定义结构施工与完成两种状态，体现工程的实际施工情况，确保项目进展一目了然。同时，平台中启用实际进度与计划进度的对比后，可直观展示各构件的进度，更加便于工程进度的调度管理。工程各部位施工状态及延误情况模型如图 10.21 所示。

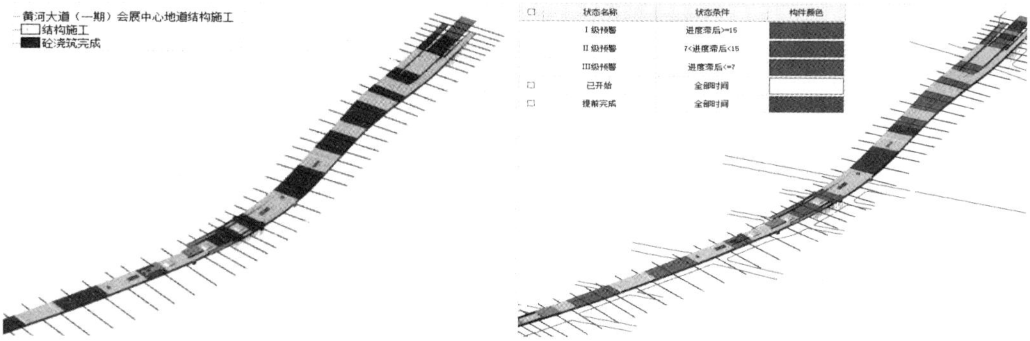

图 10.21　工程各部位施工状态及延误情况模型

10.3.5　BIM+资料与信息管理

在资料与信息管理过程中，将工程图纸及施工过程资料上传至 BIM 施工管理平台，在系统中与相应构件关联，在施工过程中可随时通过手机端或 PC 端查看构件相关资料，更便于后续的工程资料管理、统计和归档，大大提高了工程资料管理效率。

同时，基于 BIM 的工程信息管理模块，可将种类繁多、分散的工程信息以 BIM 为基础进行整合，实现施工资料数字化管理，工程数字化验收交付，竣工资料、竣工模型数字化归档。资料管理界面如图 10.22 所示。

图 10.22　资料管理界面

10.3.6　BIM+竣工模型

竣工模型不同于设计模型，也不同于施工模型，是包含施工过程信息、施工资料、设计变更、临时设施等内容的工程模型。通过全过程应用 BIM 施工管理平台，对施工过程中的模型实时完善和更新，确保形成的竣工模型与现场情况完全一致，为业主方的后续运维及其他应用提供可靠的数字孪生竣工模型。数字化竣工模型如图 10.23 所示。

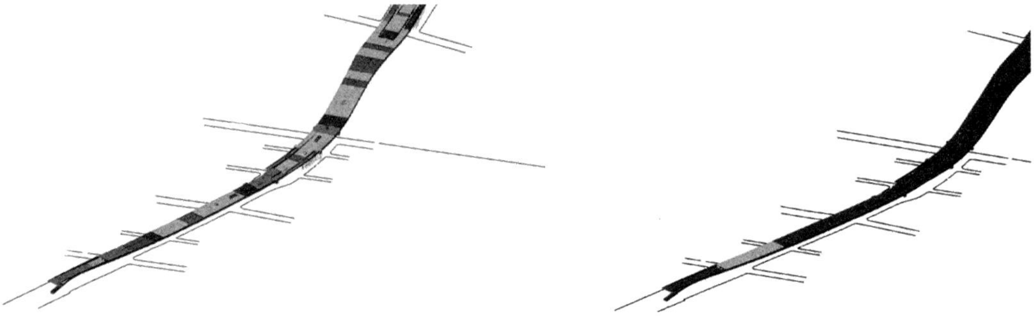

图 10.23　数字化竣工模型

10.4　BIM 应用效益分析

黄河大道一期工程履行合同约定使用 BIM 技术，创新项目管理模式，解决项目难题，充分响应建设方“数字工程”“智慧工地”的管理理念，切实使 BIM 技术在各层面真正落地，完全满足了业主方的 BIM 应用需求，受到了业主方高度赞扬，树立了在建项目 BIM 应用新标杆，扩大了项目影响力。本工程形成的一整套在综合快速路网施工管理过程中的 BIM 应用技术，极大地解决了施工过程中的信息更新不及时、通达效率低等难题，可为以后类似工程起到借鉴和指导作用。同时，使用 BIM 技术可节约成本、缩短工期。

参考文献

[1] 张春光. 路轨共建的城市地下快速路系统方案研究：以济南市黄河大道快速路为例[J]. 城市道桥与防洪，2022(3)：1-5，9.

[2] 冯刚. 城市地下通道规划与设计研究[J]. 智能城市，2020，6(4)：9-10.

[3] 王菊山. 公路隧道施工标准化管理探究[J]. 中国标准化，2022(22)：196-198.

[4] 温帅，周亚军，李勇. 明挖隧道施工质量标准化管理[J]. 江西建材，2023(2)：230-231，238.

[5] 陈树汪，李志厚. 水下大断面箱涵结构设计[J]. 公路，2007(10)：66-71.

[6] 刘强，彭焱森，谭忠盛，等. 隧道明挖段变形缝间距的优化[J]. 北京交通大学学报，2015，39(4)：88-95.

[7] 徐富强. 高分子自粘胶膜防水卷材在地铁工程中的应用[J]. 新型建筑材料，2019，46(12)：135-137.

[8] 杨忠，马华兵，禹海涛，等. 长节段大吨位城市综合管廊止水带压紧效果现场试验研究[J]. 现代隧道技术，2022，59(6)：154-161.

[9] 赵学修，刘燕，齐树凯，等. 无锡太湖隧道底板及有围护结构侧墙防水设计与施工[J]. 中国建筑防水，2022(12)：56-59.

[10] 阮祎萌. 城市地下空间工程基坑支护设计与分析[J]. 建筑结构，2020，50(S1)：989-994.

[11] 王海军. 地下工程深基坑降水设计方案[J]. 施工技术，2008(S1)：102-104.

[12] 章兆熊，李星，谢兆良，等. 超深三轴水泥土搅拌桩技术及在深基坑工程中的应用[J]. 岩土工程学报，2010，32(S2)：383-386.

[13] 帅海乐，詹黔花，龙举，等. 基坑工程预应力锚索施工问题现场试验研究[J]. 施工技术，2016，45(13)：22-27，30.

[14] 张志勇，陈小平. 高速公路预应力锚索施工的几种创新工艺[J]. 中外公路，2014，34(3)：14-16.

[15] 姚瑞. 桥梁结构承台大体积混凝土水化热温度效应研究[D]. 西安：长安大学，2020.

[16] 谢晓冬. 沉管隧道大体积混凝土的水化热分析与温控技术研究[D]. 广州：广东工业大学，2022.

[17] 朱伯芳. 大体积混凝土温度应力与温度控制[M]. 北京：中国水利水电出版社，2012.

[18] 王铁梦. 工程结构裂缝控制[M]. 2 版. 北京：中国建筑工业出版社，2017.

[19] 江正荣. 建筑施工计算手册[M]. 2 版. 北京：中国建筑工业出版社，2007.

[20] 卢二侠. 大体积混凝土承台水化热温度分析与控制[D]. 长沙：湖南大学，2007.

[21] 张小川. 桥梁大体积混凝土温控与防裂[D]. 成都：西南交通大学，2006.

[22] 贾蓉蓉. 超大体积混凝土配合比设计优化及裂缝控制技术研究[J]. 山西交通科技，2019，261(6)：8-11.

[23] 康省桢. 承台大体积混凝土水化热分析与施工控制[J]. 世界桥梁，2008，136(2)：42-44.

[24] 姚瑞. 桥梁结构承台大体积混凝土水化热温度效应研究[D]. 西安：长安大学，2020.

[25] 刘海宽. 桥梁大体积混凝土配合比设计与温度控制[D]. 长沙：长沙理工大学，2011.

[26] 李霖霖，张华，张冲，等. 基于水化温升综合法的大体积混凝土配合比优化设计与关键施工技术[J]. 混凝土，2022(12)：127-130，135.

[27] 胡忠存. 大体积混凝土筏板基础温度应力分析及裂缝控制研究[D]. 青岛：青岛理工大学，2021.

[28] 周欣，夏文俊，王峻，等. 太湖隧道结构混凝土收缩裂缝闭环控制关键技术[J]. 混凝土，2021(2)：151-156.

[29] 初明进，许曙东，孙志娟. 大跨度预应力混凝土现浇箱体空心楼盖技术应用[J]. 建筑技术，2008(5)：343-344.

[30] 王尹鹤. 地铁车站密肋空心式顶板结构力学性能数值模拟和室内试验研究[D]. 兰州：兰州交通大学，2021.

[31] 黄佳. 地下空间结构采用新型空心板的受力性能研究[D]. 广州：广州大学，2014.

[32] 李琪. 覆土作用下密肋空心板的受力性能及工程应用研究[D]. 兰州：兰州交通大学，2020.

[33] 李强. 高层大跨度现浇空心楼盖受力机理及抗震性能研究[D]. 湘潭：湖南科技大学，2017.

[34] 高升.双层地铁车站密肋空心顶板力学性能研究[J]. 地下空间与工程学报，2022，18(S1)：88-96.

[35] 徐永亮. 现浇砼空心(GBF 高强薄壁管)无梁楼盖施工技术及应用[D]. 成都：西南交通大学，2004.

[36] 崔博，祝伯学，仝为民. 现浇预应力空心楼盖的工程应用[J]. 施工技术，2001(7)：35-36.

[37] 李坤. BIM 技术在地铁车站结构设计中的应用研究[J]. 铁道工程学报，2015，32(2)：103-108.

[38] 蒋小锐，刘建友，高宇宇. 京张高铁八达岭长城站智能建造技术[J]. 铁道标准设计，2020，64(1)：28-33.

[39] 沈蒲生. 混凝土结构设计[M]. 4 版. 北京：高等教育出版社，2012.